교사와 예비교사를 위한

원격교육론

신나민 · 이선희 · 김수연

박영story

Preface: Distance Education for Teachers and Pre-service Teachers

I am delighted to welcome this latest addition to the literature of distance education — the field of study and practice of all those forms of education in which students and teachers are in different geographic locations and interaction is by means of communication technologies.

As described in chapter 2 of this book, distance education has a long history, beginning with correspondence education, when communication between students and teachers was through the postal systems, later supported by programs on radio and television, and, in recent memory, through teleconferencing and the internet. During this long period of evolution, distance education has had two distinguishing characteristics. First, it was a method used mainly in the education of adults, as for example in the open universities established around the world, including Korea, during the 1970's and 80's; it was rarely used in the education of children in elementary or secondary schools. Second, throughout history, distance education has been regarded by the educational establishment as a marginal activity, outside the domain of "proper" teaching, — meaning teaching in a classroom, in a school, on-campus. Indeed, one of the triggers that started my own research in distance education in the early 1970's — after I already had several years of experience of teaching by correspondence and radio, — was reading the statement by a leading American organization that teaching is, *by definition* "activity which takes place during schooling and within the classroom" (ACSD, 1968).

How the situation has changed! Catastrophic though the Corona-virus pandemic of 2020-21 has been in so many ways, one of its beneficial effects for educators has been to stimulate an urgent examination of both these two presumptions. With schools closed in most countries of the world, and access restricted in others, distance education has taken centre stage. Today, the question of how to provide a quality teaching-learning experience through distance education is being asked not only by university presidents, professors and ministers of education but also by every school principal, teacher and parent. It is a question to be addressed not only by current teachers, but is also especially important for pre-service teachers in colleges of education, for they will play a decisive role in shaping the new forms that education will take when the pandemic has passed. Of course, there are some traditionalists who hope that schools and colleges will soon revert to the same old and familiar ways of teaching, merely adding modern technology to their ancient pedagogy. That should not happen, for it would mean the loss of an historic once-in-a-generation opportunity for a paradigm shift, one that I believe our younger generation of teachers will not want to miss.

And the good news about how to use distance education to make teaching better, is that *we know how to do it*! Authors of this book, and others of us who have labored in distance education for many years, know from personal experience that *when done right*, distance education *can* provide the learner with a high-quality learning experience, — usually better than is possible when the learner is constrained by the limitations of the classroom.

How to *do it right* is explained and discussed in the book you have before you. I would like to add the following advice, which is to remember that the students at home should not be treated as if they are in a class. Nothing is more demotivating, especially for children, than a face on a video screen talking in the same way as she might when standing at a chalkboard in a classroom. Instead begin by recognizing — and this goes back to the early days of correspondence teaching when it was often referred to as "independent study" — that the student is an individual in a personal tutorial with you, the teacher. Distance education should be — to use a currently popular term — "personalized" instruction. And it is because of its focus on the individual that we can claim distance education is, potentially, a superior form of teaching to that of the classroom, where the individual is often lost in the crowd. "*Done right*" includes an intensive process of careful course design, with close attention to developing learning objectives, selection of media determined by the learning objectives, and systematic formative evaluation. As well as focus on these and other features of course *structure*, distance education theory, as you will read in chapter 2 of this book, calls for disciplined and skilled practice of the techniques of *dialog* between teacher and student. It is in dialog, within the framework of course structure, that the student is led to create his or her own knowledge. In distance education, *done right*, teachers do *not* use technology to transmit information, but they guide each student to explore online resources in a quest for creating their own knowledge. And since every student is different, distance education theory calls for attention be given to exploring the personal characteristics of each student, especially their capacity for managing some part — and with maturity, an expanding part - in their own learning adventure. The aim is to find the best match of resources and activity that provides the ideal treatment for each individual, and thus ensure the optimum achievement of each individual.

There should remain, of course, a place for face-to-face teaching. Distance education *as a system* requires the engagement of every technology, with each technology selected for those purposes for which it has a comparative advantage, i.e. it helps the student meet the learning objectives better than any other technology. From that perspective, meeting in a group in a classroom is sometimes the superior technology. For that reason, most teaching programs in future will have some degree of "blended learning", an integration of face to face and distance learning, with the balance of the face-to-face component higher in the case of younger children than for university students and adults in continuing education.

This book is comprehensive in introducing the wide range of issues that must be addressed as we move forward into a reformed, 21stcentury, technology enhanced educational system. It should provide an excellent foundation for all teachers and administrators who are willing and eager to meet these exciting opportunities for change and innovation. I should point out that it is only possible to look forward with confidence when one knows where we have come from, that is our history, and so I am especially pleased to see that the authors have presented an introduction to the theory and history of the field. Without this perspective, the teacher is too easily infatuated by technology, and less able to understand the more important pedagogical opportunities that the technology offers. To practice in the future, a solid foundation in history and theory is essential.

I hope every reader will sense my own excitement — and I am sure this is shared by Professor Namin Shin — at the opportunities before us today for changes in our educational systems, some long-overdue, and the prospect of distance education in partnership with the classroom leading to big improvements in the quality of our students' learning experiences.

I congratulate the authors of this book for their contribution to this progress, and I wish every reader Godspeed as you carry out your mission.

Michael G Moore

ACSD: Association of Supervision and Curriculum Development. (1968). Criteria for assessing the formal properties of theories of instruction. In R. Hyman (Ed.), (1971) *Contemporary thought on teaching* (p. 123). Englewood Cliffs, NJ: Prentice-Hall.

서문

원격교육 문헌에 이 책을 환영하게 되어 기쁩니다. 원격교육은 학생과 교사가 지리적으로 다른 곳에 있으면서 커뮤니케이션 기술에 의해 상호작용이 이루어지는 모든 형태의 교육에 대한 연구와 실천입니다.

이 책의 2장에서 다루고 있듯이 원격교육은 긴 역사를 가지고 있습니다. 교사와 학생이 우편 제도를 통해 소통하는 통신교육으로부터 시작되었고, 이후에는 라디오와 텔레비전 프로그램에 의해 지원되었으며, 최근에는 텔레컨퍼런싱과 인터넷에 의해 이루어지고 있습니다. 이 긴 진화의 기간 동안 원격교육은 두 가지 특징을 가지고 있었습니다. 첫째, 원격교육은 주로 성인을 위한 교육 방법으로 사용되었다는 것입니다. 1970년대와 80년대, 한국을 포함하여 전 세계에 설립되었던 오픈 유니버시티가 그 예가 될 수 있습니다. 이 때는 원격교육이 초·중·고등학교 학생들을 위한 교육에 사용되는 일은 거의 드물었습니다. 둘째, 역사적으로 원격교육은 "적절한" 교수 영역 밖에 있는 주변부 활동으로 여겨졌습니다. 여기서 적절한 교수란 교실, 학교, 캠퍼스 안에서 이루어지는 활동을 의미합니다. 사실, 제가 수년간 통신교육과 라디오를 통해 가르친 경험을 한 후 1970년대 초 원격교육에 대한 제 자신의 연구를 시작하게 된 계기 중의 하나가 미국의 저명한 기관이 진술한 다음과 같은 문장을 읽은 것이었습니다. 교수란 **정의상** "학교교육 기간 동안 교실 안에서 일어나는 활동"이다(ACSD, 1968).

그런데 상황이 얼마나 바뀌었습니까. 2020~21년에 걸친 코로나 바이러스 팬데믹은 여러 면에서 재앙이었지만 교육자에게 있어 유익한 점이 있다면 위의 두 가지 가정을 긴급히 검토해 보게 자극했다는 것입니다. 전 세계의 대부분의 국가에서 휴교가 이루어지고 원격교육이 중심적 위치를 차지하게 되었습니다. 오늘날, 원격교육을 통해 질적으로 우수한 교수-학습 경험을 어떻게 제공할 것인가, 하는 문제는 대학 총장, 교수, 교육부 장관뿐만 아니라 모든 학교장, 교사, 학부모들의 질문이 되었습니다. 또한 이 질문은 현재의 교사들뿐만 아니라 사범대학에 있는 예비교사들에게 특별히 중요한 질문이 되었습니다. 왜냐하면 예비교사들이야말로 이 전염병이 지난 후 교육의 형태를 새롭게 조성하는데 결정적인 역할을 할 것이기 때문입니다. 물론, 학교나 대학이 곧 이전과 같은 익숙한 형태의 교수방법으로 돌아가고 고대의 교수법에 현대의 테크놀로지를 단지 추가하기만을 희망하는 전통주의자들도 있습니다. 그런데 이런 일은 일어나지 말아야 할 것입니다. 왜냐하면 그것은 패러다임 전환을 위해 한 세대에 한번 있을까 말까 한 역사적인 기회를 잃어버리는 것을 의미하기 때문입니다. 그리고 나는 우리의 젊은 교사 세대들이 이 기회를 놓치고 싶어 하지 않으리라 믿습니다.

원격교육을 활용하여 어떻게 더 나은 수업을 할 것인가, 이에 관해서는 다행스런 소식이 있습니다. 그것은 바로 **우리는 그것을 어떻게 하는지 알고 있다**는 것입니다. 이 책의 저자들, 그리고 오랜 기간 동안 원격교육에서 일해 왔던 사람들은 개인적인 경험을 통해 알고 있습니다. **제대로 했을 때**, 원격교육은 보통 학습자가 교실의 제약에 구속되어 있을 때보다 그들에게 질 높은—보통 더 나은—학습 경험을 제공해 줄 수 있다는 것을 말입니다.

어떻게 **제대로 할 것인가**, 그것이 여러분 앞에 있는 이 책에서 설명되고 논의되고 있습니다. 나는 다음과 같은 충고를 덧붙이고 싶습니다. 가정에 있는 학생들을 그들이 교실에 있을 때와 같이 대해서는 안 된다는 것입니다. 특히 어린 아이들에게 교사가 교실에 있는 칠판 앞에 서 있을 때와 똑같은 방식으로 비디오 스크린을 통해 말하는 것은 정말 동기를 떨어뜨리는 일입니다. 대신 학생을 (이건 "독립 학습"이라고 불리던 초기 통신교육 시대로 돌아가는 것인데) 교사인 당신으로부터 개인 지도를 받고 있는 개인으로 인지하고 수업을 시작하십시오. 원격교육은, 최근의 용어를 빌자면, "개별화된" 교수법이 되어야 합니다. 원격교육이 잠재적으로 교실수업보다 더 나은 형태의 교수법이라고 주장할 수 있는 것은 바로 원격교육이 집단에 의해 종종 놓치고 있던 개인 학습자에 초점을 두고 있기 때문입니다. **제대로 하는 것**은 주도면밀한 학습목표 설정, 그 학습목표에 의한 매체 선정, 그리고 체계적인 형성 평가를 포함하는 주의 깊은 코스 디자인 과정을 포함합니다. 이런 것들과 코스 **구조**(이 책의 제2장 원격교육의 이론에 나오는)의 다른 특성들에 초점을 둘 뿐만 아니라 교사와 학생 간의 훈련되고 능숙한 **대화**의 기술을 요구합니다. 학생이 자신의 지식을 창조하도록 이끄는 것은, 코스 구조의 틀 속에서 이루어지는 이 대화에 있습니다. 제대로 된 원격교육에서 교사는 정보 전달을 위해 테크놀로지를 사용하지 않습니다. 학생들이 자신의 지식을 창조하는 여정에서 온라인 자료를 탐색하도록 안내해야 합니다. 그리고 모든 학생은 다르므로,

원격교육이론은 각 학생들의 개인적 특성을 탐색하는 데 주의를 기울이라고 요구합니다. 특히 학습자의 성숙도에 따라 학습의 어떤 부분을 관리하는 능력에서 차이가 날 것입니다. 목표는 자료와 활동의 최상의 조합을 찾는 것입니다. 이는 각 개인들에게 이상적인 수업을 제공하고, 그래서 최적의 성취를 보장하기 위해서입니다.

물론 면대면 교수를 위한 공간도 남아 있어야 합니다. **하나의 체제**로서의 원격교육은 모든 테크놀로지에 관여하지만 학생들이 학습 목표를 달성하는 데 있어 다른 테크놀로지보다 비교 우위에 있는 테크놀로지를 선택해야 합니다. 그런 측면에서 볼 때, 교실에서 그룹으로 만나는 것은 때때로 아주 우수한 테크놀로지입니다. 그런 이유로 미래에는 대부분의 교수 프로그램들이 어느 정도는 면대면 요소와 균형을 맞춘 "블렌디드 학습"이 될 것입니다. 어린 학생들의 경우는 대학생이나 계속교육에 있는 성인들보다 면대면 비율이 더 높아져야겠지요.

이 책은 우리가 21세기 테크놀로지 기반 교육 시스템으로 향하는 데 있어서 고려되어야 할 폭넓은 쟁점들을 종합적으로 소개하고 있습니다. 이 책은 변화와 혁신을 위한 이 흥분된 기회를 기꺼이 맞이하고자 하는 모든 교사와 행정가들에게 훌륭한 기반을 제공할 것입니다. 이것은 우리가 어디서 왔는지, 즉 역사를 알 때에만 자신 있게 전망할 수 있다는 것을 말씀드리고 싶습니다. 그래서 나는 저자들이 원격교육 분야의 이론과 역사를 이 책에서 소개하고 있어서 무척 기쁩니다. 이런 관점이 없다면 교사들은 쉽게 테크놀로지에 심취되어 테크놀로지가 제공하는 것보다 더 중요한 교수 방법적 기회를 이해하지 못할 수 있습니다. 미래를 실천하기 위해서는 역사와 이론에 대한 탄탄한 기반은 필수적입니다.

나는 꽤 오래 전에 개혁되었어야 할 우리 교육체제의 변화를 위해 오늘 우리 앞에 있는 이 기회, 그리고 교실수업과 원격교육의 파트너십이 우리 학생들의 학습 경험의 질을 상당히 향상시킬 전망에 대해 내가 느끼는 흥분을 모든 독자들이 함께 했으면 합니다.

이러한 진보를 위해 기여해 준 이 책의 저자들에게 축하를 보냅니다. 그리고 모든 독자들에게 이 미션을 수행하는 데 행운이 함께 하시길 기원합니다.

마이클 무어(Michael G Moore)

ACSD: Association of Supervision and Curriculum Development. (1968). Criteria for assessing the formal properties of theories of instruction. In R. Hyman (Ed.), (1971) *Contemporary thought on teaching* (p.123). Englewood Cliffs, NJ: Prentice-Hall.

머리말

2001년, 원격교육에 대한 논문으로 박사 학위를 받았다고 하면 대부분의 사람들이 물었다. 그게 뭐예요? 지금은 사정이 많이 달라졌다. 그리고 그 달라진 사정이 이 책을 쓰게 된 계기가 되었다. 처음에는 미래 교사가 될 학생들이 대학에서 배울 교재로 기획했었는데 점차 현재 학교에 계신 선생님들이 더 필요하다는 생각이 들어 책의 구조와 특징을 완전히 바꾸었다.

이 책의 구조는 두 부분으로 나뉜다.

제1부는 원격교육 분야에 대한 입문과 함께 이 분야의 역사와 이론, 여러 가지 원격교육 유형들 그리고 원격교육으로 가르치고 배우는 일의 특징과 미래 전망까지 살펴본다.

제2부는 원격교육을 실천하는 데 필요한 과업과 절차들 그리고 다양한 사례들이 소개되어 있다. 원격교육 플랫폼 선정, 교수설계, 콘텐츠 개발, 실험·실습하기, 질 관리, 초·중등 원격교육 살펴보기로 구성되어 있다.

이 책의 특징은 다음 세 가지로 요약된다.

첫째, 한 권으로 끝내자. 원격교육에 대한 종합서로 이 분야에 대한 깊이 있는 이해와 함께 실천에 도움을 받을 수 있도록 기획하였다. 전자는 주로 이 책의 제1부에서, 후자는 주로 제2부에서 다룬다. 당장 원격수업을 준비하는 데 필요한 정보를 찾으신다면, 제2부부터 보셔도 무방하다. 대학에서 교재로 사용할 경우에는 제1부의 이론을 숙지한 후 제2부는 실습이나 프로젝트 수업으로 진행해 보는 것도 좋을 것이다.

둘째, 도움이 되자. 학교현장에 계신 현직 교사와 대학에 있는 예비교사들이 원격교육에 대한 이해와 실무적 역량을 키우는 데 도움이 될 내용으로 기획하였다. COVID-19 이후 변화된 교육과 학교환경을 고려하였으며 원격수업 사례에 대한 예시를 제공하였다.

셋째, 쉽게 접근하자. 혼자서도 공부할 수 있는 책으로 기획하였다. 원격교육에 관심 있는 이라면 누구나 독학이 가능하도록 쉽게 풀어 썼다. 각 주제에 대해 큰 그림을 먼저 보고 자세한 내용을 살펴보도록 각 장마다 개요를 넣어 이해를 도왔다. 이 책의 제1장, 9장, 12장은 책의 뒷면 QR 코드를 찍으면 e-book으로 제공된다. 향후 전자책으로 전체 내용에 대한 접근성을 더 높일 계획이다.

많은 분들이 이 책이 나오기까지 도와주셨다. 책의 서문을 흔쾌히 써주신 마이클 무어, 지도 교수님께 진심으로 감사드린다. 워낙 꼼꼼하게 써주셔서 서문만 읽고도 이 책을 거의 다 읽은 듯한 느낌이 들었다. 원문을 그대로 실었고 번역본도 추가했다. 오역이 있다면, 전적으로 필자의 책임이다. 한국에 계신 은사님, 김신일 선생님께도 감사드린다. 2007년에 출간된 졸저 <원격교육입문>을 보시고는 다음엔 '입문'을 빼고 내용을 더 쉽게 쓰면 좋겠다고 애정어린 충고를 해주셨다. 그리고 이 책에 몰입해 있는 동안 학과 일을 모두 맡아 해주신 동국대학교 사범대학 교육학과 교수님들께도 존경과 감사의 말씀을 드리고 싶다. 박영스토리의 이영조 팀장님의 인내심과 배근하 과장님의 섬세한 손길이 없었다면 이 책은 세상을 보지 못했을 것이다. 지면을 빌어 두 분께 감사의 마음을 전하고 싶다.

마지막으로 공저자들에 대한 감사는 여기 다 적지 못할 것이다. 함께 배우고, 고민하고, 격려했던 경험이 독자들에게도 "찐하게" 전달되었으면 좋겠다. 원격교육에 대한 연구와 실천이 새로운 국면을 맞이하게 된 지금, 여러분이 이 여정을 함께 하셨으면 하는 바람이다. 준비된 원격교육 연구자와 실천가가 절실히 필요하기 때문이다.

2021년 2월
저자들을 대표하여
신나민

차례

제1부 원격교육 이해하기

제2부 원격교육 실천하기

제1부
원격교육 이해하기

1장 원격교육에 대한 오해와 진실

1 원격교육에 대한 오해

- 이러닝이 원격교육인가?
- 사이버교육이 원격교육인가?
- 원격교육은 비인간적인가?
- 원격교육이 학교교육을 대체할 수 있는가?

2 원격교육에 대한 진실

- 원격교육이란 무엇인가?
  - 공간적으로 분리된 상황
  - 매체를 통한 중재
  - 교수 – 학습 활동
  - 원격교육 구성의 5요소
- 원격교육이 (대면교육만큼) 효과적인가?
- 원격교육은 어떻게 준비하는가?
- 초·중등학생들도 원격교육으로 배울 수 있는가?
  - 학습자 자율성
  - 학습 관리
  - 접근성
  - 네 가지 유형의 상호작용

CHAPTER

01 원격교육에 대한 오해와 진실

이번 장은 여러분이 가지고 있는 원격교육에 대한 이미지나 인식에 도전하는 장이 될 것이다. 이미지는 실제가 아니다. 실제라고 믿는 나의 생각이다. 이 장에서는 원격교육에 대한 생각을 바꾸는 것이 학습의 최종 목표이다. 일단 오해부터 살펴보자.

1 원격교육에 대한 오해

이러닝이 원격교육인가?

아니다. 이러닝과 원격교육은 동의어가 아니다. 이러닝은 전자매체를 사용하는 원격교육의 한 유형이라고 할 수 있다. 즉, 원격교육에는 이러닝이 아닌 형태도 존재할 수 있다는 말이다. 이는 이 책의 제2장 '원격교육의 역사와 이론적 기초'에서 자세히 살펴보도록 한다. 이러닝(e-learning)은 electronic learning의 약자로서 '전자적 수단, 정보통신 및 전파·방송기술을 활용하여 이루어지는 학습'으로 정의된다(이러닝산업발전법, 2015). 문헌에서는 웹기반 학습(Web-Based Learning: WBL), 컴퓨터로 중재된 커뮤니케이션(Computer-Mediated Communication: CMC), 가상 교실, 온라인 수업, I-캠퍼스, 사이버 학습, 분산 학습(distributed learning)

등이 모두 이러닝으로 일컬어지고 있다(Guri-Rosenblit, 2005). 그러나 여기서 언급된 학습들이 반드시 원격교육을 목적으로 의도된 것은 아니다. 즉, 목적에 따라 이러닝은 원격교육이 될 수도 있고 아닐 수도 있다.

이러닝(e-learning)은 electronic learning의 약자로서 '전자적 수단, 정보통신 및 전파·방송기술을 활용하여 이루어지는 학습'으로 정의된다(이러닝산업발전법, 2015).

이러닝이라는 용어는 엘리어트 마시(Elliott Masie)라는 교육공학자가 1999년 11월 디즈니월드에서 열린 테크런 컨퍼런스에서 처음 사용했다고 한다(Butierrez, 2014). 사실 이 용어가 사용되기 전에도 그리고 그 후에도 온라인 학습(online learning)이라는 용어가 있었다. 그리고 학계에서는 이 온라인 학습이라는 용어가 이러닝보다 더 많이 사용된다. 이러닝은 이-비지니스, 이-거버넌스 등 조어의 편리함과 직관적인 이해를 준다는 점에서 대중에게 익숙한 용어일 뿐이다.

사이버교육이 원격교육인가?

아니다. 그 이유는 앞에서 설명한 이러닝이 원격교육이 아닌 이유와 유사하다. 사이버교육은 사이버 공간에서 일어나는 교육이므로 원격교육의 한 유형이라고 볼 수 있다. 그러나 원격교육이 반드시 사이버 공간에서 일어나는 것은 아니다. 인쇄매체, 라디오, 텔레비전, 오디오-비디오 컨퍼런싱 등 원격교육은 다양한 매체를 활용할 수 있다.

사이버교육이 원격교육과 동의어처럼 인식되는 이유는 국내 사이버대학의 설립과 관련된다. 정부는 2001년 「평생교육법」 제22조에 근거하여 온라인 수업을 위주로 하는 원격대학 설립을 허용하면서 이 대학의 이름을 '사이버대학'으로 지칭하였다. 이 때 설립된 원격대학이 사이버대학으로 불리면서 대중의 인식에는 원격교육이 사이버교육과 동의어인 것처럼 여겨지게 된 듯하다.

원격교육은 비인간적인가?

이 질문은 '인간적'인 것이 무엇인지 분명히 정의하기 전에는 답하기 힘들다. 원격교육은 교수자와 학습자가 물리적으로 다른 공간에 있기 때문에 소통 매체를 필요로 한다. 그러나 매체로 중재된 소통이 대면소통보다 사람 간의 친밀도면에서 반드시 떨어진다고 할 수는 없다. 그리고 '인간적'인 것이 친밀도만으로 측정된다고 보기도 어렵다. 우리는 같은 공간에 있으면서도 소원하고 외로움을 느낄 수 있고, 멀리 떨어져 있으면서도 깊은 유대감을 느끼기도 한다. 문제는 물리적 거리나 매체의 사용 유무가 아니라 두 사람을 연결하는 그 무엇이다. 이 무엇을 원격교육에서는 '현존감(presence)'이라고 한다. 현존감에 대해서는 제2장에서 보다 자세히 다룬다.

현존감은 거리감의 반대되는 개념이라고 할 수 있다(신나민, 2004). 원격교육은 영어로 'Distance Education'이고 직역하면 '거리 교육'이다. 이 거리라는 말은 교수자-학습자, 학습자-학습자 간의 물리적 거리를 의미한다. 원격교육에서 거리는 이중적인 의미로 사용된다. 첫째는 극복해야 할 부정적인 의미이다. 통신매체나 잘 기획된 교수-학습 활동을 통해 되도록 학습자가 심리적 거리감을 느끼지 않고 교수자나 다른 학습자와 함께 학습한다는 느낌을 갖도록 해야 한다는 것이다. 둘째는 보존해야 할 긍정적인 의미이다. 학습자들이 대면교육이 아니라 원격교육을 선택한 데는 이유가 있다. 지리적으로 교육기관이 너무 멀다든지, 가정이나 직장 때문에 특정 시간에 학교를 가기 힘들다든지, 경제적인 이유로 비싼 교육기관의 등록금을 낼 수 없다든지, 신체적인 장애 때문에 이동이 힘들다든지와 같은 여러 가지 이유로 사람들은 원격교육을 선택한다. 이들에게 거리는 학습자가 자율성을 가지고 자신의 학습을 관리할 수 있는 여지를 주는 셈이다. 이러한 면에서 통신 매체를 사용하는 교육이라고 해서 무조건 비인간적이라고 할 수는 없다. 오히려 교육기회를 확대해 준다는 의미에서 원격교육은 인간적이라고 할 수도 있을 것이다. '인간적'의 의미를 다시 생각해 보자.

원격교육이 학교교육을 대체할 수 있는가?

없다. 학교는 교육뿐만 아니라 돌봄의 기능을 가지고 있다. 어린 학생일수록 돌봄의 비중이 크고 학생들이 성장할수록 교육의 기능이 커진다. 적어도 고등학교 때까지는 대부분의 청소년들이 의무적으로 일정 시간에는 학교라는 공간에서 교사의 돌봄 아래 있게 된다. 따라서 굳이 원격교육을 실시할 필요가 없다.

그러나 초·중·고등학교에서도 원격교육이 필요할 때가 있다. 바로 천재지변이나 전염병의 확산으로 대면교육이나 집합교육이 위험한 상황이 될 때이다. 2020년 2월 6일 기준으로 COVID-19으로 인해 한국에서 휴교에 들어간 학교는 유치원 450, 초등학교 77, 고등학교 33, 특수학교 3개교 등 전국에서 모두 595개교에 달한다. 「초·중등교육법 시행령」 제45조에는 "학교의 장은 천재지변 등 교육과정의 운영상 필요한 경우에 10분의 1의 범위에서 수업 일수를 줄일 수 있다"라고 명시되어 있다.

전문가들은 2주 이상을 휴교의 장기화라고 규정하며 이럴 경우 휴교에 따른 학업 손실을 보완할 수 있는 대안을 마련해야 한다고 권고한다. 이 때 공간적 이동과 대인접촉을 피할 수 있는 방법으로 제시되는 것이 원격교육이다. 이런 사태는 국내에서는 매우 드물었지만 전 세계적으로 보면 이상 기후로 인한 자연재해 및 독감이나 신종 바이러스로 인한 휴교 조치는 새로운 일이 아니다. 예를 들어, 해마다 미국에서는 독감(swine flu)으로 인하여 수백 개 학교들이 휴교를 하며 2009년 3월의 경우에는 휴교 학교 수가 725개교에 달한 적도 있다.

고등교육이나 평생교육의 경우는 이야기가 달라진다. 대학생이나 성인을 대상으로 하는 교육은 주로 학습자의 요구나 필요에 의한 것이다. 돌봄은 거의 문제가 되지 않고 교육에 비중이 있기 때문에 공간적으로 교육기관에 출석하기 힘든 경우에는 원격교육이 좋은 대안이 될 수 있다. 초창기의 원격교육이 대학 확장 프로그램(extension program)이나 전문가 계속교육(continuing professional education) 등 성인을 대상으로 발전해 온 데는 이런 배경이 작용한다.

따라서 원격교육과 학교교육을 대립 구도로 보는 이런 질문은 그리 바람직하지 않다. 오히려 원격교육은 대면교육을 주로 하는 학교교육에서 부분적으로 또는 상황에 따라 전체적으로 도입할 수 있는 '선택지'라고 생각하는 것이 더 발전적이다. 그러나 50년, 100년 후의 미래에는 어찌될지 현재로서는 예측하기 힘들다. 학교의 기능도 변하고 학교 외에서 돌봄과 교육 서비스를 제공하는 프로그램도 날로 발전할 것이기 때문이다.

2 원격교육에 대한 진실

원격교육이란 무엇인가?

그러면 원격교육이란 무엇인가?

> 원격교육은 교수자와 학습자가 공간적으로 분리된 상황에서 매체를 통해 중재되는 교수 - 학습 활동이라고 정의할 수 있다.

이를 좀 더 상세히 살펴보자.

공간적으로 분리된 상황

원격교육을 규정하는 가장 큰 특징이다. 즉, 가르치고 배우는 사람이 같은 공간에 있지 않다는 것이다. 원격교육 초기에는 '시·공간적으로' 분리된 상황이라고 정의하는 경우가 많았으나(신나민, 2007), 기술의 발전으로 인해 동시적 상호작용이 더욱 활발해져서 시간적 분리는 원격교육의 필수요소가 되기 힘들다고 여겨져 생략하였다. 즉, 원격교육은 교수자와 학습자의 동시적 혹은 비동시적 상호작용을 통해 모두 가능하다.

매체를 통한 중재

공간적 분리는 소통매체를 통해 보완된다. 즉, 학습자와 교수자가 공간적으로 분리되어 있더라도 문자, 음성, 영상을 통해 서로 소통하면서 교육과 학습이 이루어질 수 있다는 것이다. 이러한 문자, 음성, 영상을 주고 받게 해 주는 것이 소통 매체이다. 책이나 교재 등의 인쇄매체, 전화, 라디오 등 음성매체, 텔레비전, 비디오 등 영상매체 등이 모두 교수자와 학습자를 중재하는, 즉 이어주는 매체가 되는 것이다.

교수 - 학습 활동

교수란 가르치는 것이고 학습이란 배우는 활동이다. 이 둘을 같이 쓴 이유는 원격학습을 따로 정의하지 않기 위해서이다. 최근 교육에서 학습으로 패러다임이 바뀌면서 원격교육과 함께 원격학습(Distance Learning)이라는 용어가 자주 사용되고 있다. 원격학습 역시 같은 방식으로 정의될 수 있다. 전통적으로 원격교육은 '교수자와 다른 시간 혹은 공간에서 계획된 학습에 참여하는 학습자에게 인쇄나 전자적 소통 매체를 통해 이루어지는 교육'으로 정의되었다(McIssac & Gunawardena, 2001). 이 정의에서 유심히 보아야 할 것은 '계획된 학습(planned learning)'이다. 즉, 유튜브나 방송을 보고 우연히 무엇을 배웠다고 해서 원격교육에 참여한 것은 아니라는 것이다.

키건(Keegan, 1980)은 원격교육의 구성요소로 다음 여섯 가지를 제안하였다.

- 교수자와 학습자의 분리
- 교육기관의 영향
- 교수자와 학습자를 연결하기 위한 매체의 사용
- 양방향 소통
- 학습자는 그룹보다는 개인으로 참여
- 산업화된 형태의 교육

위에서 산업화된 형태(industrialized form)의 교육이란 교수활동이 개인 교수자의 역량에 의존하기 보다는 하나의 코스가 디자인, 개발, 생산되는 과정이 체계적이어야 하고 이런 시스템을 갖춘 교육기관에 의해 실행되어야 한다는 뜻이다. 이 부분은 원격교육 교수설계를 다룬 제8장에서 자세히 살펴볼 것이다.

원격교육 구성의 5요소

일반적으로 교육활동을 구성하는 기본 요소는 '교수자', '학습자', 그리고 '교과내용'이라고 할 수 있다. 원격교육은 이 세 가지 요소에 '소통매체'와 '교수활동의 사전기획과 준비'라는 두 가지 요소가 필수적으로 더 요구된다(신나민, 2007). 따라서 이 다섯 가지를 원격교육 구성의 5요소라고 할 수 있다.

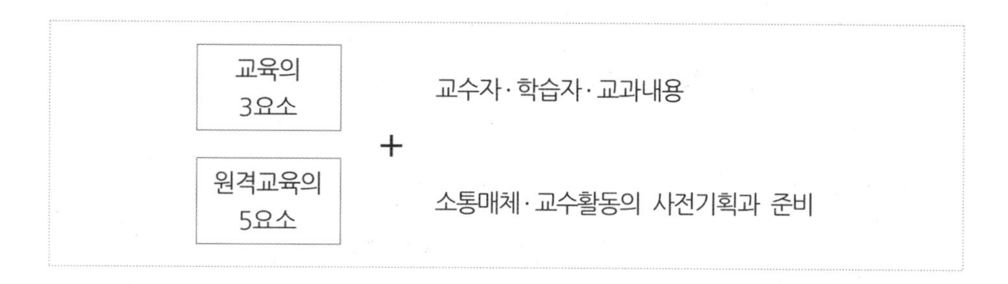

원격교육이 (대면교육만큼) 효과적인가?

현재까지의 결론은 '차이 없음'이다. 여기서 차이란 원격교육과 대면교육 간의 학습효과 면에서의 통계적으로 유의미한 차이를 의미한다. 사실, 원격교육의 효과성 문제는 원격교육의 태생부터 제기되어 온 질문이기 때문에 원격교육 분야에서 가장 많이 연구된 주제라고 할 수 있다. 자연히 이 주제는 수많은 비교연구를 양산했고 이 비교연구들은 주로 평균의 차이 검증을 연구방법으로 채택하는 경우가 많았다.

비교는 두 가지 측면에서 주로 이루어졌다. 하나는 원격교육과 대면교육 간의 차이이고, 다른 하나는 매체 간의 차이를 연구하는 것이다. 면대면 또한 일종의 매체로 본다면 이 연구들은 결국은 매체비교연구로 수렴되는 셈이다. 전자는 대면 수업을 주로 하는 학교교육에 기준을 두고 원격교육의 효과성을 검증해보고자 하는 질문이고, 후자는 기술 발달로 인해 새로운 매체가 등장할 때마다 최신 매체를 사용했을 때의 효과를 이전 매체와 비교하는 질문이다.

예를 들어, TV 매체가 등장하면 그 이전에 있던 라디오 매체와 TV 방송 수업의 효과를 비교하고, 인터넷이 등장한 후에는 대면수업과 온라인 수업의 효과를 비교하는 연구가 쏟아졌다. 결론은 어떤 하나의 매체가 다른 매체보다 교육 효과 면에서 절대적으로 더 우월하거나 더 열등한 것은 아니라는 것이다. 대면수업과 원격수업의 비교연구도 어떤 연구에서는 대면수업이 더 효과적으로 나타나고 또 다른 연구에서는 원격수업의 효과가 더 높게 나타난다. 따라서 연구자들은 이런 비교연구를 축적하는 데이터베이스의 이름을 아예 '유의한 차이 없음'으로 붙이고 지속적으로 연구를 업데이트하고 있다.

그림 1-1 유의한 차이 없음

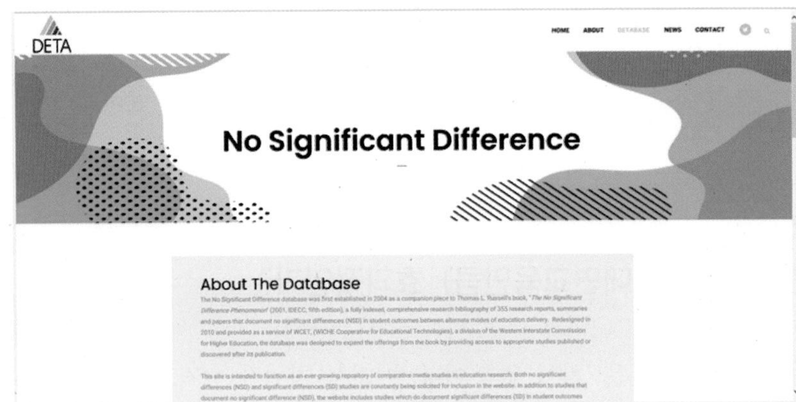

출처: https://detaresearch.org/research-support/no-significant-difference/

이런 효과 비교연구에서 중요한 것은 '교육의 효과를 무엇으로 측정할 것인가'라는 질문이다. 대부분의 경우 학업성취, 즉 성적을 가장 궁금하게 생각하겠지만 실제로 한 학생이 두 가지 형태의 교육을 동시에 경험하기는 힘들다. 따라서 유사실험설계에 의한 다양한 연구방법이 동원된다. 그리고 학업에 대한 흥미나 동기, 지속하고자 하는 의지 등도 연구 주제가 되기도 한다. 중요한 것은 각 매체마다 특징이 다르고 대면교육과 원격교육은 각기 고유한 특성이 있는데 이들을 하나의 기준으로 비교하는 것은 무리가 있다는 것이다. 독일의 원격교육학자 오토 피터스(Otto Peters)는 이런 비교하는 관점에 대해 다음과 같이 언급한 적이 있다.

말로 이루어지는 교실수업과 원격수업을 비교하는 것은 별 의미가 없다. 그 누구도 구두 한 켤레를 생산하는 데 얼마나 효율적인가를 알기 위해 구두 수공업자와 신발공장을 비교하지는 않을 것이다(Peters, 1971: 225).

피터스가 이 글에서 언급한 원격교육은 교실에서 EBS를 시청하거나 개인적으로 온라인 수업을 듣는 원격교육이 아니라 대량생산이 가능한 인쇄, 라디오, 텔레비전을 활용한 원격교육이었을 것이다. 따라서 원격교육을 논할 때는 항상 어떤 맥락에 있는 원격교육을 의미하는지를 잘 파악해야 한다. 원격교육에서 효과성은 중요한 쟁점이지만 대면교육에 기준을 두고 그 결과를 비교하는 것은 원격교육을 활용하는 취지를 망각하게 한다.

원격교육은 어떻게 준비하는가?

최근 들어 교사나 예비교사들이 가장 궁금해 하는 질문 가운데 하나이다. 그러나 원격교육이란 말은 너무 큰 범위이기 때문에 이 질문에 답하기 전에 몇 가지 용어부터 정리하기로 하자. 그 용어는 수업, 코스, 프로그램이다.

수업: 이 책에서 수업은 일반적으로 한 단위 수업을 의미한다. 즉, 45분 혹은 50분 분량의 교수-학습 활동을 말한다. 주로 한 단위의 수업 계획을 '수업 지도안(lesson plan)'이라고 부른다.

코스: 단위 수업이 모여 한 학기의 강좌를 구성하는 것을 코스(course)라고 한다. 이 책에서 원격교육 코스 개발, 코스 팀 접근(course team approach) 등의 용어가 나오면 수업을 한 학기나 일정 기간 동안 어떻게 진행할지를 계획하는 것이라고 이해하면 되겠다. 여러분이 '원격교육론'이라는 강좌를 수강 중이라면 이 강좌가 하나의 코스라고 할 수 있다.

프로그램: 수업이나 코스보다 포괄적인 용어이다. 교육 대상이나 목적에 따라 분량이나 실행 기간은 다양할 수 있다.

'원격교육을 어떻게 준비해야 하는가'라는 질문에 답하려면 어떤 상황에서의 원격교육인지를 먼저 파악해야 한다. 일반적으로 원격교육만을 제공하는 교육기관에서는 원격교육 코스 개발 팀이 별도로 존재하고 전문 인력들이 모여 장기적인 계획하에 체계적으로 코스를 개발한다. 이것이 코스 팀 접근이다. 그러나 교수자 1인이 개발하는 원격수업도 증가하는 추세이다. 기술 발전으로 인해 유튜브(YouTube)나 줌(Zoom)과 같이 대중이 접근 가능한 무료 플랫폼이 확산되었고 스마트폰의 진화로 영상을 만드는 것이 용이해졌기 때문이다.

원격교육을 준비하기 위해서 반드시 영상을 만들어야 할 필요는 없다. 그러나 어느 경우건 대면수업과 원격수업을 준비하는 데 있어 가장 큰 차이는 준비 시간임을 기억해야 한다. 후자가 훨씬 더 오래 걸리고, 한 개인이 모든 과정을 맡아서 하기에는 훨씬 더 어려운 작업이기 때문이다. 이 과정에 대해서는 이 책의 제2부에서 자세히 다룰 것이다.

초·중등학생들도 원격교육으로 배울 수 있는가?

물론이다. 그러나 이 경우에는 좀 더 세심한 사전 계획이 필요하다. 반드시 그런 것은 아니지만 의무교육에 있는 학생들은 대학생이나 성인들과 같이 원격교육을 자발적으로 선택한 학습자들에 비해 학습 동기나 자율성이 낮을 수 있기 때문이다. 다음 네 가지 개념을 염두에 두면 청소년뿐만 아니라 일반적인 원격학습자를 이해하고 조력하는 데 도움이 될 것이다.

학습자 자율성

원격교육에서 학습자 자율성(learner autonomy)이란 학습자가 스스로 자신의 학습 속도나 시간 등을 조절할 수 있는 능력을 말한다. 원격교육은 학습자의 자율성을 존중하고 보장하고자 하는 노력에서 시작되었다고 해도 과언이 아니다.

그러나 학습자마다 이 자율성의 정도에는 큰 차이가 존재한다. 특히 자기주도적인 학습을 해본 경험이 없는 어린 학습자일수록 자율성이 떨어지기 쉽다. 따라서 성공적인 원격학습을 위해서 교육자는 두 가지 조치를 취할 수 있다. 첫째, 사전 오리엔테이션을 통해 학습자들이 원격학습의 특징과 학습자 자율성에 대해 충분히 인지하도록 해야 한다. 둘째, 초등학교 저학년과 같이 특별히 원격학습을 힘들어하는 학습자 집단이 있다면 이들의 원격학습 환경에서 도움을 줄 수 있는 조력자를 구하는 것이 좋다. 이 조력자는 부모나 가족 등 같은 환경에 거주하는 사람이 이상적이다.

학습 관리

원격교육에서 가장 중요한 학습 관리는 시간 관리이다. 학습하는 시간 그리고 진도를 학습자가 어떻게 성공적으로 관리하느냐에 따라 원격학습의 성패가 좌우된다고 해도 과언이 아니다. 시간의 측면에서 볼 때 원격학습은 교수자와 동시적 상호작용을 요구하는 경우와 비동시적 상호작용을 요구하는 경우, 두 가지로 구분해 볼 수 있다. 이 가운데 시간관리가 더 힘든 영역은 비동시적 원격학습이다.

- 동시적 상호작용: 시간적 측면에서 학습자 자율성을 제한할 수 있다.
- 비동시적 상호작용: 시간적 측면에서 학습자 자율성을 더 많이 보장할 수 있다. 그러나 학습 관리가 더 힘들고 학습자 자율성이 더 많이 요구된다.

동시적 상호작용은 공간적으로는 교수자와 분리되어 있지만 같은 시간에 쌍방향 학습에 참여해야 하므로 시간적 측면의 제약이 있다. 즉, 학습자 자율성은 낮아지지만 학습자가 스스로 시간을 관리할 필요가 없다. 그러나 비동시적 원격학습의 경우는 시·공간적 제약이 모두 없어 학습자 자율성은 높아지지만 관리의 부담도 커진다. 따라서 스스로 자율성이 낮다고 생각하는 학습자들은 원격학습보다는 대면학습을 선택하는 것이 좋다. 피치 못할 사정으로 원격학습을 선택했다면 되도록 동시적 상호작용 수업을 택하는 것이 좋다. 학습 관리 능력이 떨어지는 학습자가 비동시적 원격학습에 참여하게 되었다면 교수자에게 자신의 어려운 점을 알리고 도움을 적극적으로 청하는 것도 어려움을 극복하는 하나의 방법이 될 수 있다.

접근성

원격교육에 있어 접근성은 가장 중요한 쟁점이라고 할 수 있다. 여기서 접근이란 교육기회에의 접근과 교육매체에의 접근, 둘 다를 의미한다. 원격교육에서는 교육매체에 접근하지 못하면 교육에 참여할 기회가 제한되므로 이 둘은 결국 같은 의미가 되는 것이다. 따라서 대부분의 원격학습자들은 자신이 활용 가능한 매체를 사용하는 원격교육 코스나 프로그램을 선택하게 된다. 그러나 최근에는 대부분의 원격교육이 온라인 매체를 활용함에 따라 개인의 인터넷 환경과 스마트폰이나 컴퓨터 등의 단말기 성능이 중요한 변수로 떠올랐다. 즉, 개인 학습자들의 매체 접근성이 각자의 기술적 환경에 따라 상당한 차이가 날 수 있다는 것이다. 따라서 원격교육 제공자가 우선적으로 고려해야 할 사항은 '학습자가 어떤 교육매체에 접근 가능한가'라는 질문이다.

네 가지 유형의 상호작용

상호작용은 원격교육의 가장 큰 주제 가운데 하나이다. 왜냐하면 다른 모든 교육과 마찬가지로 원격교육도 내용 전달과 사람 간의 관계에 관여하기 때문이다. 원격교육의 초기에는 학습자－교수자 상호작용이 주된 관심사였다. 그러나 소통매체의 발달로 원격학습 역시 개인과 그룹이 모두 가능하게 되었고 교실수업과 마찬가지로 동료학습자와의 상호작용이 중요한 요인으로 등장하게 되었다. 이를 정리하면서 무어(Moore, 1989)는 '학습자－교수자', '학습자－학습자', '학습자－내용'을 원격교육에서 고려해야 할 세 가지 유형의 상호작용으로 제안하였다.

이후 원격교육 연구자들은 '학습자－인터페이스' 상호작용을 제4의 상호작용으로 추가하게 된다(Hillman, Willis & Gunawardena, 1994). 인터페이스(interface)란 사용자와 매체가 만나는 접점이다. 컴퓨터를 가지고 있다고 해서 모든 사람이 컴퓨터를 잘 다루는 것은 아니다. 전자가 매체에의 접근성이라면 후자는 매체를 다루는 역량에 관련된 것이다. 예를 들어, 학습자－인터페이스 상호작용이란 학습자가 컴퓨터를 켜고, 자신의 학습이 이루어지는 플랫폼이나 학습관리시스템(Learning Management System: LMS)에 접속하고, 필요한 파일이나 정보를 주고받는 등의 활동이 될 수 있다. 이 학습자－인터페이스 상호작용이 원활하지 않으면 학습자－교수자, 학습자－학습자, 학습자－내용 상호작용이 제대로 이루어지기 힘들다.

따라서 초등학생이나 노인 학습자를 대상으로 할 경우에는 이들이 인터페이스 상호작용에 문제가 없는지를 우선적으로 점검해 보아야 한다. 학습자가 이 부분에 어려움을 느낀다면 원격수업 초기에 기술적 오리엔테이션이 선행되어야 한다. 그리고 학습 매체나 학습관리시스템(LMS)의 인터페이스에 익숙해질 때까지 가족이나 지인들이 조력자의 역할을 해 주는 것도 좋다. 결론적으로 말하면, 초·중·고등학생들뿐만 아니라 누구라도 원격학습자가 될 수 있다. 다만 학습자마다 위에서 언급한 학습자 자율성, 학습 관리, 접근성, 네 가지 유형의 상호작용에 관해 다른 역량을 가지고 있으므로 이를 고려한 세심한 계획이 필요하다는 것이다. 이런 계획을 어떻게 할 것인가? 이 책에서 그 기본적인 사항들을 모두 다룰 것이다.

원격교육 이야기

베이츠의 ACTIONS

원격교육에서 가장 어려운 문제 가운데 하나가 '어떤 기술을 선택해야 하는가'라는 기술 선택의 문제이다. 왜냐하면 이 선택은 원격교육의 성패를 좌우할 만큼 중요하고 또 그만큼 고려해야 할 사항들이 많기 때문이다. 이 고려사항들을 7개로 정리하여 소개한 이가 있다. 그의 이름은 토니 베이츠(Tony Bates), 그의 이론은 액션즈(ACTIONS)라고 불린다. 왜 이렇게 불리는지는 아래 표를 보면 알 수 있다. 원격교육에서 어떤 매체를 사용해야 하는지 고민될 때 이 표를 참고해 보자. 그리고 기억하자. 원격교육에서 가장 중요한 고려사항은 A, 즉 접근성(Access)이다.

Access 접근성	• 특정 기술이 대상 학습자에게 얼마나 접근 가능한가?
Costs 비용	• 개별 기술의 비용 구성은 어떠한가? • 학습자의 단위 비용은 어떠한가?
Teaching & learning 교수 & 학습	• 어떤 종류의 학습이 필요한가? • 학습자 요구에 가장 부합하는 교수접근은 무엇인가? • 이러한 교수학습을 지원하는 최적의 기술은 무엇인가?
Interactivity & user-friendliness 상호작용성 & 사용자 친화성	• 이 기술을 활용하여 어떤 종류의 상호작용이 가능한가? • 학습자들이 사용하기 쉬운가?
Organizational issues 조직의 쟁점	• 성공적으로 기술을 활용하기 위해 사전에 갖추어야 할 조직의 필수조건, 그리고 제거해야 할 장애물은 무엇인가? • 조직 내 어떤 변화가 수반되어야 하는가?
Novelty 참신성	• 얼마나 새로운 기술인가?
Speed 신속성	• 얼마나 빠르게 수업이 기술에 탑재될 수 있는가? • 얼마나 빠르게 자료들을 업데이트 할 수 있는가?

Bates, T.(2005). Technology, E-learning and Distance education(2nd). Routeledge, pp.45-50.

☆참고문헌

- 신나민(2004). 효과적인 원격교육체제 구축을 위한 이론적 탐색: 상호교류적 현존감(Transactional Presence) 구인, **교육공학연구**, 20(2), 83-99.
- 신나민(2007). **원격교육입문**. 파주: 서현사.
- 「이러닝산업발전법」. http://law.go.kr

- Butierrez, K. (2014). 10 Great moments in eLearning history. Retrieved from https://www.shiftelearning.com/blog/bid/343658/10-Great-Moments-in-eLearning-History
- Guri - Rosenblit, S(2005). 'Distance education' and 'e - learning': Not the same thing, *Higher Education*, 49 (4), 467-493.
- Hillman, D. C., Willis, D. & Gunawardena, C. (1994). Learner interface interaction in distance education: An extension of contemporary models and strategies for practitioners. *The American Journal of Distance Education*, 8(2), 30-42.
- Keegan, D. (1980). On defining distance education, *Distance Education*, 1(1), 13-36.
- McIsaac, M. & Gunawardena, C.(2001). 13.2 History of distance education, *The Handbook of Research for Educational Communications and Technology,* AECT.
- Moore, M.(1989). Editorial: Three types of interaction, *The American Journal of Distance Education*, 3(2), 1-6.
- Peters, O.(1971). Theoretical aspects of correspondence instruction, In O.Mackenzie and E. L. Christensen(Eds.), *The Changing World of Correspondence Study*(pp. 223－228). University Park & London: The Pennsylvania State University Press.

2장 원격교육의 역사와 이론적 기초

1 국외 원격교육 역사

- 제1세대: 통신교육
- 제2세대: 라디오, TV 교육방송
- 제3세대: OU 모델 등장, 복합매체 사용
- 제4세대: 텔레컨퍼런싱
- 제5세대: 컴퓨터, 인터넷 기반

2 국내 원격교육 역사

- 제1세대(1951~1971): 라디오, TV 교육방송
- 제2세대(1972~1983): KNOU 등장
- 제3세대(1984~1994): 원격교육 정착기
- 제4세대(1995~2019): 이러닝 주도기
- 제5세대(2020~현재): 융합 및 전환기

3 원격교육의 이론적 기초

- 찰스 웨드마이어: 독립학습이론
- 오토 피터스: 산업화 양식이론
- 마이클 무어: 교류적 거리이론
- 신나민: 교류적 현존감이론
- 시멘스와 다운스: 연결주의이론

CHAPTER

02 원격교육의 역사와 이론적 기초

이번 장에서 기억해야 할 것 한 가지, 여러분이 원격교육의 역사를 어느 정도라고 생각하건 실제는 그것보다 더 오래 되었다는 사실. 이번 장에서는 원격교육의 역사적 흐름과 이론적 기초를 살펴본다.

원격교육의 역사는 주로 유럽, 호주, 미국을 중심으로 전개되었다. 이 가운데서도 유럽의 역사가 제일 긴 것으로 기록되어 있다. 1700년대에 시작되었다는 주장도 있지만 기록상으로는 1840년에 영국의 교육자 아이작 피트만 경(Sr. Issac Pitman)이 속기를 우편통신으로 가르친 데서 시작되었다고 본다(Verduin & Clark, 1991). 당시 피트만 경이 가르칠 내용을 우편엽서에 적어 학생들에게 보내면 학생들은 과제를 해서 다시 우편으로 교수자에게 보내는 형태로 교육이 이루어졌다. 이렇듯 인쇄매체와 우편통신의 결합으로 이루어지는 교육을 통신교육(Correspondence Education)이라고 부른다. 원격교육의 시초는 통신교육인 셈이다.

1 국외 원격교육 역사

통신교육을 시초로 한 원격교육은 소통매체의 발달과 함께 발전해 왔다. 새로운 통신기술 매체가 등장할 때마다 새로운 원격교육의 시대가 펼쳐지는 것이다. 왜냐하면 원격교육은 특성상 기술매체로 중재되는 교수–학습 활동이기 때문이다. 통신기술 매체와 함께 발전해 온 원격교육의 역사를 3세대로 나누어 보는 견해도 있고(Nipper, 1989), 5세대로 나누어 보는 견해도 있다(Moore & Kearsely, 2005: Tylor, 2001). 이 책에서는 무어와 키어슬리의 구분을 따라 원격교육의 역사를 5세대로 구분하여 살펴본다.

제1세대: 통신교육

여기서 통신교육이란 앞에서 언급한 우편통신교육을 의미한다. 1800년대 유럽에서 고등교육 기회는 주로 상류층 남성에게 제한되어 있었다. 그리고 학생들을 한 장소에 모아 학식이 높은 대가(master)로부터 배우는 것이 대학의 역사였다. 따라서 여성이나 노동자 계급은 교육기회를 갖는 것이 거의 불가능했다. 그런 측면에서 통신교육은 교육기관에 접근하기 힘든 사람들의 교육기회를 확대해 주었다는 측면에서 큰 의의를 지닌다(FNU, 2019; Simak & Reeve, 2010).

- **1840년대:** 아이작 피트만 경(Sr. Isaac Pitman), 통신교육 제공
- **1858년:** 영국 런던대학교에서 원격학습으로 학위 수여를 처음 시도
- **1888년:** 미국 펜실베니아주에 기반한 사설 국제통신학교(International Correspondence School)에서 광부 이주노동자들에게 훈련 코스 제공, 1894년에 2500명의 신입생으로 출발하여 1906년까지 재학생이 모두 90만 명에 이름
- **1892년:** 미국 시카고 대학의 윌리엄 하퍼 총장에 의해 최초로 대학 수준의 원격학습 프로그램 제공
- **1892년:** '원격교육'이라는 용어가 미국 위스콘신 대학에서 발행한 팸플릿에서 처음으로 사용
- **1911년:** 호주 퀸즈랜드 대학에 통신학습 부서 설립

그러나 통신교육의 실천이 그리 순조롭지만은 않았다. 특히 시카고 대학과 같이 엘리티즘에 기반한 사립 명문대학의 총장이 통신교육 코스를 제공하자 교수들의 저항이 컸다고 한다(Pittman, 1996). 그럼에도 불구하고 통신교육은 학습에 대한 열망이 높은 학습자들의 요구로 인해 점차 발전하게 되었다. 결과적으로 통신교육은 '교육자가 있는 곳'으로가 아니라 '학습자가 있는 곳'으로 교육프로그

램을 보내준다는 아이디어로 교육기회의 민주화에 공헌하게 된다. 이러한 철학은 향후 원격교육의 뿌리와 역사의 근간이 된다(신나민, 2005).

그림 2-1 비전통적 학습에 대한 고찰

원격교육에 대한 통찰을 일찍이 보여준 찰스 웨드마이어(Charles A. Wedemeyer) 교수가 1981년에 출판한 책이다. 책 제목도 그렇지만 표지에 쓰인 사진 두 장은 교육기회에 대한 강렬한 열망을 가진 두 사람을 보여준다. 한 사람은 농기구가 흩어져 있는 창고에서 바깥 들녘을 보며 책을 들고 있다. 오른쪽 사진은 교실에 들어가지 못하고 문 밖에서 교실 안을 들여다보는 사람의 뒷모습을 보여준다. 두 사진에는 모두 공식적인 학습기회를 놓친 사람들의 배움에 대한 열망이 묻어 있다.

출처: https://www.amazon.com/Learning-Back-Door-Reflections-Non-Traditional/dp/1607523728

제2세대: 라디오, TV 교육방송

원격교육의 제2세대는 라디오와 텔레비전 매체가 이끌었다고 볼 수 있다. 두 매체 모두 정보를 다수에게 전달하는 데 용이하다는 장점이 있다. 특히 라디오를 통한 교육은 비교적 저렴한 비용으로 대중에게 다가가기 쉬워 아프리카, 인도 등지에서 원격교육 매체로 오랫동안 각광받았다. 아프리카에서는 라디오를 나무 위에 매달아 확성기를 통해 에이즈(AIDS) 퇴치나 위생 정보 등을 알리는 교육에 사용하기도 했다. 라디오는 개인 소유도 가능하지만 필요에 따라서는 공유가 가능하기 때문에 정보 파급력을 올리는 데 더 유용한 매체였다. 아래는 미국, 아프리카, 호주 등지에서 라디오, 텔레비전을 통한 원격교육이 언제쯤 시작되었는지를 보여준다(FNU, 2019; Simak & Reeve, 2010).

- 1922년: 펜실베니아 주립대학(Pennsylvania Sate University), 라디오 네트워크를 통해 교육프로그램 코스를 첫 방송

- 1932~1937년: 아이오와 대학(University of Iowa), 텔레비전 방송을 교육적 목적으로 사용하는 첫 시도
- 1946년: 남아프리카 대학(Univerisity of South Africa: UNISA), 아프리카 대륙에서 열린 원격학습을 주도
- 1950년: 호주방송학교(The Australian School of the Air) 설립

제3세대: OU 모델 등장, 복합매체 사용

원격교육의 제3세대는 1969년 설립된 영국 오픈 유니버시티(Open University: OU)의 등장과 함께 시작된다. 이 대학은 고등교육 맥락에서 설립된 최초의 단일모드 원격교육 기관이라는 점에서 그 의의가 있다. 기존에는 일반 대학에서 통신교육이나 라디오, TV 방송을 통해 교육을 제공하는 형태였다면 영국 OU는 원격교육만을 목적으로 설립되었다는 점에서 역사적 의미를 갖는다. 특히, 영국 OU는 고등학교 졸업이라는 학력을 갖추어야 대학교육을 받을 수 있다는 대학입학 선발의 관행을 없애고 학년 중심이 아닌 코스 중심의 교육과정을 운영한다. 즉, 일반 대학같이 4년간 수강 후 대학을 졸업하는 것이 아니라 자신이 원하는 과목을 선택하여 수강하고, 그것을 배우는 데 초점이 있다. 현재는 코스에 따라 입학 조건이 조금씩 다르기는 하지만 기본적으로 OU 입학에 학력 제한은 없는 것으로 알려져 있다.

그림 2-2 영국 오픈유니버시티 홈페이지

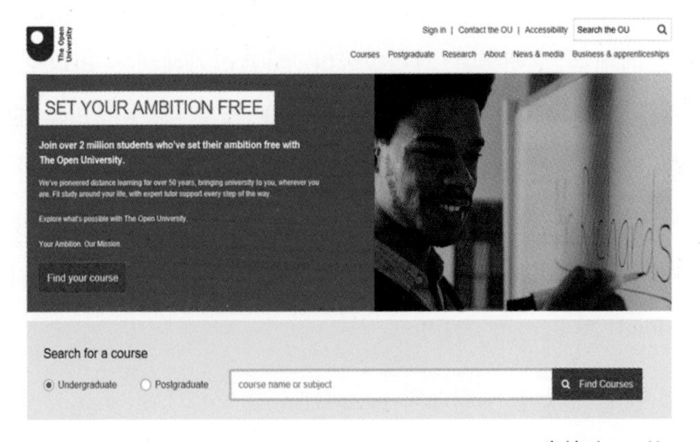

출처: http://www.open.ac.uk/

영국 오픈 유니버시티에서 오픈(open)은 '사람', 가르치는 '방법', 배우는 '장소', 그리고 '아이디어'에 열려있다는 의미이다. 이 개방성은 OU 형태의 교육기관이 전 세계에 확대되는 계기를 마련해 주었다. 사실, 현재 전 세계의 거의 모든 나라에는 원격교육을 제공하는 OU가 설립되어 있다고 해도 과언이 아니다. 예를 들어, 한국에 설립되어 있는 OU는 한국방송통신대학교(Korea National Open University: KNOU)이다. 특히, 인구가 많고 문해율이 낮은 나라에서는 원격교육이 정보 확산 시스템으로 기능했다. 이런 나라에서는 영국 OU 모델을 받아 들여 저비용으로 기초 문해교육과 직업훈련을 제공하기 위해 현대적 기술과 교수방법을 결합하였다. 매체의 측면에서 볼 때 OU는 통신학습 모드에 라디오와 TV 방송을 추가하여 여러 가지 매체를 함께 사용하는 복합매체 접근을 시작하였다.

제3세대 원격교육을 이끈 힘은 규모의 경제(economy of scale)이다. 통신매체의 발달과 원격교육의 확산으로 고등교육에의 접근성이 대폭 확대되면서 하나의 코스를 다수의 학습자에게 전달할 수 있게 된 것이다. 학습자의 수가 많아지면 코스 개발에 소요되는 비용 대비 효과가 높아지기 때문에 기관의 입장에서도 이익이 된다. 그리고 이런 수익을 원격교육에 대한 연구나 개발에 투자하게 되면 더 질 좋은 코스가 개발되는 것이다.

OU의 출범으로 인해 원격교육 프로그램 개발과 관리, 연구, 출판 분야도 질적인 발전을 하게 된다. 일반 대학에서 항상 보조적인 기능이었던 원격교육이 OU의 출범과 함께 본격적으로 그 수월성을 올리기 위한 노력들이 이어졌기 때문이다. 대중성과 수월성의 두 마리 토끼를 다 잡았다는 평가를 받는 OU 프로그램은 성인학습과 평생학습에도 많은 기여를 하고 있다. 특히 영국 OU는 프로그램의 질적 수준을 인정받으면서 자국뿐만 아니라 유럽에 있는 학습자들에게까지 접근성을 높이고 있다. 제3세대 이후 open이라는 용어는 원격교육이나 원격학습을 수식하는 대명사가 되었다. 즉, open and distance education, open and distance learning 등으로 원격교육의 철학을 강조하는 것이다.

제4세대: 텔레컨퍼런싱

원격교육의 제4세대는 텔레컨퍼런싱 시대이다. 컨퍼런싱(conferencing)이란 '회의하다', 좀 더 쉽게 말하면 '모여서 이야기하다'라는 뜻이다. 따라서 텔레컨퍼런싱이란 지리적으로 떨어져 있는 사람들이 통신매체를 활용하여 메시지를 주고받는다는 의미이다. 텔레컨퍼런싱은 사용되는 매체에 따라 오디오 컨퍼런싱, 비디오 컨퍼런싱, 컴퓨터 컨퍼런싱으로 구분된다.

- 오디오 컨퍼런싱: 전화기를 사용하여 여러 명이 한꺼번에 회의할 수 있는 방식이다. 일반 전화선을 사용하고 마이크가 여러 개 있는 컨퍼런싱용 전화기만 있으면 가능하기 때문에 비용면에서 가장 효율적이다.

그림 2-3 오디오 컨퍼런싱 도구

- 비디오 컨퍼런싱: 오디오와 비디오를 함께 사용하는 화상회의 형태의 컨퍼런싱이다. 오디오 형태보다 통신비가 더 든다는 단점이 있지만 중요한 회의나 정보를 시각적으로 보여주고자 할 때 효과적이다. 멀티 캠퍼스를 운영하는 미국 대학에서는 비디오 컨퍼런싱을 통해 한 교수자가 여러 사이트에 있는 학생들에게 한꺼번에 수업하는 모습을 종종 볼 수 있다. 특히 미국에서는 인공위성망을 활용하여 학교, 대학, 군대, IBM, 코닥, 포춘 등 500대 기업이 원격교육 프로그램에 소요하는 비용이 연간 400억 원에 달한다고 한다.

그림 2-4 **비디오 컨퍼런싱 장면**

원격교육에서 비디오 컨퍼런싱을 할 경우에는 학습자가 이런 시설이 있는 곳으로 가야 한다는 공간적 제약을 준다. 그러나 질 좋은 강의를 직접 들을 수 있고 교수자, 다른 학습자와 동시적 상호작용이 가능하다는 장점이 있다. 이런 시설이 있는 곳을 로컬 사이트(local site)라고 한다. 로컬 사이트에는 기술적 문제를 해결하는 데 도움을 주는 기술전문가와 메인 사이트(main site)에 있는 교수자를 보조하며 학습자가 무사히 비디오 컨퍼런싱을 마칠 수 있도록 지원해 줄 인력이 필요하다.

- **컴퓨터 컨퍼런싱:** 컴퓨터를 통한 컨퍼런싱은 실시간, 비실시간으로 모두 가능하다. 초기에는 비실시간, 문자 채팅을 통해 주로 이루어졌다. 예를 들면, 스카이프(skype)를 사용할 때처럼 내가 메시지를 보내 놓으면 상대가 컴퓨터를 켰을 때 문자가 왔다는 메시지가 와 있어 상대가 읽을 수 있고 답을 보낼 수 있다. 물론 동시에 접속한 경우에는 동시적 상호작용이 가능하다. 최근에는 텍스트, 오디오, 비디오를 결합한 형태로 이루어진다. 줌(Zoom)이나 웹엑스 미팅(WebEx meetings) 같은 플랫폼이 모두 이에 해당한다고 볼 수 있다.

그림 2-5 컴퓨터 컨퍼런싱 장면

텔레컨퍼런싱 주도의 원격교육은 주로 미국에서 발전했다. 예를 들어, 1987년에는 과학, 수학, 외국어 영역의 교사부족 문제를 해결하기 위해 10개 이하 주의 일반 학교에서 원격교육을 제공했는데 1989년에는 거의 모든 주에서 원격교육이 장려되었다(McIsaac & Gunawardena, 2001). 텔레컨퍼런싱 형태의 원격교육은 교수자와 학습자, 그리고 학습자 간의 동시적, 비동시적 상호작용 기회를 모두 높여준다는 점에서 라디오, 텔레비전과 같은 기존 매체가 가진 일방향적인 소통 구조를 바꾸어 놓았다. 더욱이 양방향 소통을 지원하는 기술의 발달은 사회적 상호작용을 강조하는 구성주의 철학에 힘입어 '상호작용'을 원격교육의 핵심적 활동으로 부각시켰다. 그리고 원격교육보다 원격학습을 강조하는 패러다임으로 전환하는 데 기여했다. 원격교육 관련 학술 저널들에서 열린 원격학습(open and distance learning)이라는 용어를 자주 사용하는 것도 이 때문이다.

제5세대: 컴퓨터, 인터넷 기반

제5세대는 우리에게 친숙한 컴퓨터와 인터넷 기반 원격교육 시대이다. 이 시기의 키워드 세 가지는 인터넷, 웹기반 학습(Web-Based Learning: WBL) 그리고 컴퓨터로 중재된 소통(Computer-Mediated Communication: CMC)이다. 인터넷으로 인해 원격학습 환경은 훨씬 유연해졌다. 디지털 자료는 인터넷 환경에 분산되어 있고 공유가 용이하다는 의미에서 '열린 분산학습(open and distributed learning)'

이란 용어가 사용되기도 한다. WBL은 웹에 있는 자료를 충분히 활용하고, 교수자-학습자 상호작용도 원활하게 하면서 학습자가 원하는 시간과 공간에서 개인적으로 학습할 수 있다는 장점으로 인해 효율적인 원격학습을 가능하게 해준다. CMC는 게시판 사용을 포함하여 다양한 형태의 컴퓨터를 통한 소통을 학습에 포함시켰다.

- **1989년**: 미국, 피닉스 대학(University of Phonex) 설립, 온라인으로만 학위 프로그램 제공
- **1991년**: 월드 와이드 웹(World Wide Web) 출현
- **2006년**: 미국 4년제 공립대학의 89%가 온라인 수업을 제공하기에 이름

최근에 원격교육에 영향을 미친 중요한 요인으로는 공개교육자료(Open Educational Resources: OER) 운동과 대형공개온라인과정(Massive Open Online Courses: MOOC)의 발전을 들 수 있다. OER은 2002년 유네스코 회의에서 제시된 개념으로 교육자료의 부족으로 인해 교육적 혜택을 보지 못하는 학습자 집단이 없도록 교육자료를 공개, 공유, 재사용하자는 일종의 사회적 운동으로 발전하였다(Mishra & Kanwar, 2015). 즉, OER의 핵심은 교육자료 및 실천 방법의 개방에 있고, 이 개방성은 교육기회와 자료에의 접근성을 높이자는 정신에 부합한다(신나민, 2018). 이런 개방성과 접근성 이념은 온라인 디지털 기술의 발전과 개인, 사회, 국가 간 자료 공유의 용이성에 의해 실현 가능성이 더욱 높아지고 있다.

또한 OER의 취지는 태동부터 교육기회의 확대를 주장해 온 원격교육의 이념과 철학에 정확하게 부합되는 것이었다(Bates, 2005). 따라서 OER 운동은 전통적인 원격교육 기관들의 변화를 촉진하기도 하였다. 예를 들어, 영국의 OU를 중심으로 한 '퓨처런'(Future Learn, https://www.futurelearn.com/)이 2013년 20개의 강의로 첫 서비스를 시작했고, 호주 OU 역시 같은 해 '모두를 위한 무료 온라인 강의'라는 취지로 '오픈투스터디'(https://www.open2study.com/)를 운영하기 시작했다. 또한 일본 OU도 2014년 '제이묵'(https://www.jmooc.jp/) 협의회 의장을 맡아 주도적으로 참여하고 있다.

반면, MOOC은 새로운 교육혁명이라기보다는 OER과 열린원격교육(Open and Distance Learning: ODL)에 뿌리를 두고 진화된 하나의 교육방식으로 보는 것

이 바람직하다(Daniel, 2014). MOOC은 연결된 지식 네트워크로 양질의 학습경험을 제공하는 데 목적을 둔 c-MOOC(connectivisit MOOC)과 하버드, 스탠포드, MIT 등 명문 대학의 강의를 대중에게 공개하여 더 많은 학습자에게 다양한 학습기회를 제공하는 데 목적을 둔 x-MOOC(extended MOOC)으로 구분된다. 이런 다양한 형태의 MOOC은 교육자료 공개에서 더 나아가 테크놀로지 기반의 대안적 대학 교육이 보편화될 가능성을 보여준다. 즉, 대학은 원격교육과 대면교육을 적절히 병행하면서 상호 보완하는 형태로 코스를 운영하는 교육 실천이 가능한 것이다.

2 국내 원격교육 역사

한국의 원격교육 역사는 세계 원격교육의 흐름과 함께 하는 측면도 있지만 한국의 역사와 사회, 문화, 그리고 기술 발전에 따라 다르게 진행된 면도 있다. 여기서는 한국 원격교육사를 다음의 5세대로 나누어 살펴본다.

제1세대(1951~1971): 라디오, TV 교육방송

한국에서 라디오 매체를 교육에 활용한 것은 1951년 KBS가 초등학교 교사를 대상으로 매일 15분씩 방송한 <라디오 학교>를 꼽을 수 있다(안정임, 2009). 이 방송은 당시 교육부였던 '문교부'와 미국문화원의 협의로 500대의 건전지식 라디오가 무상 공급됨으로써 가능했다. 단기 4285년과 4286년(서기로 1952년, 1953년) 문교부에서 편찬된 '라디오학교 운영위원회 모음'의 목차는 '문교시책', '학교운영', '교수법교재연구', '미국의 소리에서'라는 순서로 되어 있다([그림 2-6] 참고). 그리고 머리말에는 이 방송을 통해 전시의 혼란 속에서도 교육문제와 향후 우리 나라의 교육 방향에 대해 같이 생각해보자는 문교부 장관의 머리말이 게재되어 있다.

그림 2-6 **라디오 학교**

라디오 학교 표지	라디오 학교 발행 정보
	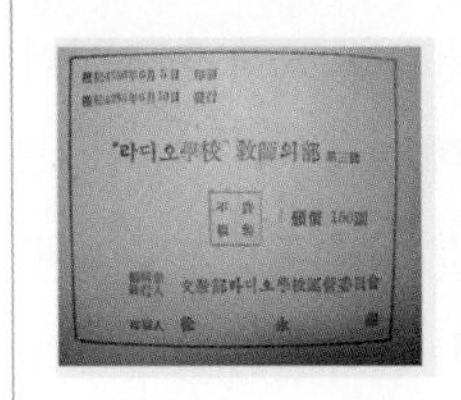 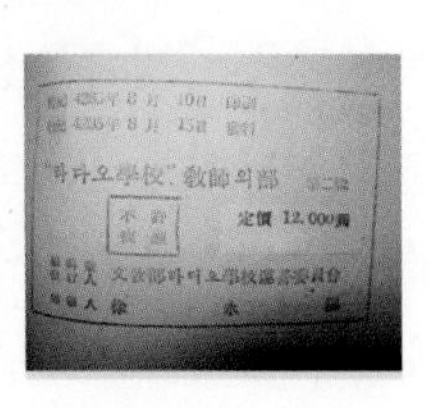

출처: https://blog.naver.com/minist9, 상현서림 허락하에 게재

TV를 통한 방송 교육은 1966년 8월 KBS에서 송출한 'TV 여름학교'라는 실험방송 후 1969년 5월 5일부터 시작된 것을 최초라고 본다(기획재정부, 2011). 1969년 1학기부터 1970년 1학기까지 진행된 이 교육 방송에서는 초등학교 고학년과 중학교 전학년을 대상으로 사회, 자연, 과학, 예능, 영어 과목 등을 편성하였다. 이렇듯 한국 원격교육의 초기는 현재의 한국교육방송, 즉 EBS의 전신인 KBS 교육방송이 라디오와 TV 매체를 활용한 시대라고 볼 수 있다.

제2세대(1972~1983): KNOU 등장

한국 원격교육의 제2세대는 한국방송통신대학교(KNOU)의 개교와 함께 시작한다. KNOU는 영국 OU 모델을 기반으로 하였지만 한국 최초의 원격대학이라는 점에서 한국 원격교육사에서 상당한 의의가 있다. KNOU는 책자로 된 교재, 라디오, TV 방송뿐만 아니라 1999년부터 방송대학 위성TV 채널을 운영하는 등 다양한 통신 매체와 기술을 활용하여 고등교육 및 평생교육의 기회를 제공하고 있다. KNOU의 학생은 전국에 걸쳐 있으며 원격대학이지만 13개 지역대학과 31개 시·군학습관이 있어 전국 어디서나 가까운 지역학습관에서 대면 학습 상담 및 지도를 받을 수 있다.

제3세대(1984~1994): 원격교육 정착기

1984년부터 10년간은 원격교육 정착기라고 할 수 있다. 즉, 이전에 사용되던 '통신교육', '방송통신교육', '개방교육'이라는 용어가 '원격교육'이라는 개념으로 수렴되는 시기이다. 예를 들어, 1988년 한국방송통신대학교 부속 방송통신교육연구소는 발간하던 학술지 이름을 '방송통신교육논총'에서 '원격교육논단'으로 변경하였다. 또한 1990년 한국원격교육학회가 발족되었고 이듬해인 1991년 '원격교육연구'지가 발간되었다(신나민, 2007). 이후 1997년 공포된 「고등교육법」이 방송과 통신을 활용한 다양한 형태의 원격대학 설립을 허용하기 전까지 KNOU는 국내 유일의 원격대학으로서 원격교육의 질적, 양적 성장에 상당한 기여를 하였다.

제4세대(1995~2019): 이러닝 주도기

한국 원격교육의 제4세대는 이러닝이 주도하는 시기로 볼 수 있다. 한국의 이러닝은 1995년 정부가 발표한 '교육정보화 종합추진계획'에 힘입은 바가 크다. 이 계획에는 초고속 정보통신망 교육 분야 활용 사업으로 원격교육의 확대가 명시되어 있다(김종한, 1997). 특히 이 계획은 교육전산망과 같은 하드웨어의 확충과 교수-학습 DB 구축 등의 소프트웨어적 접근을 함께 함으로써 원격교육뿐만 아니라 학교 정보화교육에도 많은 영향을 주었다. 또한 이 계획은 '언제, 어디서나' 교육 서비스를 활용 가능하도록 하는 평생학습의 이념에도 부합하는 것이었다. 나아가 정부는 평생학습사회의 실현과 고등교육의 접근성을 높인다는 취지로 2001년부터 '사이버대학' 설치를 인가하였다. 그 결과, 2020년 기준으로 전국에 21개 사이버대학이 설립되어 있다.

이러닝 기반 원격교육은 몇 가지 흥미로운 현상을 가져왔다. 첫째, 컴퓨터와 인터넷 매체를 기반으로 함으로써 이전과는 달리 원격교육의 형태가 학교교육에도 파급되는 효과를 가져왔다. 예를 들어, 초등학교 영어 수업의 경우 교실에 설치된 모니터를 통해 실시간으로 필리핀에 있는 원어민 강사의 지도를 받을 수 있다. 둘째, 학교뿐만 아니라 사설학원이나 교육시장에서의 이러닝 사업이 비약적인 발전을 이루게 되었다. 입시나 취업을 준비하는 많은 사람들이 학원의 대면 강의와 병행하여 수강하는 인터넷 강의가 그 예가 될 수 있다. 셋째, 이러닝 기반의 사이버대학은 원격대학으로 지칭되기도 하여 사이버교육이 원격교육과 동의어처럼 인식되는 현상을 낳았다.

제5세대(2020~현재): 융합 및 전환기

한국 원격교육의 제5세대는 융합과 전환기의 특징을 보이며 현재 진행 중이라고 할 수 있다. 제4세대와 마찬가지로 이러닝 기반의 온라인 학습이 주를 이루지만 매체의 발전이 아니라 COVID-19라는 전염병에 의해 원격교육의 역사는 새로운 국면을 맞이했다. 현재까지의 상황을 바탕으로 제5세대 원격교육의 특징을 정리하면 다음과 같다.

첫째, 대면 교실교육 위주였던 학교교육에 원격교육이 전격 도입되어 대면교육과 원격교육이 선택적으로 활용되고 융합되는 양상을 보인다. 결과적으로 성인 학습자를 주 대상으로 하던 원격교육의 학습자층이 초·중등학생에게까지 확대됨으로써 아동·청소년 원격학습에 대한 관심과 우려가 급증하게 되었다.

둘째, 고등교육 기관에서의 실천은 각 대학별로 다양한 양상을 보인다. 즉, 각 대학별로 구축된 LMS나 이러닝 실천 경험, 비상사태에 대비하는 조직의 역량 등의 요인에 따라 각기 다른 원격교육 실천을 보인다는 것이다.

셋째, 전 세계적으로 파급되고 있는 OER과 MOOC 같은 교육 실천에 부응하려는 노력이 나타난다. 예를 들어, 2009년 이래 한국교육학술정보원에서는 고등교육 교수학습 자료의 공유를 위해서 KOCW(Korean Open Courseware, http://www.kocw.net/)를 운영하고 있다. 또한 정부 차원에서 국내의 우수한 강의를 대중에게 서비스하고자 한국형 MOOC 플랫폼 개발과 온라인 공개강좌 서비스인 K-MOOC(http://www.kmooc.kr/)을 운영하고 있다.

넷째, 국가적 차원에서 학교교육을 보완하기 위한 원격교육 시스템 구축에 관심을 갖게 되었다. 비상 원격교육의 원활한 운영을 위해서는 사전 준비가 철저해야 함을 절감했기 때문이다. 이는 한국뿐만 아니라 전 지구적 현상으로써 원격교육이 자연재해나 질병으로 인한 비상사태 시 교실교육을 대체하거나 보완하기 위해 필요하다는 인식에 기반한다.

요약하자면, 제5세대 원격교육은 제4세대와 유사한 매체와 방법을 활용하지만 학습자 대상이 확대되고 원격교육의 기능에 대한 사회적 인식이 달라졌다는 점에서 구분된다. 이전에는 원격교육의 정당성을 교육기회의 민주화에서 찾았다면 미래에는 학교라는 물리적 공간의 '대체재' 혹은 '보완재'로써 원격교육이 기능할 수 있음을 시사한다.

3 원격교육의 이론적 기초

원격교육은 기술 발전과 함께 비약적인 발전을 이루었고 실천도 더 복잡해졌다. 그러나 다음에서 소개할 이론적 기초를 탄탄히 공부해 둔다면 어떤 형태의 원격교육이건 그 본질을 이해하고 분석하는 데 도움이 될 것이다.

찰스 웨드마이어: 독립학습이론

웨드마이어(Wedemeyer, C.)는 학습자의 자율성과 독립성을 강조하는 독립학습(independent learning)이란 용어를 처음으로 사용하였다. 웨드마이어가 말한 '독립'은 교수와 학습이 서로 다른 공간에서 일어나도 그 활동이 다양한 형태로 잘 구성되어 있다면 교수자와 학습자가 각자의 과업과 책임을 제대로 수행할 수 있다는 의미이다. 독립학습이 필요한 이유는 두 가지로 제시되었다. 하나는 전통적인 교실 수업이 각기 다른 개인의 학습 진도나 패턴에 맞추기에는 부적합하다는 것이다. 둘째는 학교 바깥에 있는 학습자들에게도 학습 기회를 제공하여 자신의 환경에서 학습을 계속할 수 있게 해야 한다는 것이다(Wedemyer, 1973).

웨드마이어는 자신의 아이디어를 열린교육체제(open learning system)로 불렀다. 열린교육체제란 학습자에게 더 많은 자유를 허용하고, 보다 많은 학습자에게 다가가기 위하여 다양한 매체를 활용하는 체제를 의미한다(Moore & Kearsley, 2012). 원래 이 아이디어는 당시 교수자 중심의 강의실 수업이 주를 이루는 전통적인 대학체제의 문제점을 극복하기 위해서 제기되었다.

원격교육 이야기

웨드마이어의 AIM 프로젝트와 OU 설립

찰스 웨드마이어 (Charles Wedemeyer, 1911-1999)
독립학습(independent learning)이란 용어를 처음 사용하였으며, 영국의 원격대학(Open University) 설립에 지대한 공헌을 하였다.

미국 위스콘신 대학의 찰스 웨드마이어 교수는 1964년부터 1968년까지 Articulated Instructional Media (AIM) 프로젝트를 수행하였다. 이 프로젝트의 목적은 다양한 소통 매체를 활용하여 양질의 교육을 저렴한 비용으로 캠퍼스 밖 학습자에게 제공하는 데 있었다. 이 때 고려한 소통 매체에는 우편통신을 활용한 인쇄물 형태의 학습 가이드, 라디오, 텔레비전, 녹음테이프, 전화를 활용한 교육프로그램, 학습활동을 위한 보조 자료 키트, 그리고 지역 도서관 자료 등이 포함되었다. 또한 연계된 학습활동을 위하여 방학 기간 동안 캠퍼스 내 강의실을 활용하여 학습자 지원 및 상담, 토론 등도 진행하였다.

한편 1967년, 영국 정부는 라디오와 텔레비전을 활용하여 성인 학습자가 고등교육에 쉽게 접근할 수 있도록 혁신적인 교육을 기획하기 위한 위원회를 구성하였고, AIM 프로젝트를 참고로 2년 후인 1969년에는 원격교육만으로 학위과정을 제공하는 최초의 원격대학인 OU 설립을 구체화하였다. 이 과정에서 OU의 초대 총장으로 임명된 월터 페리 경(Sr. Walter Perry)은 웨드마이어 교수를 초청하여 OU 운영방안에 대해 자문을 구했다. 웨드마이어는 AIM 프로젝트에서 얻은 교훈을 토대로 매체를 활용한 교수 - 학습활동이 제대로 수행되기 위해서는 교수설계자(instructional designer), 전문 기술자(technology specialist), 내용전문가(content expert) 등으로 구성된 코스설계팀(course design team)이 필요함을 제안하였다. 이러한 논의는 세계 최초의 개방대학인 OU 설립에 큰 영향을 미친 것으로 평가된다(Moore & Kearsley, 2012: 32 - 33).

오토 피터스: 산업화 양식이론

독일의 원격대학인 페른 대학의 초대 총장이었던 피터스(Peters, O.)는 원격교수의 생산양식에 주목하여 원격교육의 독자성을 강조했다. 피터스에 따르면 당시 원격수업은 '가장 산업화된 양식의 수업'으로 전통적인 교육과는 구조적으로 구분되는 독자적인 영역이라는 것이다(Peters, 1971). 이 관점은 1960년대 베를린 교육학센터에서 이루어진 통신교육의 원리에 대한 연구로부터 도출되었다. 즉, 원격교육 이전의 전통적인 교육은 교육의 산업화 이전 형태로 볼 수 있으며, 원격교육은 교수와 학습이 산업화된 형태로 전통적인 교육과는 근본적으로 다르다는 것이다. 산업화는 상품이 사전에 기획되어, 분화된 노동에 종사하는 전문가들의 협업으로 생산되며, 대량복제가 가능하고, 대중에 의해 소비되며, 그 질적 측면이 중앙 생산본부에 의해 체계적으로 관리되는 체계이다. 다음은 피터스가 통신교육을 분석할 때 제시했던 준거들이다(Peters, 1971: 225-226).

- 노동의 분화(교수자의 입장에서)
- 기계화
- 자동화
- 조직적 원리의 응용
- 과학적 관리
- 교수행위의 객관화
- 대량 생산
- 중앙 집중

오토 피터스(Otto Peters)
1974년 독일, 하겐(Hagen)에 설립된 최초의 원격대학인 페른대학(Fern Universität)의 초대총장을 역임했다. 원격교육 제1세대를 이끈 유럽의 대표적 학자이다.

피터스는 원격교육이 산업화된 양식을 띤다는 사실을 마침내 교육 분야에도 '근대성'이 도입된 것으로 받아들이며, 이를 상당한 '진보'로 평가하였다. 피터스가 제안한 교수의 산업화(industrialization of teaching) 이론은 교육이 산업화된 양식을 '지향'해야 한다는 것이 아니라 당시의 원격교육을 분석하고 그 특징을 '기술(description)'하는 데 초점이 있었다(Peters, 1998). 요약하자면, 피터스 이론의 핵심은 특정한 사람에게 특정한 장소에서 이루어지는 교육이 아니라 대중을 대상으로 어느 곳에서나 이루어질 수 있는 교육을 위해서는 새로운 방식(technique)

이 필요하고, 그 방식은 당시로써는 가장 발달된 생산양식, 즉 산업화된 양식인 원격교육이라는 것이다.

마이클 무어: 교류적 거리이론

무어(Moore, M. G.)의 '교류적 거리' 개념은 의도 자체가 원격교육의 이론을 정립하겠다는 데서 출발하였다(Moore, 1990). 무어에 따르면, 원격교육 이론에서 가장 시급한 것은 다양한 원격교육 실천을 체계적으로 분류할 수 있는 준거를 마련하는 작업이었다. 당시 원격교육의 실천이 확산되면서 연구자들은 교육활동에서 실제로 중요한 것은 교수자와 학습자 간의 지리적 거리가 아니라 '심리적' 거리라는 데 주목하기 시작하였다. 여기서 나아가 무어는 원격교육 분야의 연구주제로 중요한 것은 단순히 누구로부터 '거리감을 느낀다'고 할 때의 심리적 거리가 아니라, 개인이 그런 느낌을 갖도록 만든 '교육프로그램의 특성'이라는 관점을 제시 한다(Moore, 1990). 무어는 이 특성을 '교류적 거리(transactional distance)'로 개념화하고, 교류적 거리는 '구조'와 '대화'의 함수관계로 결정된다고 보았다.

'구조(structure)'란 '교수프로그램이 개인 학습자의 요구에 부응할 수 있는 정도'이다. 대체로 하나의 코스(수업)는 목표설정과 실행, 평가의 요소로 이루어져 있다. '구조'는 이 요소들을 실천하는 데 있어서 학습자의 요구를 어느 정도 반영할 수 있는가에 의해 결정된다. 예를 들어, 통신학습 같은 경우는 학생들의 요구에 따라 수업 내용을 추가하거나 보완하기가 힘들다. 또한 일단 코스가 시작되면 수업의 목표나 방법도 변경하기 어렵다. 이러한 경우를 구조화가 높은 수업이라고 볼 수 있다. 하지만 교수자의 교육철학에 따라 또는 이용되는 매체에 따라 수업의 구조를 변경하는 것이 비교적 용이한 경우도 있다. 비디오 컨퍼런싱 같은 수업에서는 교실 수업과 거의 흡사한 실시간 상호작용이 가능하며, 통신교육에 비하면 구조화의 정도도 훨씬 낮다고 볼 수 있다.

반면, '대화(dialogue)'는 '원격교수 프로그램에 있어서 소통 매체가 학습자와 교수자 간의 상호작용을 허용하는 정도'이다. 예를 들어, 인쇄매체를 이용하는 통신학습은 대화의 정도가 낮은 편이다. 그리고 라디오나 텔레비전 매체의 경우도

'전달'에는 용이하지만 '대화'의 측면에서는 그 정도가 낮다. 이에 반해 전화나 온라인 커뮤니케이션은 쌍방향, 실시간 상호작용을 허용한다는 점에서 대화의 정도가 높은 수업을 가능하게 한다.

그림 2-7 교류적 거리이론에 따른 원격교육 분류의 예시

마이클 무어(Michael G. Moore)
영어로 '원격교육' 용어를 정착시켰으며, 미국원격교육연구소(American Center for the study of Distance Education)를 이끌며 원격교육의 이론과 학문적 토대를 마련하는 데 공헌하였다.

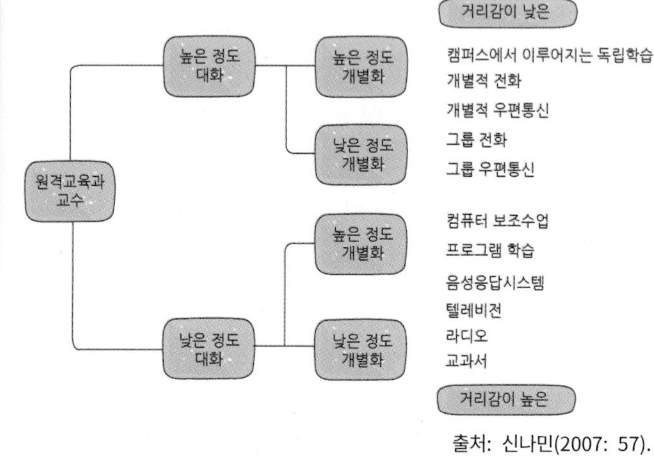

출처: 신나민(2007: 57).

그러나 중요한 점은 교류적 거리 정도의 높고 낮음이 어떤 교육 프로그램의 우수성을 판단하는 기준은 아니라는 점이다. 즉, 교류적 거리의 정도가 낮은 특성을 가진 교육 프로그램이 교류적 거리의 정도가 높은 특성을 가진 교육 프로그램보다 더 좋거나 덜 좋다는 판단을 할 수 있는 것은 아니라는 것이다. '교류적 거리'라는 이론적 구인(construct)을 가지고 무어가 시도했던 것은 통신학습, 혹은 당시 떠올랐던 '원격교육'을 일반적인 교육 활동과의 연장선에서 조망해보는 것이었다. 실제로 '교류적 거리'에 의한 분류체계는 원격교육뿐만 아니라 교실교육 프로그램의 분류에도 적용이 가능하다.

신나민: 교류적 현존감이론

교류적 현존감이론(transactional presence theory)은 무어의 교류적 거리이론의 아이디어를 발전시켜 성공적인 원격학습을 위해서는 관계적 요소가 중요하며 '거리감'보다 사람들 간의 '현존감'에 더 주목할 필요가 있다고 주장한다(Moore & Kearsely, 2012; Shin, 2002). 즉, '교류적 현존감' 개념은 원격학습자에게 중요한 영향을 미치는 '교수자', '동료 학습자' 그리고 '교육 기관'의 현존감을 설명하기 위해 구안되었다. 이 현존감은 개별 학습자가 교류의 대상에 대해 인지하는 '활용가능성'과 '연결성'에 대한 정도에 영향을 받는다.

'활용가능성(availability)'이란 대인관계의 반응성과 관련된 개념으로 '요구가 있을 때 필요한 것이 얻어질 수 있는 정도'를 말한다. 원격학습자는 매체로 중재된 소통 방식으로 위의 세 상호작용 파트너와 일정한 거리를 유지하며 교류한다. 이 때 중요한 것은 사람, 사물, 혹은 서비스를 매번 접촉하기보다는 필요에 따라 이들을 활용할 수 있는 방법에 대한 지식을 갖는 것이다.

'연결성(connectedness)'이란 '관여된 주체들 사이에 상보적인 관계가 존재한다는 주관적 느낌'이다. '활용가능성'이 상대방을 나의 학습자원으로 어느 정도 활용할 수 있는가를 인지하는 지식의 차원을 가리킨다면, '연결성'은 상대방과 심리적으로 연결되어 있다는 것을 어느 정도 느끼는가, 하는 정서적 차원을 가리킨다.

원격교육 논의에서 교류적 현존감 구인이 필요한 이유는 다음과 같다. 원격교육에서는 상호작용 활동이 특히 강조되어 왔다. 그러나 원격수업에서 상호작용의 정도를 무조건 높일 수는 없다. 왜냐하면 상호작용은 학습 시간과 공간의 통제라는 측면에서 '학습자 자율성'의 문제와 부딪힐 수 있기 때문이다. 더구나 상호작용에 대한 요구는 원격학습자마다 모두 다르게 나타난다. 반면에 교류적 현존감은 '연결'되어 있으면서도 '거리'(혹은 학습자 자율성)를 유지할 여지를 준다. '활용가능성'에 대한 지식은 개인이 상호작용의 필요에 대해 느끼는 절실함에 따라 실제로 활용될 수도 있고 그렇게 되지 않을 수도 있다. 이렇듯 상호작용과는 또 다른 측면에서 연결성을 이해하는 것, 이것이 '교류적 현존감' 구인의 효용성이다.

요약하자면, 교류적 현존감은 원격 학습자의 교수자, 동료학습자, 기관에 대한 지각을 특성화하는 이론적 구인이며, '원격학습자가 교수자, 동료학습자, 기관의 활용가능성과 연결성을 인지하는 정도'로 정의된다. 특정한 대상을 필요로 한다는 점에서 '교류적 현존감'은 '상호작용' 개념과 관련이 있다. 하지만 이 두 구인은 대인관련성의 서로 다른 차원을 가리킨다. '교류적 현존감'이 원격 학습자의 지각작용이나 심리적 상태를 가리킨다면, '상호작용'은 두 사람 이상이 서로에게 반응하기 위해 관련된 '사태', '과정' 혹은 '활동'으로 규정된다(Shin, 2003).

교류적 현존감은 학습자들이 원격수업에 활발히 참여하고 상호작용에 적극적이게 하기 위해서는 반드시 고려해야 할 사항이다. 우리가 누군가에게 연락하고 싶어도 상대의 연락처에 대한 정보가 없거나 상대와 연결되어 있다는 느낌이 없다면 이 상호작용은 일어나기 힘들 것이다. 반대로 상대에 대한 교류적 현존감이 높은 학습자는 상호작용도 활발히 할 가능성이 높아진다. 그러면 교수자, 동료학습자, 교육기관에 대한 교류적 현존감을 높이는 방법이나 전략은 무엇인가? 후속 연구가 필요한 주제이다. 수업을 위해 이 책을 읽고 있다면 일단 토론의 주제로 삼아보자.

시멘스와 다운스: 연결주의이론

연결주의(connectivism)는 원격교육뿐만 아니라 테크놀로지를 활용하는 모든 학습에 적용될 수 있는 학습이론이라고 할 수 있다. 2004년 시멘스(Simens, G.)에 의해 처음 제기되었고, 다운스(Downes, S.)에 의해 더욱 구체화되고 있다. 연결주의이론은 디지털 시대 인터넷 테크놀로지를 활용하는 환경에서 경험하는 학습은 기존의 행동주의, 인지주의, 구성주의와 같은 학습이론과는 근본적으로 다른 방식으로 이해되고 설명되어야 한다고 주장한다(Simens, 2004). 즉, 학습이란 언어와 논리로 명제적으로 제시된 지식을 전수 받는 것이 아니라, '무엇에 대해 알기 위해 우리가 행하는 실천 과정에서 연결되는 네트워크의 패턴을 인지하는 것'이다(Downes, 2007). 여기서 말한 '무엇에 대해 알기 위해 우리가 행하는 실천'은 대부분 웹 브라우저, 이메일, 위키, 온라인 토론방, SNS, 유튜브 그리고 다른 사람으로부터 정보를 배우고 공유하는 툴(tool)의 네트워크를 통해서 이루어진다. 이런 네트워크 활동을 통해서 학습자는 지식을 '쌓고 축적하기'보다는 더욱

'성장하고 발전'하게 된다(Downes, 2007). 즉, 내가 아는 것, 내가 배운 것은 내 머리 속에 '들어 있지' 않고 이런저런 네트워크에 걸쳐 '퍼져있다'(Downes, 2012).

흔히들 형식보다 내용이 더 중요하다고 믿지만, 시멘스는 "파이프가 파이프 안에 있는 내용보다 더 중요하다"고 주장한다(2004: 6). 그 이유는 이렇다. 파이프 안에 있는 내용은 현재 내가 가지고 있는 지식이다. 그러나 이 지식은 넘치는 정보 홍수 속에서 내일 당장 바뀔 수도 있다. 중요한 것은 학습자들이 정보를 지속적으로 찾을 수 있게 하는 파이프를 가지고 있느냐는 것이다. 학습이 여러 네트워크를 통해서 일어나는 것처럼 학습의 과정과 결과물은 모두 파이프, 예를 들어, 클라우드나 저장소, 학습 플랫폼 등에 분산되어 있다. 따라서 학습에 있어 중요한 것은 우리가 '얼마나 효과적인 파이프에 접근할 수 있는가' 라는 문제이다. 이 파이프가 바로 '네트워크'인 셈이다.

따라서 교육에서 중요한 것은 학습 활동을 지원하는 네트워크 환경을 제공하는 것이다. '성공적인' 혹은 '효과적인' 네트워크는 다양성(diversity), 자율성(autonomy), 개방성(openness) 그리고 상호작용성(connectivity)을 추구한다(Downes, 2012). 즉, 다양한 시각을 가진 사람이나 정보와의 네트워크, 학습자 자신의 가치에 따른 자율적 참여, 누구나 이용할 수 있도록 하는 개방성, 그리고 구성원들의 활발한 참여와 상호작용이 필요한 것이다. 원격교육의 교수설계는 학생들에게 이런 네트워크를 제공해 주기 위한 노력을 포함해야 할 것이다.

실제로 시멘스와 다운스는 연결주의 원칙들을 실천해 보고자 2008년 대형공개온라인강좌(Massive Open Online Course: MOOC)를 시작하면서 연결주의 MOOC(c-MOOC)을 선보였다. c-MOOC이 다른 MOOC과 다른 점은 강의를 일방적으로 전달하는 방식이 아니라 여기에 참여한 학습자들이 서로 정보를 공유하고 질문하고 답하는 방식을 통해 커뮤니티를 형성하여 함께 성장하는 방식으로 운영된다는 점이다. 바로 이런 점에서 연결주의이론은 인간의 지성이 테크놀로지와 함께 진화하는 디지털 시대에 지식, 학습, 교육의 의미를 근본적으로 바꾸어 놓을 대안적 이론으로 여겨진다.

☆참고문헌

- 김종한(1997). 교육정보화 종합추진계획과 학교교육 및 장학의 역할, **교육정보연구**, 3(27), 6-11.
- 기획재정부(2011). **2010 경제발전경험 모듈화 사업: 교육공급확대**, 기획재정부, 한국개발연구원.
- 신나민(2005). 원격교육의 이념과 지향: 열린원격학습. 김신일, 박부권(편저), **학습사회의 교육학**(pp.223-237), 학지사.
- 신나민(2007). **원격교육입문**, 파주:서현사.
- 신나민(2018). 제1장. OER의 교육적 함의 및 연구 동향, **열린교육혁신을 위한 공개교육자료 OER**, pp.11-36, 서울: 박영스토리.
- 안정임(2009). **EBS 콘텐츠 경쟁력과 발전방안**, 한국언론학회 심포지움 및 세미나, 2009. 03, 2-25(24 pages)

- Daniel, J. (2014). Foreword to the special seciton on massive open online course? evolution or revolution? *MERLOT Journal of Online Learning and Teaching*, 10(1), I-iv.
- Downes, S. (2007). What connectivism is, Posted to the connectivism conference form, Feb 05, 2007, Retrieved from https://www.downes.ca/post/38653
- Downes, S. (2012). *Connectivism and Connective Knowledge: essays on meaning and learning networks*, National Research Council Canada, http://www. downes. ca/files/books/Connective_Knowledge-19May2012. pdf
- Florida National University (2019). *The evolution of distance learning*, Retrieved from https://www.fnu.edu/evolution-distance-learning/
- McIsaac, M. & Gunawardena, C.(2001). 13.2 History of distance education, *The Handbook of Research for Educational Communications and Technology*, AECT.
- Moore, M. (1990). Recent contributions to the theory of distance education. *Open Learning*. November, 1990, 10-15.
- Moore, M. & Kearsely, G.(2005), *Distance Education: A Systems View*, Belmont CA: Thomson Wadsworth.
- Moore, M. & Kearsley, G. (2012). *Distance education: A Systems View of Online Learning*(3rd). CA: Thomson Wadsworth.

- Mishra, S. & Kanwar, A. (2015). Chapter 11. Quality assurance for open educational resources: What's the difference? In *MOOCs and open education around the world*, Edited by Curtis, J. Bonk, Mini M. Lee, Thomas C. Reeves, and Thomas H. Reynolds, 변호승 외 5인 역(2016). MOOC와 개방교육, pp.221-234, 파주: 아카데미프레스.
- Nipper, S.(1989). Third generation distance learning and computer conferencing. In R. Mason and A. Kaye(Eds.), *Mindweave: Communication, Computers and Distance Education,* Oxford: Pergamon.
- Peters, O. (1971). Theoretical aspects of correspondence instruction. In O. Mackenzie and E. L. Christensen(Eds.). *The Changing World of Correspondence Study*, pp.223-228, University Park & London: The Pennsylvania State University Press.
- Peters, O. (1998). *Learning and teaching in distance education: analyses and interpretations from an international perspective.* London: Kogan Page.
- Pittman, V. (1996). Harper's headache: Early policy issues in collegiate correspondence study, In Duning, B. S. and V. V. Pittman(eds), *Distance Education Symposium 3: Policy and Administration*, pp.19-31, University Park, PA: American Center for the study of Distance Education, The Pennsylvania State University.
- Shin, N. (2002). Beyond interaction: The relational construct of "Transactional Presence", *Open Learning*, 17(2), 121-37.
- Shin, N. (2003). Transactional presence as a critical predictor of success in distance learning. *Distance Education, 24*(1), 69-86.
- Siemens, G. (2004). Connectivism: a learning theory for the digital age. Retrieved from https://www.webcitation.org/5bCzNxTAn
- Simak, J. & Reeve, K. (2010). *History of distance education*, Retrieved from https://wiki.uiowa.edu/display/edtech/History+of+Distance+Education
- Taylor, J.(2001). Fifth generation distance education, *Instructional Science and Technology*, 4(1), 1-14.
- Verduin, R., & Clark, A.(1991). *Distance Education.* Oxford, UK: Jossey-Bass Publishers.
- Wedemyer, C. A. (1973). *Characteristics of open learning systems.* Report of NAEB Advisory Committee on open learning systems to NAEB Conrerence, New Orleans, Louisiana, 13, November, 1973.

3장 원격교육의 유형들

1 원격교육체제에 따른 유형

- 형태에 따른 유형
  - 단일모드
  - 이중모드
  - 혼합모드
- 법령에 따른 유형

2 상호작용 속성에 따른 유형

- 시공간 상이성에 따른 유형
  - 동시적 원격교육
  - 비동시적 원격교육
- 시공간 동시성에 따른 유형
  - 대면수업
  - 비대면수업(실시간 쌍방향 수업/콘텐츠 활용 중심 수업/과제 수행 중심 수업)

3 교수방법에 따른 유형

- 문자수업
- 구술수업

4 상황맥락에 따른 유형

CHAPTER

03 원격교육의 유형들

이 장에서는 원격교육의 유형에 대하여 살펴볼 것이다. 원격교육의 발달과정에서 다양한 학자들이 각자의 고유한 관점에서 원격교육을 유형화하려는 시도가 있어 왔다. 그 가운데 원격교육체제, 상호작용 속성, 활용 기술, 상황맥락에 따라 어떤 종류의 원격교육이 있는지 살펴보고자 한다.

1 원격교육체제에 따른 유형

형태에 따른 유형

원격교육체제를 분류하려는 노력은 피터스(Peters)가 원격교육대학을 유형화한 데서 시작되었다. 피터스(1998)는 원격교육만을 목적으로 설립된 경우(단일모드: single mode), 일반 대학에서 원격교육을 제공하는 경우(이중모드: dual mode), 그리고 학생이 자신의 요구와 기회에 따라 편리한대로 선택할 수 있도록 다양한 교육방법을 동시에 제공하는 경우(혼합모드: mixed mode)의 세 가지로 원격교육체제를 유형화하였다.

표 3-1 **형태에 따른 원격교육체제 유형**

구분	내용
단일모드	원격교육을 목적으로 대학을 설립한 경우
이중모드	전통적인 대학에서 원격교육을 제공하는 경우
혼합모드	학생의 요구와 기회에 따라 다양한 교육방법 중 하나로 제공하는 경우

첫째, 단일모드에는 주로 대규모 원격개방대학이 포함된다. 초창기 대규모 원격개방대학은 학교에서 발간한 교재를 통한 자학자습 형태를 전형적인 교수-학습방법으로 활용하는 경우가 대부분이었다.

둘째, 이중모드는 주로 호주에서 발달된 것으로 보고되는데, 원격학습자가 각종 자료 등을 활용하여 해당 수업에 간접 출석하고 있는 형태를 의미한다. 대학에서는 원격 수업의 질 관리를 위해 사전에 해당 수업에 참여할 수 있는 등록 학생 수를 제한하기도 한다.

셋째, 혼합모드는 학생이 자신의 요구와 기회에 따라 편리한대로 선택할 수 있도록 다양한 교육방법을 동시에 제공하는 형태를 의미한다. 정보통신기술을 활용하면 면대면 교육과 원격교육을 모두 활용하는 형태로 학습자의 자율적, 자기주도적 학습이 가능하다. 피터스가 원격교육체제에 따른 유형을 분류할 당시, 미래 대학의 모습으로 제안된 유형이다.

인터넷 기술의 등장과 발전은 원격교육에 대해 무관심했던 전통적 교육기관들이 면대면 수업과 원격수업을 모두 제공하는 이중모드 기관으로 전환하는 계기를 마련해 주었다(Moore & Kearsely, 1997). 전통적인 교실수업과 인터넷 기반 학습을 혼합한 블렌디드 러닝(blended learning)의 수업 형태가 등장하였고 그 혼합 정도와 방식에 따라 플립드 러닝(flipped learning), 하이브리드 러닝(hybrid learning) 등 다양한 교수-학습 방식이 가능해진 것이다([그림 3-1] 참조). 특히 COVID-19 팬데믹으로 전 세계 교육현장이 혼합모드 실천의 장으로 전환되면서 원격수업이 단순한 임시방편이 아닌 미래교육의 전반적인 변화상 혹은 또 다른 수업방법으로 활용될 가능성이 논의되고 있다.

그림 3-1 블렌디드 러닝의 유형들

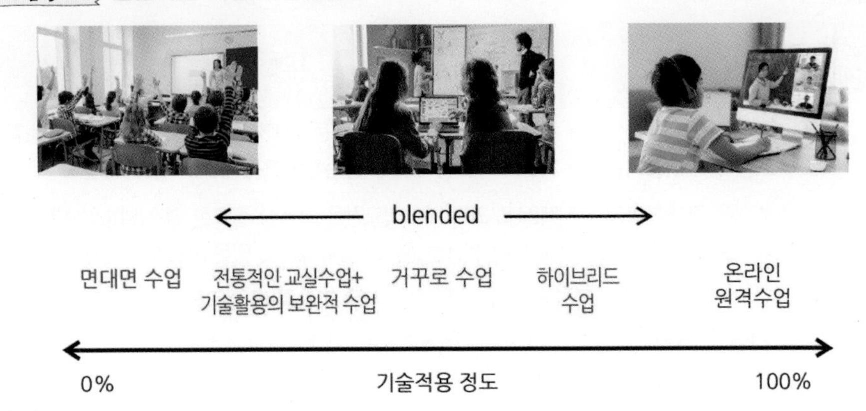

출처: Bates(2019). https://opentextbc.ca/teachinginadigitalage/chapter/10-2-the-continuum-of-technology-based-learning/

법령에 따른 유형

국내의 경우, 근거 법령에 따라 원격교육체제를 <표 3-2>와 같이 분류하고 있다(2020년 12월 기준). COVID-19로 인한 한 가지 주목할 만한 변화는 국내 초·중등교육 및 고등교육에서 원격수업을 하나의 공식된 수업 방법으로 인정하도록 관련법을 개정한 것이다. 예컨대, 「고등교육법」의 경우 수업과 관련한 제 22조 1항이 개정(2020.10.20.)되고 2항과 3항이 신설(2020.10.20.)되었다(국가법령정보센터, 2020). 그리고 “대학의 수업을 학칙을 정하는 바에 따라 주간수업, 야간수업, 계절수업, 방송·정보통신 매체 등을 활용한 원격수업 및 현장실습수업 등의 방법으로 할 수 있다(제22조 1항)”라고 규정함으로써 원격수업을 하나의 공식적 수업 방식으로 인정하도록 하였다. 또한 “학교는 「재난 및 안전관리 기본법」 제3조 제1호에 따른 재난이 발생하는 등 정상적인 수업진행이 어려운 경우에는 학칙으로 정하는 바에 따라 주간수업, 야간수업 및 계절수업을 원격수업으로 대체할 수 있다(제22조 2항)” 및 “제1항 및 제2항에 따라 학칙으로 원격수업과 학교 밖에서 이루어지는 수업의 방법, 출석, 평가 등에 관한 사항을 정하려는 경우에는 대통령령으로 정하는 바에 따라야 한다(제22조 3항)”라는 법적근거를 마련하였다.

표 3-2 **법령에 따른 원격교육체제 유형**

근거 법령	유형	사례
초·중등 교육법	국·공립 중·고등학교 부설기관	• 제43조 2: 중학교 또는 고등학교에 방송통신중학교 부설 가능함 • 제51조: 고등학교에 방송통신고등학교 부설 가능함
	초·중·고등학교의 원격수업	• 제24조 3의 1호: 학교장은 교육상 필요한 경우 방송정보통신매체 등을 활용한 원격수업을 할 수 있음(2020. 10.20.신설)
	미취학·학업중단 학생 지원 학력인정	• 제14조: 부득이한 사유로 취학이 불가능한 의무교육대상자에 대하여 취학의무를 면제하거나 유예함 • 시행령 제29조, 제96조, 제97조, 제98조의 2: 교육감 소속 학력심의위원회의 평가와 심의를 거쳐 학년 결정 및 학력인정이 가능(예 온라인 학력지원시스템 등)
고등 교육법	독립적인 고등교육기관	• 제2조 5호: 방송대학·통신대학·방송통신대학 및 사이버대학을 원격대학이라 함 • 제5절: 원격대학(제52조 목적, 제53조 원격대학의 과정 및 수업연한, 제54조 학위의 수여)
	대학의 원격수업	• 제22조 1항: 방송·정보통신 매체 등을 활용한 원격수업을 방법으로 포함(2020.10.20.신설)
	대학의 공개강좌	• 제26조(공개강좌): 학칙으로 정하는 바에 따라 학생 외의 사람을 대상으로 공개강좌를 둘 수 있음(예 K-MOOC, SNUON, I-KNOU OCW 등)
평생 교육법	원격대학 형태의 평생교육시설	• 제33조: 누구든 정보통신매체를 이용하여 특정 또는 불특정 다수인에게 원격교육을 실시하거나 다양한 정보를 제공하는 등의 평생교육을 실시할 수 있음
	원격교육 형태의 평생교육시설	• 제33조 및 시행령 제48조: 학습비를 받고 10명 이상의 불특정 학습자에게 30시간 이상의 교습과정에 따라 영상강의 또는 인터넷 강의 등을 통하여 지식기술기능 및 예능에 관한 교육을 하는 원격교육 형태의 평생교육시설을 원격평생교육시설이라 함

참고: 이동주, 임철일, 임정훈(2009: 194): 국가법령정보센터(2020년 12월 기준으로 검색).

여기서 나아가 2020년 9월 9일 교육부가 발표한 '포스트코로나 시대 미래교육 전환을 위한 디지털 기반 고등교육 혁신 지원방안'에 따르면, 기존 원격수업 교과목 개설 기준, 이수학점 제한, 평가 방식 등을 대학의 학칙으로 자율적으로 결정할 수 있다. 그리고 일반대학뿐만 아니라 일반대학과 사이버대학 간 학점교류 및 학점인정 확대와 함께 국내 및 해외대학 간 온라인 공동 학위과정 운영을 허용할 계획이다.

2 상호작용 속성에 따른 유형

상호작용(interaction)은 둘 이상의 행위자가 서로 지속적인 교류로 영향을 미치며 상호보완적 관계를 형성하는 과정이다(Vrasidas & McIsaac, 1999). 무어(Moore)가 상호작용의 주체에 따른 유형화를 제시한 이후, 여러 학자들에 의해 시간과 공간의 동시성 여부, 기술 발전에 따른 특성 등이 고려되어 <표 3-3>과 같이 원격교육에서 상호작용의 유형과 속성을 규명하는 시도가 진행되어 왔다.

표 3-3 **원격교육에서의 상호작용 유형**

학자	상호작용 유형	속성 및 주안점
Moore (1989)	학습자 - 학습내용 상호작용 학습자 - 교수자 상호작용 학습자 - 학습자 상호작용	상호작용의 주체
Hillman, Willis, & Gunawardena (1994)	학습자 - 인터페이스(interface) 상호작용	교수 매체 작동과 관련된 학습자 스킬 Moore(1989)의 세 가지 상호작용 유형에 네 번째로 추가함
Kearsely (1995)	문자(written, typed) 상호작용 오디오(audio, voice) 상호작용 비디오(video, face - to - face) 상호작용	전달 매체 혹은 시스템
Berge (1995)	동시적(synchronous) 상호작용 비동시적(asynchronous) 상호작용	피드백까지의 소요 시간
Saunders et al. (1997)	교실 안(in - class) 상호작용 교실 밖(out of class) 상호작용	실제 상호작용이 일어나는 물리적 장소와 시간
Sutton (2000)	대리적(vicarious) 상호작용	Moore(1989)와 Hillman, Willis, & Gunawardena(1994)의 상호작용 유형에 다섯 번째로 추가함

출처: Shin(2003): 이선희(2019: 78).

시공간 상이성에 따른 유형

원격교육에서 상호작용은 학습의 질을 향상시키고, 학습자의 참여를 높이는 핵심 요인으로 꼽힌다. 그리고 상호작용의 유형이나 속성은 곧 원격교육의 유형이나 속성을 대표하기도 한다. 일례로 버지(Berge, 1995)가 제안한 동시적 상호작용과 비동시적 상호작용은 피드백까지의 소요시간에 따라 상호작용의 유형을 제시한 것으로 원격교육을 동시적 원격교육과 비동시적 원격교육으로 구분하게 해준다.

콜드웨이(Coldway)는 원격교육에서 시공간의 상이성에 따라 동시적 원격교육과 비동시적 원격교육으로 구분하였다(Simonson et al., 2003). 동시적 원격교육에서는 전화 혹은 쌍방향 비디오 컨퍼런싱(예 Zoom, Webex, Google Meet 등의 플랫폼)을 활용하여 즉각적 피드백이 일어나는 동시적 상호작용이 수반된다. 이로 인하여 학습자가 교수자와 다른 학습자에 대해 좀 더 높은 현존감과 학습공동체의 구성원임을 느낄 수 있다는 장점이 있다.

표 3-4 시공간 상이성에 따른 원격교육 유형

		공간	
		동일	상이
시간	동일	전통적 교실	동시적 원격교육
	상이	미디어센터, 컴퓨터랩	비동시적 원격교육

출처: Simonson et al.(2015).

반면, 비동시적 원격교육은 학습자와 교수자가 각자 편한 시간과 장소를 선택하여 교수-학습 활동을 진행할 수 있다. 이 경우 우편통신이나 이메일, 사전 녹화된 영상을 텔레비전이나 웹을 활용하여 공유하는 방식, 그리고 온라인 학습 관리 시스템(LMS), 토론게시판 등을 활용하는 비동시적 상호작용이 수반된다. 비동시적 원격교육은 동시적 원격교육에 비하여 주어진 주제나 과제에 대해 보다 깊은 사고를 할 수 있다는 장점이 있다. 이런 측면에서 콜드웨이는 학습자가 시간과 공간을 선택할 수 있는 비동시적 원격교육이 가장 이상적인 원격교육이라고 언급하기도 하였다(Simonson et al., 2015).

표 3-5 비동시성의 가치

학생 A:	제 모국어는 영어가 아니에요. 학교에서 원격강좌와 일반강좌를 모두 수강하고 있는데 솔직히 말해서 원격강좌가 10배 정도 나아요. 왜냐하면 전통적인 면대면 수업에서는 언어적 장벽으로 모든 내용을 바로 이해하고 무언가를 이야기 나누기 어려운 반면, 원격강좌에서는 제가 완전히 교수님 말씀이나 학습 내용 등을 숙지할 수 있을 때까지 시간을 얼마나 소요하건 상관없이 반복해서 보고 또 본 후 제 생각을 정교화한 후 이를 나눌 수 있으니까요.
학생 B:	수학 강의를 들었는데, 온라인 토론방을 통해 비동시적 특성의 장점을 경험하게 되었어요. 어떤 난해한 문제에 대해 답을 해야 할 경우, 교실 수업에서였다면 "알 수 없어요."로 끝내야만 했던 것이, 문제 해결에 대한 시간 압박이 없다보니, 문제에 대한 이해를 위해 다른 학습자들과 의견을 나눌 수 있고, 다른 문헌이나 사례 등을 참조하며 해결방안을 제시할 수 있어서 보다 편안하고 자신감이 있었다고 해야 할까요. 윈윈(win - win)이죠.

출처: Moore & Kearsley(2012: 140).

시공간 동시성에 따른 유형

교육부(2020)는 「초·중등교육법 시행령」 48조를 통해 교육상 필요에 따라 전국의 교사와 학생들이 전혀 접촉하지 않은 상태로 정보통신매체를 이용해 수업을 운영하는 것이 가능하다고 발표하였다. 교육부가 제시한 원격수업은 교수-학습 활동이 서로 다른 시간 또는 공간에서 이루어지는 수업 형태로 시공간적 특성을 기준으로 동시적 혹은 비동시적 원격수업으로 구분된다. 그리고 이러한 형태의 원격수업을 비대면 수업으로 칭하였다. 즉, 동시적 혹은 비동시적으로 교실 밖 상호작용이 이루어지는 수업을 비대면 수업으로, 주로 교실 안 상호작용이 중심이 되는 전통적인 수업을 대면수업으로 구분한 것이다. <표 3-6>은 COVID-19 팬데믹으로 국내에서 시행된 대면수업과 비대면 수업이 전통적인 원격교육과 어떤 차이가 있는지를 제시하고 있다.

표 3-6 대면, 비대면 수업 그리고 원격교육의 차이점

구분	COVID-19 맥락		원격교육
	대면 수업	비대면 수업	
환경	교수자와 학습자가 시간(동시적), 동일한 공간 공유	교수자와 학습자의 시간(동시적/비동시적), 물리적 공간분리	교수자와 학습자의 시간(동시적/비동시적), 물리적 공간 분리
학습자 특성	동질집단 문화, 언어 동질성 학령기/성인학습자	동질집단 문화, 언어 동질성 학령기/성인학습자	이질집단 문화, 언어 이질성 성인학습자(직업 및 학업 동시 진행)
수업 방법	집합수업 교수자중심수업 보조적 디지털 활용	비집합수업 교수자/학습자중심수업 디지털기반수업	비집합수업 학습자중심수업 디지털기반수업
교수자 역할	수업운영 학습자생활지도 개별학생 학사관리	수업운영 콘텐츠(내용)전문가 학습자생활지도 개별학생 학사관리	콘텐츠(내용) 전문가
행정 조직/지원	수업관리 학사관리	수업관리 학사관리 콘텐츠 및 시스템 개발, 관리 학습자 관리	수업관리 및 운영 학사관리 콘텐츠(내용) 전문가 관리 학습자관리 콘텐츠 및 시스템 개발, 관리
관련법/규정	교육기본법(유·초·중·고등·평생) 국가공무원법 사립학교법	교육기본법(유·초·중·고등·평생) 국가공무원법 사립학교법	고등교육법 평생교육법 이러닝산업법

출처: 조은순(2020: 698).

COVID-19 맥락에서 시행된 비대면 수업은 상호작용의 동시성 여부에 따라 실시간 쌍방향 수업, 콘텐츠 활용 중심 수업, 과제 수행 중심 수업, 그리고 기타 교육감 또는 학교장이 별도로 인정하는 수업 등으로 세분화된다(교육부, 2020).

표 3-7 비대면 수업의 유형과 특징

실시간 쌍방향 수업	콘텐츠 활용 중심 수업	과제 수행 중심 수업
• 실시간 원격교육 플랫폼을 활용하여 교사와 학생 간 화상 수업을 실시하며, 실시간 토론 및 소통 등 즉각적 피드백이 가능한 수업	• 학생은 지정된 녹화강의 혹은 학습콘텐츠를 시청하고 교사는 학습내용을 확인·피드백하는 수업	• 교사가 교과별 성취기준에 따라 온라인으로 학생들에게 과제 제시 후 피드백 하는 수업
• 동시적 상호작용	• 비동시적 상호작용	• 비동시적 상호작용

실시간 쌍방향 수업은 실시간 원격교육 플랫폼을 활용하여 교사-학생 간 화상 수업을 통해 실시간 토론 및 소통 등의 즉각적 피드백이 가능한 형태이다. 이를 위해서는 줌, 웹엑스, 구글 미트, 마이크로소프트 팀즈 등을 활용할 수 있다. 콘텐츠 활용 중심 수업은 교사가 사전에 강의를 녹화하거나 관련 학습 콘텐츠를 선정하여 공유한 후 학생이 이를 활용하는 방식이다. 학년이나 교과의 특성에 따라 기존 콘텐츠 및 자체제작 콘텐츠를 찾아 EBS 온라인 클래스, e-학습터, 위두랑 등 학습관리시스템에 접속하여 사용할 수 있다. 과제 수행 중심 수업은 교사가 교과별 성취기준에 따라 학생들이 자기주도적으로 학습을 수행할 수 있도록 온라인으로 과제를 제시하고 피드백을 주는 방식이다. 학생들은 학급 홈페이지, SNS 등에서 수업시간별로 제공되는 과제를 수행하여 그 결과를 학급 홈페이지나 SNS 등에 제출한다.

원격교육 이야기

원격교육의 유형에 대해 알아야 하는 이유

대화를 하다 보면 상대와 내가 서로 다른 종류의 원격교육을 생각하고 있다는 느낌을 받을 때가 있다. 유형이란 쉽게 말해 '종류'이다. 원격교육의 유형을 알아야 하는 이유는 워낙 다양한 실천의 원격교육이 있기 때문이다. 따라서 어떤 맥락에서 이루어지는 어떤 종류의 원격교육인지를 분명히 해야, 즉 원격교육의 유형에 대한 기본적인 지식을 갖고 있어야 서로 소통하기가 쉬워진다.

원격교육에 대한 인식은 개인 간의 차이뿐만 아니라 국가 간의 차이도 크다. 각 사회의 문화적, 교육적 환경에 따라 원격교육이 탄생한 배경도 다르고 기대도 다르기 때문이다. 예를 들어, 과거 사우디아라비아에서는 대학이 보통 남성의 교육을 위해 설립되었다. 그런데 여학생들의 고등교육에 대한 요구가 높아짐에 따라 몇몇 대학들이 여학생을 받아들이는 시스템('intisab'이라고 불리는)을 마련했다. 이 시스템은 여학생이 대학 캠퍼스에 오더라도 남학생과 같은 교실이 아니라 다른 공간에 있으면서 TV를 통해 중개되는 강의로 수업을 한다는 제도였다. 물론 지금은 사정이 달라졌겠지만, 이를 계기로 대학교육에 미디어가 전달 도구로 도입되었고 원격교육에 대한 논의가 시작되었다(Rawaf & Simmons, 1992).

또한 인도는 계급 간의 차이 때문에 대학교육에 접근하지 못했던 인구 집단을 동기화하기 위하여 인디라 간디 오픈유니버시티(Indira Ghandhi National Open University)를 포함하여 여러 개의 오픈 유니버시티를 정책적으로 지원하고 있다. 호주는 이중모드 대학들이 많기 때문에 교수는 온캠퍼스 학생과 오프캠퍼스 학생, 두 그룹을 지도하기 위한 시간을 따로 분배한다. 그리고 후자의 학생들은 자신의 학교를 한 번도 '보지' 않고 졸업하는 경우가 60%나 된다고 보고한 연구도 있다(Cook, 1989).

우리 사회도 그렇다. 원격교육만을 제공하는 기관과 일반 대학에서 몇 개의 코스만 온라인으로 수업을 개설하는 경우, 사교육에서 제공하는 각종 동영상 강의들, 그리고 초·중등 학교에서 실시하는 비상 원격수업까지 아주 다양한 원격교육 실천이 있다. 이번 장을 공부해두면 이러한 원격교육의 실천을 분류하고 각각의 특징을 포착하는 안목이 생길 것이다.

Cook, J. (1989), The liberation of distance: Teaching womens' studies from China, In T. Evans & D. Nation(Eds.), *Critical Reflections on Distance Education*(pp, 23-37). London, New York and Philadelphia: The Falmer Press.
Indira Gandhi National Open University, http://ignou.ac.in/
Rawaf, H.S.A. & Simmons, C. (1992), Distance higher education for women in Saudi Arabia: Present and proposed. *Distance Education*, 13(1), 65-80.

3 교수방법에 따른 유형

컴퓨터와 인터넷을 활용한 원격 교육은 교수방법에 따라 크게 두 가지로 구분될 수 있다. 하나는 가르칠 내용과 함께 교수행위가 주로 텍스트나 문자로 전달되는 문자수업이고 또 다른 하나는 주문형 비디오 형식으로 교수자의 강의를 제공하는 구술수업이다(신나민, 2007).

문자수업의 전형으로는 비동시적 온라인 학습(Asynchronous Online Learning: AOL)을 들 수 있다. 비동시적 온라인 학습은 시공간적 제약으로부터 자유로운 문자수업의 장점을 그대로 지닌다. 하지만 이 수업의 운영을 위해서는 텍스트 중심의 다대다(Many to Many) 커뮤니케이션을 지원하는 학습관리 시스템(Learning Management System: LMS)을 필요로 한다. AOL은 토론 게시판 등을 활용하여 자신의 인지적 구조를 수정하고 정교화하는 학습, 그 과정을 통한 지식창출의 경험, 그리고 궁극적으로 탐구의 공동체(Community of Inquiry)를 구성하는 것을 지향한다. 이 때 가장 중요하게 요구되는 것이 학습자의 적극적인 참여이다.

구술수업의 대표적인 형태는 주문형 비디오(Video on Demand: VOD)로 교수자의 강의를 제공하는 수업을 들 수 있다. 동영상 강의 수업은 전통적인 교수자 중심 교실 수업의 재현에 가깝다고 볼 수 있다. 교수자가 강의하는 모습 그리고 그 화면 옆에 강의 내용이 PPT 형식으로 제시된다. 영상은 보통 강의실 수업시간과 유사한 시간(약 30분~1시간)으로 구성된다. 초기에는 동영상과 강의 자료가 웹페이지의 형식으로 동시에 제공될 수 있는 나모(Namo), 드림위버(Dreamweaver) 등의 웹 에디터 제작 프로그램을 활용한 동영상 강의 수업이 개발되었다. 최근에는 모바일 환경의 특성을 고려하여 컴퓨터뿐만 아니라 스마트 디바이스 등 다양한 기기에서 접근이 가능한 동영상 강의도 제작되고 있다. 주로 짧고 간결한 소주제 단위로 분절된 마이크로러닝(micro-learning) 방식에 최적화된 형식으로 개발되며, 동영상 재생과정에서 상호작용을 촉진하기 위한 퀴즈를 삽입할 수 있도록 한다거나, 3D, VR, AR 기술 등을 기반으로 동영상을 제작하는 등 강의의 맥락과 요구에 따라 개발된 동영상의 유형 및 공유 방식도 다양화되고 있다.

그림 3-2 동영상 강의 수업 사례

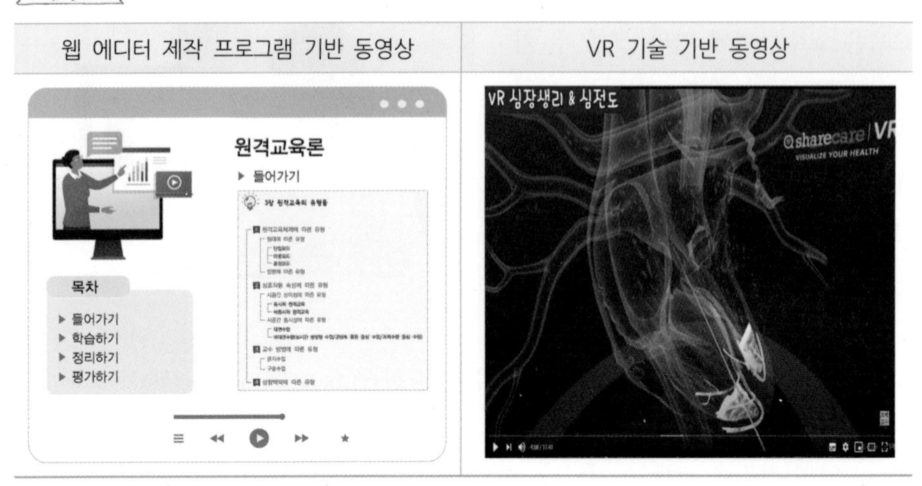

출처: Youtube '보배교수tv' https://www.youtube.com/watch?v=yEW5vNdNVmk

4 상황맥락에 따른 유형

2020년 COVID-19의 확산으로 인해 새로운 유형의 원격교육이 등장하였다. 바로 비상상황 원격교육(Emergency Remote Teaching: ERT)이다. 비상상황 원격교육은 위기 상황으로 인해 대안으로 진행되는 교육을 뜻하며, 위기 또는 비상 상황이 호전될 경우 이전의 교육 형태로 돌아간다는 의미를 지닌다. 비상상황 원격교육의 최우선적 목표는 교육 및 교육 지원을 임시로 온라인에서 제공하는 것에 있다. 여기서 중요한 것은 이러한 임시해결책을 일반적으로 잘 설계된 원격교육과 비교해서는 안 된다는 것이다. 일반적으로 잘 설계된 원격교육은 상당히 오랜 시간 동안 체계적인 시스템에서 세심하게 교육을 설계하고 계획한 결과이다(EDUCAUSE, 2020). 기본적으로 잘 설계된 원격교육은 <표 3-8>과 같이 다양한 요소에 대한 의사결정 과정이 수반된다. 이러한 고려 사항을 잘 활용한다면 비상상황 원격교육에서의 시행착오를 조금은 줄일 수 있을 것이다.

질병이나 전쟁, 천재지변에 따른 휴교로 인해 실행되는 비상상황 원격교육에서는 이러한 의사결정 과정이 원활하지 않다. 비상상황은 그 기간을 예견하기 힘들고 원격교육이 학생들의 수업 결손을 막기 위한 차선책으로 선택되었다는 점을 기억해야 한다. 그러나 이 비상상황에서의 원격교육은 원격교육 초기에 대두되었던 문제들, 예컨대 원격교육에 대한 접근성, 학습자 자율성이나 동기, 수업 참여, 질 관리 문제 등을 보다 발전된 기술 환경 맥락에서 다시금 불러일으켰다. 이는 곧 미래의 학교는 비상상황에서 원격교육을 실시할 절차적 계획을 준비하고 있어야 함을 시사한다.

표 3-8 온라인교육 설계 시 고려되는 의사결정 요소들

요소	의사결정 고려사항
형식	① 100% 온라인 ② 혼합 1(50% 이상 온라인) ③ 혼합 2(25~50% 온라인) ④ 대면교육에서 웹 활용
속도	① 학습자 주도형(학습자가 스스로 결정) ② 교수자 중심형(강의시간 기준) ③ 강의시간을 기준으로 하되, 일부에 한해 학습자 주도 허용
학생 비율	① 교수자 1인당 학습자 35명 미만 ② 교수자 1인당 학습자 36~99명 사이 ③ 교수자 1인당 학습자 100~999명 사이 ④ 교수자 1인당 학습자 1,000명 이상
교수학습방법	① 강의 ② 실험·실습 ③ 탐구 ④ 협력
온라인 평가목적	① 학생이 새로운 학습내용을 배울 준비가 되었는지 확인하기 위함 ② 학습자 지원 방법을 시스템이 확인(적응적 교수)하기 위함 ③ 학습수준을 교수자와 학습자에게 확인시키기 위함 ④ 점수 입력을 위해 활용함 ⑤ 낙제나 중도탈락의 위험이 있는 학생 선별을 위해 활용함
교수자 역할	① 적극적 교수 ② 최소한의 개입 ③ 참여하지 않음
학습자 역할	① 듣고 읽음 ② 문제해결 또는 질의응답 ③ 시뮬레이션 혹은 자료 탐색 ④ 동료와의 협업
상호작용 동시성	① 비동시적 상호작용 기반 ② 동시적 상호작용 기반 ③ ①과 ②를 동시에 제공하거나 혼합
피드백	① 자동화 시스템 활용 ② 교수자 ③ 동료학습자 ④ 자기평가

출처: Barbara, et al. (2014: 10) 수정보완.

☆참고문헌

- 교육부(2020). 코로나19 감염병 대응: 2020학년도 초중고특수학교 원격수업운영기준안 (3월 27일 보도자료).
- 국가법령정보센터(2020). 초·중등교육법, 고등교육법, 평생교육법. Retrieved at www.law.go.kr(2020.12.13.)
- 신나민(2007). **원격교육입문: 기술복제시대 교육에 대한 이해**. 서울: 서현사.
- 이동주, 임철일, 임정훈(2013). **원격교육론**. 서울: 한국방송통신대학교출판문화원.
- 이선희(2019). 개인화 학습지원을 위한 공개교육자원활용 교수설계원리 개발연구. 서울대학교 대학원 박사학위논문.
- 조은순(2020). 포스트 코로나시대 비대면 수업을 위한 교육공학의 역할과 과제. **교육공학연구,** 36(3), 693-713.

- Barbara, M,, Marianne, B., & Robert, M. (2014). *Learning Online: What Research Tells Us about Whether, When and How.* NY: Routledge.
- Bates, A. W. (2019). *Teaching in a digital age(2nd).* BC: Tony Bates Associates LTD.
- Berge, Z. L. (1995). Facilitating computer conferencing: recommendations from the field. *Educational Technology, January–February,* 22-30.
- Hillman, C. A., Willis, D. J., & Gunawardena, C. N. (1994). Learner–interface interation in distance education: an extension of contemporary models and strategies for practitioners. *The American Journal of Distance Education, 8*(2), 30-42.
- Hodges, C., Moore, S., Lockee, B., Trust, T., & Bond, A. (2020). *The Difference Between Emergency Remote Teaching and Online Learning.* (EDUCAUSE, 2020.3.27.)
- Kearsely, G. (1995). The nature and value of interaction in distance learning. Paper presented at the distance education symposium3: interaction, The Pennsylvania State University.
- Moore, M. G. (1989). Editorial: three types of interaction. *The American*

Journal of Distance Education, 3(2), 1-6.
- Moore, M. & Kearsley, G. (1997). *Distance education: a systems view.* CA: Wadsworth.
- Moore, M. & Kearsley, G. (2012). *Distance education: a systems view of online learning(3rd).* CA: Wadsworth.
- Peters, O. (1998). *Learning and teaching in distance education.* NY: Routledge.
- Shin, N. (2003). The issue of interaction in open and distance learning. *Global perspectives: Philosophy and practice in distance education, 2,* 239-253.
- Simonson, M., Smaldino, S., & Zvacek, S. (2003). *Teaching and learning at a distance: foundations of distance education(2nd).* NJ:Prentice Hall.
- Simonson, M., Smaldino, S., & Zvacek, S. (2015). *Teaching and learning at a distance: foundations of distance education(6th).* KY:LAP.
- Sutton, L. A. (2000). Vicarious interaction: a learning theory for computer−mediated communications. *Paper presented at the annual meeting of the American Educational Research Association*, New Orleans.
- Vrasidas, C. & McIsaac, M. S. (1999). Factors influencing interaction in an online course. *American Journal of Distance Education, 13*(3), 22-36.

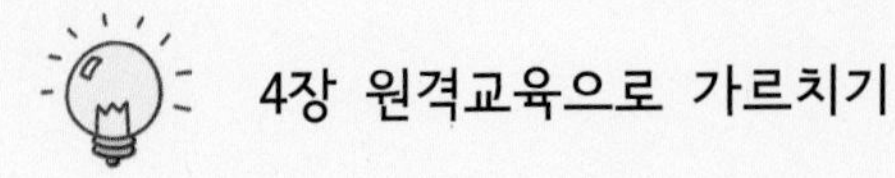

4장 원격교육으로 가르치기

1 원격교수에 대한 이해

- 좋은 교수의 조건
- 원격교수의 특징

2 원격교수자의 역할

- 인터넷 기반 원격교육에서 교수자 역할
- 체제적 접근의 원격교육에서 교수자 역할
- 학교 내 원격수업에서 교수자 역할

3 원격교수 전략

- '온라인에서 가르치기' 기본편
  - 인간적인 온라인 학습환경을 제공한다
  - 학습자 참여를 이끈다
  - 정보 전달 및 의사소통을 명확히 한다
  - 적절한 피드백을 제공한다
- '온라인에서 가르치기' 심화편
  - 강의식 수업: 강의 시간 분절과 학습자 참여촉진을 위한 전략을 고려한다
  - 토의식 수업: 실시간과 비실시간을 혼합한다
  - 팀 프로젝트 수업: 관계 형성과 팀 빌딩에 신경쓴다
  - 실험실습 수업: 상호피드백과 의견교환을 활성화한다

CHAPTER

04 원격교육으로 가르치기

이 장은 교수자가 알아두어야 할 사항들에 대해 다루고 있다. 원격수업의 기획이나 제작에는 여러 전문가가 참여하지만 학생들을 직접 가르치게 되는 사람은 결국 교수자이다. 원격교육에서 가르치는 것과 전통적인 교실수업에서 가르치는 것의 공통점과 차이점을 살펴보고, 원격교육에서 교수자의 역할, 그리고 교수 전략을 살펴본다.

1 원격교수에 대한 이해

좋은 교수의 조건

교수(instruction, 教授)란 가르치는 것이다. 가르친다는 것은 학습자가 지식이나 기술을 습득할 수 있도록 학습 환경을 구조화하는 의도적인 노력이며, 학습을 효과적, 효율적, 매력적으로 촉진하는 데 목적을 둔 목표 중심적 활동이다(Merrill, 2012). 교수의 본질적인 목적은 전통적인 교실수업이건 원격교육이건 관계없이 동일하다. 따라서 효과적인 학습을 촉진하는 것으로 이미 오랫동안 검증되어 온 교수방법이나 전략 등은 비록 맥락에 따라 각기 다른 실행 양상을 보일지라도, 두 교육 장면에서 동일하게 고려될 수 있다. 예컨대, 강의식 수업에서 학습자의 참여를 촉진하기 위하여 질문을 활용하는 것은 그 맥락이 면대면 수업이든 원격 수업이든 관계없이 강의식 수업의 핵심적인 교수전략 중 하나로 활용되고 있다.

교수전략(instructional strategies)이란 수업 상황에서 구체적으로 실행되는 교수자 활동에 관한 것이고 교수방법(instructional methods)이란 강의법, 토의법 등 학습목표를 달성하기 위해 교수 내용을 전달하는 운영방식 혹은 전반적인 계획을 말한다(박성익 외, 2012). [그림 4－1]은 면대면과 원격교육에서 각각 강의식 수업의 질문 활용 전략이 실행되는 차이를 보여준다. 이 실행의 차이를 이해하고, 관련된 사항을 준비하는 것이 원격교육으로 가르치기 위한 첫 걸음이 될 수 있다.

그림 4－1 맥락에 따른 강의식 교수방법에서 질문활용 전략 실행의 예

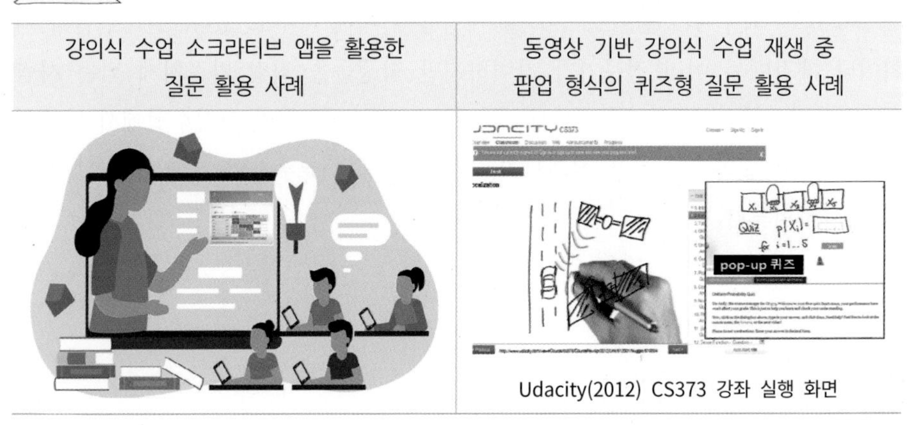

좋은 교수는 문제 중심으로 구성되어 학습자의 참여와 활동을 강조하며, 사전 경험의 활성화, 스킬의 시연, 적용, 통합의 순환과정이 포함되어야 한다(Merrill, 2012). 이는 최근 학습자 중심 교육 패러다임(the learner－centered paradigm of education)을 대표하는 특징이기도 하다(Reigeluth, Betty, & Myers, 2017). 컴퓨터와 인터넷, 그리고 최근의 다양한 기술 기반 학습 환경(technology－enhanced learning environment)은 시·공간적 제약 없이 다양한 학습자원의 탐색·공유·생산을 가능하게 하였고, 학습자의 적극적인 참여와 활동이 가능한 새로운 교수방법과 전략을 실행할 수 있는 토대를 마련하고 있다.

원격교수의 특징

교수의 본질적인 목적과 좋은 교수의 기본 조건은 전통적인 교실수업이나 원격교육에서 유사하게 적용된다고 하였다. 그러나 구체적인 실행의 측면에서 보면, 원격교육으로 가르치는 것은 전통적인 교실수업과는 다른 접근을 요구한다. 이는 두 가지 명확한 차이에서 기인한다(Moore & Kearsley, 2012). 첫째, 일반적으로 원격교육에서는 교수자가 학생들의 반응을 즉각 확인하기 어렵다는 점이다. 그럼에도 불구하고 교수자는 예상되는 학생의 반응을 고려하여 다양한 상호작용과 피드백을 준비해야 한다. 둘째, 원격교육은 기술 매체를 통해 교수 활동이 이루어진다는 점이다. 따라서 교수자의 매체에 대한 관심과 활용 역량이 교수 활동에 있어 큰 차이를 가져 올 수 있다. 그리고 이러한 차이는 교수 평가에 반영될 수 있다.

<표 4-1>은 전통적인 교실수업과 원격교육에서의 교수 평가 항목을 제시하고 있다. 평가는 교수 목적과 연결되는 항목으로 구성된다. 따라서 교수-학생 상호작용, 학생들의 협력지향성, 수업참여, 학습몰입 등 기본적으로 학습과 관련된 것은 공통적인 요소로 포함되어 있다. 그러나 수업설계나 관리, 콘텐츠 관련 항목 등 구체적인 실행 맥락에서는 차이가 있음을 확인할 수 있다.

표 4-1 면대면 수업과 원격수업에서의 교수 평가 문항

면대면 수업		
수업구조화	• 수업내용 조직화 • 이해하기 쉽게 설명	• 효율적인 시간 사용
내용의 명료화 (수업설계)	• 학습목표 확립 • 내용의 구조화와 명료성 • 성공적인 학습경험	• 성취기대 • 연습과 응용, 예제 활용 • 학생 눈높이 고려
전달의 기술	• 교수전략과 방법의 다양성 • 다양한 학습 자료와 매체 활용	• 명확하고 효과적인 전달
학생 참여	• 토론 • 학생주도적인 수업 참여	• 학습 기회, 참여 • 학습동기 유발
상호작용	• 적절한 질의응답 • 동료와의 상호작용	• 과제와 시험에 대한 피드백 • 허용적 학습 분위기
평가	• 수업목표성취 • 평가의 공정성	• 학습에 초점을 둔 평가

원격 수업		
수업 콘텐츠 수준	• 내용 이해도 • 명확한 내용 전달	• 매체 다양성
수업 자료 적절성 (수업설계)	• 내용 제시 전략 • 인터페이스 전략 • 학습 자료 제공	• 화면 디자인 • 콘텐츠 구성
수업관리 강의환경	• 수업 관리 • 시스템 안정성	• 강의 환경
학생참여	• 다양한 학습 활동 설계 • 학습 동기 유발	• 온라인 학습 참여 독려 방법
학생과의 소통	• 온라인상에서 질의응답 • 피드백의 신속성	• 과제 질문에 대한 피드백
평가	• 수업목표 성취 • 평가의 공정성	• 학습에 초점을 둔 평가

출처: 민혜리 외(2020: 13).

2 원격교수자의 역할

인터넷 기반 원격교육에서 교수자 역할

인터넷 기반 원격교육과 관련하여 버지(Berge)는 교수자의 역할을 '교수적', '사회적', '관리적' 그리고 '기술적'으로 분류하였다(Berge, 1995).

- **교수적(pedagogical) 역할:** 학습자들이 학습 과정에서 핵심적인 개념 및 원리와 기능에 초점을 두도록 안내하고, 학습을 촉진하는 교수적 질문을 제공하거나 학습내용에 대한 학습자의 질문에 답변을 제공하는 것을 의미한다.
- **사회적(social) 역할:** 학습자 간의 상호작용을 촉진하기 위하여 친근하고 사회적인 환경을 조성하는 것으로 인간관계를 도모하고 집단의 결속력을 강화하며 공동의 목적을 위해 학습자를 돕는 역할을 의미한다.
- **관리적(managerial) 역할:** 교육활동의 일정, 토론의 학습목표, 토론절차, 의사결정 기준 등을 조정하는 역할을 말한다.

- **기술적(technical) 역할**: 온라인 학습 환경에서 학습자가 시스템과 소프트웨어 등을 활용하는 데 불편함이 없도록 돕는 역할을 의미한다. 기술적 역할의 궁극적인 목표는 학습자의 테크놀로지 사용을 도와 학습에 온전히 몰입할 수 있도록 하는 데 있다.

원격교육에서 교수자 혼자 교수적, 사회적, 관리적, 기술적 역할을 모두 수행하는 것은 상당히 어려운 일이다. 따라서 현재 대다수의 원격대학은 교수자, 튜터, 운영자, 기술지원 담당자 등으로 교수자 역할이 분업화된 체제를 갖추고 있다(임철일, 2011). <표 4-2>는 원격교육에서 분업화된 교수자의 역할을 보여준다.

표 4-2 원격교육에서 교수자 역할의 분업화

주체	역할
교수자 (Instructor)	학습자들을 직접 가르치는 내용전문가로 학습내용 선정 및 조직, 강의진행, 학습안내 및 지도 등
튜터 (Tutor)	교수자와 학습자의 중간 매개자로서 둘 사이의 상호작용을 촉진시키고, 학습자의 학습방법 및 학습과정을 안내하고 지원함으로써 학습자의 문제해결능력을 향상시키는 교수의 보조자 혹은 학습의 지원자
운영자 (Coordinator)	수강이나 학사업무, 학습운영, 수업과 관련된 다양한 문제 해결 등 강좌 전반의 운영을 책임
기술지원 담당자 (Technical Assistant)	시스템과 관련하여 발생할 수 있는 기술적인 문제를 해결

출처: 이동주, 임철일, 임정훈(2013: 129).

체제적 접근의 원격교육에서 교수자 역할

무어와 키어슬리(2012)는 원격교육에 대한 체제적 접근(Systems approach)을 강조하였다. 이 접근에 따르면 교수자의 기능 및 역할은 '콘텐츠 관리', '학습 진행', '학습자 지원', '효과성 평가'의 네 가지 측면으로 구분된다(Moore & Kearsley, 2012). <표 4-3>은 이러한 기능 및 역할에 대해 좀 더 자세히 보여준다. 체제적 접근에서는 특히 개별 학습자의 학습 활동 과정이 시스템상의 데이터로 기록되어야 함을 강조한다. 이러한 기록성은 교수자가 개별 학습자의 학습을 평가할 뿐만 아니라 원격교육 체제에 대한 모니터링 및 효과성 평가를 위해서도 아주 중요하다.

표 4-3 원격교육에서 교수자 기능과 역할

기능	역할
콘텐츠 관리 (Contents management)	• 수업 콘텐츠 정교화 • 관리·감독 및 토론 활성화 • 개인과 그룹 발표, 프로젝트 관리·감독
학습 진행 (Student progress)	• 과제 채점 및 학습과정에 대한 피드백 제공 • 학습자 관찰 기록 • 학습자가 학습을 지속할 수 있도록 도움 제공 • 학습자 동기화
학습자 지원 (Learner support)	• 행정적 질문에 대한 응대 • 기술적 질문에 대한 응대 • 상담 질문에 대한 응대
효과성 평가 (Evaluating course effectiveness)	• 원격교육체제에 대한 학습자 반응 확인 • 수업의 효과성 평가

출처: Moore & Kearsely(2012: 129).

학교 내 원격수업에서 교수자 역할

COVID-19 이후 학교수업의 많은 부분이 원격수업 체제로 전환되면서 원격수업을 위해 교수자에게 요구되는 역량에 대한 논의도 활발해졌다. 학교 내 원격수업을 효과적으로 진행하기 위해서는 우선 교사가 원격수업의 고유한 특성과 온라인 학습 환경에 대해 이해할 필요가 있다. 또한 교수-학습과 관련된 테크놀로지뿐만 아니라 가르치는 내용과 방법에 테크놀로지를 적절하게 활용할 수 있는 통합적 지식(Technological Pedagogical Content Knowledge: TPACK)이 요구된다. 아울러 원격수업을 효과적으로 설계하고 운영할 수 있는 실천 역량과 교실수업을 원격수업으로 전환하는 데 있어 교사 스스로가 관련 지식과 기술을 학교

현장에서 능동적으로 실천하는 주도성 역량이 요구된다(정한호, 노석준, 정종원, 조영환, 2020). 학교 원격교육의 효과적인 실천을 위해서 교수자에게 요구되는 역량은 원격수업 '사전 점검', '설계', '실행', '성찰' 영역에서 살펴볼 수 있다(오영범, 2020). [그림 4-2]는 원격수업 실행 단계에 따른 교수자 역량을 제시하고 있다.

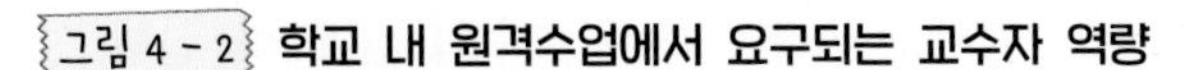

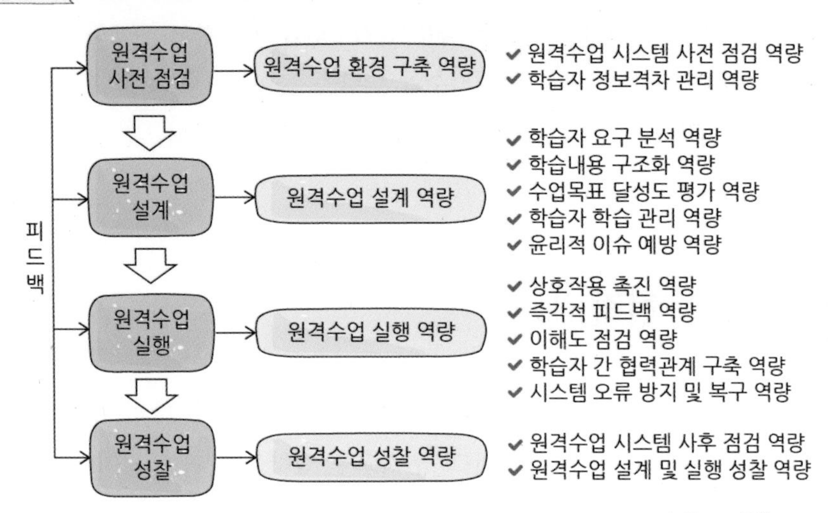

출처: 오영범(2020: 727).

첫째, 사전 점검 단계에서는 원격수업 환경 구축 역량이 요구된다. 원격수업의 안정성을 확보하기 위해서는 원격수업 시스템의 안정성 여부를 미리 점검하는 것이 필수적이다. 학습자 정보격차 관리는 원격수업에 필요한 디지털 정보 기술에 접근할 수 있는 학생과 그렇지 못한 학생이 있을 수 있음을 인지하고 이 격차를 적절히 관리해야 함을 의미한다. 학습자의 정보격차를 해소하고 관리하는 것은 수업 콘텐츠에 대한 정보 접근성을 보장하고 수업 참여를 촉진한다는 의미에서 필수적이라고 할 수 있다.

둘째, 설계 단계에서는 원격수업의 고유한 특성과 온라인 학습 환경에 대한 이해를 바탕으로 개별 수업의 학습목표, 수업 방식이나 방법, 기술 및 환경 등을 결정하고 최적화된 설계를 할 수 있는 역량이 요구된다. 이를 위하여 요구분석, 학습내용 구조화, 수업목표 달성도 평가, 학습자 학습 관리, 그리고 윤리적 문제 예방 역량 등이 필요하다.

셋째, 실행 단계에서 교수자는 학습자와 직접적으로 소통하며, 수업에서 발생하는 모든 문제를 일차적으로 지원해야 한다. 또한 학습자 개인차를 고려한 수준별 피드백 제공, 학습 이력 관리, 개인의 성장 정도, 실질적인 수업 참여 등을 관리할 수 있는 노력이 필요하다. 이를 위해 상호작용 촉진, 즉각적 피드백, 이해도 점검, 학습자 간 협력 관계 구축, 시스템 오류 방지 및 복구 역량이 요구된다.

넷째, 성찰 단계에서는 시스템 사후 점검 역량과 원격수업 설계 및 실행 성찰 역량이 요구된다. 이러한 성찰은 다음 원격수업을 기획하고 설계하는 데 중요한 역할을 한다. 교수자 자신의 원격수업 역량을 높이기 위해서는 반드시 성찰 노트를 작성하고 포트폴리오 등의 기록으로 남기는 것이 좋다.

3 원격교수 전략

원격교육의 설계에 관해서는 이 책의 제8장에서 상세히 다루므로 여기서는 수업의 실행 혹은 운영에 초점을 두고 원격교수 전략을 살펴볼 것이다. 특히 현재 가장 보편적으로 활용되는 인터넷 기반 원격교육을 중심으로 구체적인 전략을 안내하고자 한다. 인터넷 기반 원격교육은 그것이 동시적이건 비동시적이건 학습자 참여와 활동이 온라인을 통해 진행된다. 따라서 교수자는 면대면 수업의 교육내용을 단순히 온라인으로 전달하는 것이 아니라, 온라인 학습 환경의 특징을 고려하여 이것의 장점을 극대화시킬 수 있는 방향으로 접근할 필요가 있다.

'온라인에서 가르치기' 기본편

온라인에서 가르칠 때, 교수자는 기본적으로 다음 네 가지 측면의 전략들을 고려해야 한다(Moore & Kearsley, 2012).

인간적인 온라인 학습환경을 제공한다

학습자가 학습공동체의 일원으로 온라인 학습에 참여할 수 있도록 교수자나 동료학습자와 관계를 형성할 수 있는 기회를 제공한다. 이와 관련된 전략에는 수업에 참여하는 교수자와 학습자가 서로 소개하는 것, 관계를 돈독히 할 수 있는 아이스 브레이킹 기회를 제공하는 것, 개별 학습자 이름을 호명하는 것, 페이스북, 카카오톡 등의 SNS를 활용하여 서로 의견을 나눌 수 있는 기회를 마련하는 것 등이 포함된다.

학습자 참여를 이끈다

최적의 기술과 자원을 활용하여 지속적인 상호작용과 대화를 제공함으로써 학습자 참여를 촉진한다. 이를 위해서는 수업 진행 시 적절한 질문을 활용하거나, 핵심 내용을 다시금 요약하는 것, 협력학습의 기회를 제공하는 것, 학습자 참여와 활동 중심의 교수－학습 방법을 활용하는 것 등을 고려해 볼 수 있다. 예를 들어, 실시간 온라인 수업에서는 학습자의 실시간 응답과 참여를 확인할 수 있는 카훗(Kahoot), 소크라티브(Socrative), 협력적 문서작업이 가능한 구글 공유 문서(Google docs), 패들렛(Padlet), 위키(Wiki) 등의 에듀테크를 적극적으로 활용함으로써 학습자의 참여를 촉진시킬 수 있다. 비실시간 온라인 수업의 경우에도 온라인 토론이나 포럼 게시판 등을 활성화하거나 공개교육자료의 활용으로 학습자 개인 맞춤형 콘텐츠를 지원함으로써 학습자 참여를 이끌 수 있다.

정보 전달 및 의사소통을 명확히 한다

교수자와 학습자 간의 명확한 의사소통이 이루어지는 것이 중요하다. 온라인에서는 수업 시작 전부터 수업 초기까지 전체 수업의 개요나 운영 방식에 대해 상세하게 안내되어야 한다. 이 안내에는 활용하게 될 시스템의 구조와 이용 방법, 토론이나 과제 등 주차별 학습 활동 참여와 평가에 대한 세부 일정과 방식, 그리고 저작권, 초상권, 정보윤리의식 및 디지털 예절 등 많은 사항들이 포함된다. 또한 강의계획서는 교수자의 교수활동에 대한 정보를 제공할 뿐만 아니라 학생들과 소통을 위한 시간이나 방식 등을 상세히 포함해야 한다(Simonson et al., 2015).

적절한 피드백을 제공한다

피드백을 제공함에 있어서 교수자는 개별 학습자에 대한 피드백과 함께 전체 학습자 활동을 종합·정리하는 차원의 피드백을 고려하는 것이 좋다. 그리고 개인적인 피드백과 교수-학습 활동 맥락의 공식적인 피드백을 구별하여 제공하는 것도 필요하다. 또한 최근에는 대다수의 학습관리시스템이 학습자의 온라인 학습 활동 상황을 기록하고 일부 결과를 교수자에게 제공하는 기능을 갖추고 있으므로 데이터에 기반을 둔 처방적 피드백을 제공하는 것도 좋은 전략이 될 수 있다.

'온라인에서 가르치기' 심화편

모든 교수법과 마찬가지로 '온라인에서 가르치기'에서도 하나의 최고의 방법이 있는 것은 아니다. 개별 수업의 목표에 따라 다양한 방법으로 교수가 가능하다. 중요한 것은 '어떻게 하면 온라인 학습 환경의 특징을 잘 활용하여 최적화된 교수를 할 것인가'에 대한 교수자의 끊임없는 노력과 실천이다. 여기서는 강의식, 토의식, 팀 프로젝트, 그리고 실험실습 중심의 온라인 교수-학습방법에 따른 대표적인 교수전략 몇 가지를 제시하고자 한다. 물론 여기서 제시하는 네 가지 외에도 다양한 교수-학습 방법의 적용이 가능하며, 두 가지 이상의 방법들이 혼합될 수 있다. 이는 실시간, 비실시간 온라인 수업에 따라 달라질 수 있고, 주차별, 차시별 등 시간 단위에 영향을 받을 수도 있다. 쉽게 말해, '믹스 앤 매치'(mix & match)가 필요한 부분이다.

강의식 수업: 강의 시간 분절과 학습자 참여촉진을 위한 전략을 고려한다

온라인 강의식 수업에서 무엇보다 중요한 것은 학습자 주의집중과 참여촉진을 위한 전략이다. 온라인 강의식 수업에서 주로 활용되는 동영상 콘텐츠와 관련된 최근의 연구에 따르면 10분 이내의 시간으로 내용을 분절하여 제시하거나 교수자의 말하는 속도가 조금 빠르고, 교수자의 얼굴이 가깝게 보이는 비디오에서 학습몰입이 효과적이었다고 한다. 그리고 칸 아카데미(Khan academy)에서 제공되는 것과 같이 개인교수 형식의 동영상에서도 학습몰입이 잘 되었다(Guo, et al., 2014). 50분 길이의 동영상에서는 10~30분 사이에 학습자들이 재생 바(재생 버튼 위에 있는 빨간 색으로 어디까지 보았는지를 알려주는 기능)를 클릭하는 점프 현상이 일어났다고 한다(Lagerstrom, et al., 2015). 따라서 온라인 강의식 수업에서 제공하는 동영상 강의 길이는 학습내용에 따라 10~20분 이내로 분절하는 것이 좋다. 또한 실시간 온라인 강의식 수업의 경우는 20분 전후의 강의를 진행한 후, 학습자들이 질문이나 활동 등을 수행할 수 있도록 시간을 주고, 다시 20분 내외의 강의를 이어가는 등의 전략이 고려될 수 있다(임철일, 2020).

토의식 수업: 실시간과 비실시간을 혼합한다

온라인 토의식 수업은 학습자가 사전에 주제와 관련된 다양한 자료를 충실하게 준비하고 토론에 참여했을 때 효과적이다. 또한 실시간 온라인 수업과 비실시간 온라인 수업의 형식을 혼합하여 활용하는 것이 좋다(민혜리 외, 2020). 예컨대, 사전에 주제와 관련된 개별 학습을 수행할 수 있도록 비실시간 온라인 강의 혹은 토의식 수업을 진행하고, 이후 실시간 온라인 토의식 수업을 진행하는 것이다. 미네르바스쿨에서 진행하는 세미나 형식의 수업(Active learning forum) 방식이 이런 방식이다. 비동시적 상호작용이 지닌 장점을 충분히 활용하면서, 동시적 상호작용의 장점을 극대화하는 방식이기에 효과적인 학습이 가능하다.

그림 4-3 온라인 토의식 수업 사례: 미네르바스쿨

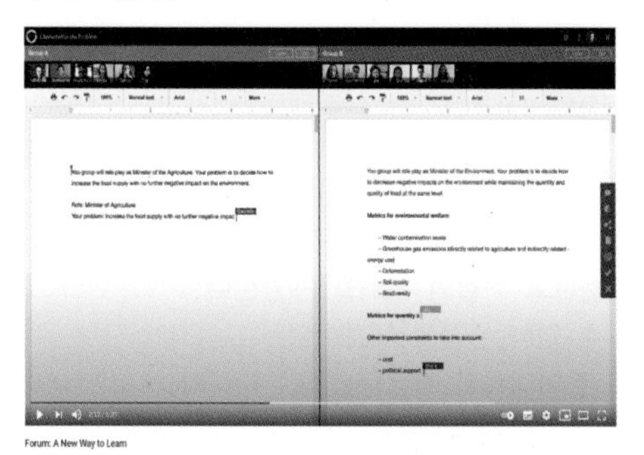

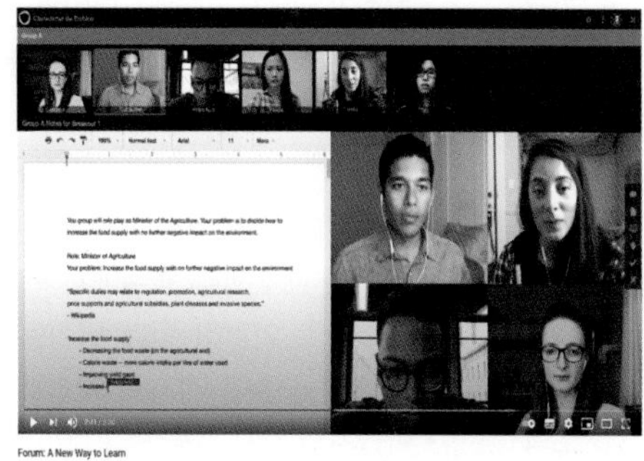

출처: https://www.youtube.com/watch?v=Gk5iiXqh7Tg&feature=youtu.be

팀 프로젝트 수업: 관계 형성과 팀 빌딩에 신경쓴다

온라인 팀 프로젝트 활동 수업의 경우, 구성원 간의 관계 형성과 팀 빌딩이 충분히 선행되어야 효과적인 수업이 진행될 수 있다(장경원, 2020). 또한 학습자의 협업을 위한 환경을 최대한 보장하고, 활동에 대한 모니터링과 피드백을 주기적으로 수행하는 것이 중요하다(민혜리 외, 2020). 온라인 팀 프로젝트 수업 전략은 다음 <표 4-4>에 자세히 기술되어 있다.

표 4-4 온라인 팀 프로젝트 수업 전략

구분	수업 전략
안내	• 학습자들이 활용할 학습 공간, 프로그램, 온라인 자료 활용 방법 등에 익숙해질 수 있도록 명확하게 안내하고 교수자와의 연락방법도 소개한다. • 프로젝트학습 전체 기간, 평가 준거 등을 안내한다. • 학습자들이 자신의 학습에 선택권을 갖고 있으며, 다른 사람들과의 협력에 대한 책임을 갖고 있다는 것을 이해하도록 한다.
연습 기회 제공	• 학습자들이 활용하는 매체에 친숙해질 수 있도록 연습기회를 제공한다. • 온라인 PBL에서 협력이 의미하는 것을 알게 한다. 즉, 서로서로 질문하고 자료를 공유하고, 경쟁하기 보다는 협력하고, 팀워크의 가치를 배우고, 다양한 관점을 수용하고, 학습의 수단으로서 의견불일치와 갈등을 경험하게 한다.
자료 제공	• 개인 및 팀 수준의 자신감을 형성할 수 있는 활동이나 시나리오를 제공한다. • 학습자들에게 자료를 다양한 방식으로 제공한다. • 따돌림, 잠수타기, 침묵과 기분, 과잉참여 등 학습 활동에 부정적인 영향을 주는 행동에 대한 토의기회를 제공한다.
팀 활동 조력	• 학습자들이 과제에 대해 논의하기 전에 이를 방해하지 않는다. • 학습자들이 스스로 자신들의 팀 규칙을 개발할 수 있도록 돕는다. • 면대면 프로젝트 학습에서처럼 질문하고 성찰의 기회를 제공한다. • 교수자의 의견이 팀에 영향을 줄 수 있다는 것을 이해한다. • 온라인 공간에 게시된 학습자들의 토의내용과 자료들을 읽는다(경청). • 학습자의 이야기를 듣고(읽고) 바로 의견을 제시하지 않는다. 학습자들이 스스로 생각할 수 있는 여유를 준다. • 학습자들 스스로 요약하고 성찰할 수 있도록 안내하고 기회를 준다. • 학습자들이 자료수집에만 집중하지 않도록 내용요약과 비평을 권한다. • 자료, 강의 등은 필요하다고 판단될 때만 제공한다.

출처: 장경원(2020: 783).

실험실습 수업: 상호피드백과 의견교환을 활성화한다

온라인 실험실습 수업의 경우, 교수자뿐만 아니라 학습자 간의 상호피드백과 의견교환을 활성화하는 것이 효과적이다(민혜리 외, 2020). 학생들의 과정 산출물을 기록할 수 있는 도구(예 카메라, Screencastify, LOOM 등의 화면캡처프로그램), 상호피드백이 가능한 도구(예 구글 클래스룸, 잼보드, 패들렛, 채팅방, 게시판) 등을 활용하면 온라인에서도 과정 산출물이나 결과물에 대한 피드백을 보다 편리하고 객관적으로 시각화 할 수 있다. 이를 위하여 교수자는 사전에 평가 루브릭을 제공하고, 피드백 방법 등을 안내하며, 피드백 혹은 타인을 평가할 때 지켜야 할 에티켓 등에 대해서도 안내하는 것이 좋다.

원격교육 이야기

원격학습자는 과연 상호작용을 얼마나 원할까?

원격교육에서 가장 강조되는 개념 가운데 하나가 상호작용이다. 너무 강조되어 상호작용은 무조건 필요하고 좋은 것이라는 인상마저 주고 있다. 하지만 이런 연구가 있다. 캐나다의 오픈 유니버시티라 불리는 아타바스카 대학에서 홈스터디 과정을 운영하던 교수자에 의해 수행된 연구이다. 여기서 교수자는 학생들의 고립감을 해소하고 협력학습을 증진시키기 위해 몇 주에 한번씩 대면 모임을 갖자고 제안하였다. 그런데 학생들은 이 제안에 대해 그리 우호적이지 않았다. 각자 시간과 장소의 제약 때문에 원격교육을 선택했는데 꼭 만나야 할 필요가 있냐는 것이 그들의 의견이었다. 이를 통해 교수자는 학습자의 상호작용에 대한 요구는 그 수준이 다양하며 "많은 것이 항상 더 좋은 것은 아니다"라는 결론을 내린다(May, 1993).

INTERACTION

인터넷이 없던 시대에 수행된 연구라 대면 이외의 다양한 방식의 상호작용을 고려하지는 않았지만 이 연구가 주는 시사점은 지금도 유효하다. 즉, 상호작용을 고려할 때는 어떤 맥락에 있는 학습자인지를 고려해야 한다는 것이다. 대부분의 학습자들은 높은 정도의 상호작용이 아니라 자신이 원할 때 상호작용하기를 원한다. 따라서 원격교육의 기획이나 설계 시에는 무조건 상호작용의 정도를 높일 것이 아니라 학습자가 원할 때 어떻게 그 요구를 실현할 수 있는지, 그 방법을 확실하게 알려주는 것이 좋다. 그러나 때에 따라서는 학습자의 수업 참여를 유도하기 위해 평가와 연계하여 상호작용을 강제하는 경우도 있다. 일반적으로 전자는 학습동기가 높은 성인학습자의 경우, 후자는 원격학습에 대한 동기가 낮은 학습자 집단의 경우 고려해 볼 만하다. 즉, 학습자의 독립성(Independence)과 상호작용(Interaction)이라는 두 축을 적절히 고려해야 한다. 이 '적절히'가 어려운 부분이고, 가르치는 것이 기술(Skill)이라기보다 예술(Art)에 가까운 이유이다.

May, S.(1993), Collaborative learning: More is not necessarily better, *American Journal of Distance Education, 7*(3), 39-70.

☆참고문헌

- 민혜리, 서윤경, 윤희정, 이상훈, 김경이(2020). **온라인 수업·강의 A2Z**. 서울: 하이시습.
- 박성익, 임철일, 이재경, 최정임, 임정훈, 정현미, 송해덕, 장수정, 장경원, 이지연, 이지은(2012). **교육공학의 원리와 적용**. 파주: 교육과학사.
- 오영범(2020). 비대면 원격수업 사례분석을 통한 교수자의 원격수업 역량 탐색: 실시간 쌍방향 수업을 중심으로. **교육공학연구**, *36*(3), 715-744.
- 이동주, 임철일, 임정훈(2013). **원격교육론**. 서울: 한국방송통신대학교출판부.
- 임철일(2011). **원격교육과 사이버교육 활용의 이해**(제2판). 경기: 교육과학사.
- 임철일(2020). 비대면 수업과 상호작용 전략. 동국대학교 교수학습개발센터 교수법 워크숍 발표 자료(2020.9.28. 14:00-16:00).
- 장경원(2020). 비대면 원격상황에서의 프로젝트 학습 사례 연구: 학습자들의 학습경험을 중심으로. **교육공학연구**, *36*(3), 775-804.
- 정한호, 노석준, 정종원, 조영환(2020). Covid-19확산이 교육계에 주는 도전: 모두를 위한 질 높은 원격수업. **교육공학연구**, *36*(3), 645-669.

- Berge, Z. L. (1995). The role of the online instructor, facilitator. *Educational Technology,* 35(1), 22-30.
- Guo, P. J., J. Kim, & Rubin, R. (2014). How video production affects student engagement: An empirical study of MOOC videos. Paper presented at L@S 2014, March 4-5, 2014, Atlanta, Georgia, USA.
- Larusson, J. A., & White, B. (2014). *Learning analytics: from research to practice*. NY: Springer.
- Merrill, M. D. (2012). *First principles of instruction.* Jonh Wiley & Sons.
- Moore, M. & Kearsley, G. (2012). *Distance education: a systems view of online learning(3rd).* CA: Wadsworth.
- Reigeluth, C., Beatty, B., & Myers, R. (eds.) (2017). *Instructional design theories and models: the learner– centered paradigm of education(4th).* NY: Routhedge.
- Simonson, M., Smaldino, S., & Zvacek, S. (2015). Teaching and learning at a distance: foundations of distance education(6th). KY:LAP.

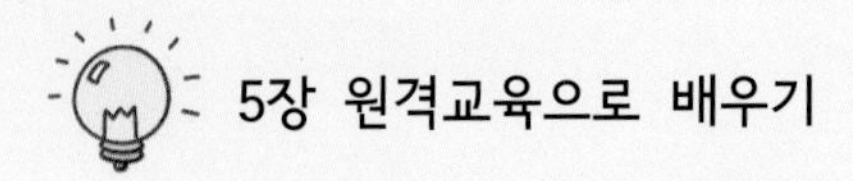

5장 원격교육으로 배우기

1 원격학습자의 이해

- 원격학습자의 특성
  - 학습 동기에 대한 고려
  - 인지영역에 대한 고려
  - 불안에 대한 고려
- 원격학습 준비도
  - 원격학습 준비도의 의미
  - 원격학습 준비도 체크리스트

2 원격학습의 성공요인

- 원격학습자의 자세
- 원격학습자가 해야 할 것과 하지 말아야 할 것
  - 구체적인 목표 설정하기
  - 원격수업 요구사항 확인하고 준비하기
  - 기술적인 부분 사전 점검하기
  - 적극적으로 학습 활동에 참여하기
  - 학습에 집중하기
  - 단위별 계획 세우고 실천하기
  - 학습 윤리 준수하기
  - 저작권, 초상권 보호하기

CHAPTER

05 원격교육으로 배우기

교수-학습 활동을 실행하기 전 학습자를 이해하는 것은 중요한 과정이다. 학습자의 특성과 성향, 환경 등을 파악해야 효과적인 교수-학습 활동이 가능하기 때문이다. 특히, 원격교육은 교수자와 학습자가 물리적으로 분리되어 있기 때문에 학습과정에 대한 즉각적인 파악이 어렵고 피드백이 지연될 수 있다. 따라서 면대면 교육보다 치밀하고 상세한 사전 계획이 필요하다. 그 가운데에도 교수-학습 활동에서 가장 중요한 주체인 학습자에 대해서는 되도록 깊이 이해하는 것이 좋다. 이 장에서는 원격학습자의 특성을 살펴보고 원격교육에 참여하는 학습자 유의사항을 안내하고자 한다.

1 원격학습자의 이해

원격학습자의 특성

전통적으로 원격교육은 일과 가정, 이 두 가지 상황으로 인해 전업 학생이 되기 힘든 성인학습자가 주로 선택하는 교육방식이었다. 성인학습자는 실제 업무상의 문제를 해결하거나 지적인 호기심을 충족하고자 원격교육을 선택한다고 볼 수 있다 (Moore & Kearsley, 2012). 성인 원격학습자의 특징을 살펴보면 다음과 같다.

학습 동기에 대한 고려

성인학습자는 원격학습에 참여하는 실제적 이유와 목적이 비교적 분명하며, 학습에 대한 내재적 동기가 높은 편이다(Latchem, 2019). 원격학습에 참여하는 성인학습자의 동기는 다음 세 가지 유형으로 나눌 수 있다. 첫째, 필요충족형이다. 필요충족형 학습자는 현재 종사하고 있는 직업·직무와 직접적으로 관련 있는 지식이나 기술을 습득하고자 원격학습에 참여하기 때문에 단기적이고 분명한 목표를 갖는다. 둘째, 경력준비형이다. 경력준비형 학습자는 당장의 직무관련성보다는 미래의 직업이나 경력관리 차원에서 원격학습에 참여하는 유형이다. 셋째, 학위추구형이다. 이 유형의 학습자는 사회적으로 인정받는 학위의 취득을 목적으로 하며 과거에 제도권 교육에 대한 기회를 갖지 못했던 경우나, 기존에 취득한 학위 외에 새로운 관심분야에서 학위 취득을 원하는 경우에 해당된다(신나민, 2007).

인지영역에 대한 고려

성인학습자는 사전 학습경험의 수준과 범위가 다양하고, 발달단계상 인지구조가 안정화 된 경향이 있다(Knowles, 1984). 특히, 이전 학습경험은 성인학습자의 원격학습 성공을 예측할 수 있는 핵심 요인 중 하나이기 때문에 원격교육 초기 설계단계에서부터 학습자의 인지적 개인차를 고려하는 것이 필요하다(Moore & Kearsley, 2012). 또한 학습자 자신만의 고유한 학습전략을 습득하고 발전시킬 수 있도록 방법이나 전략을 안내하고 연습할 수 있는 기회를 제공하는 것이 좋다.

불안에 대한 고려

성인 원격학습자의 불안은 크게 다음 두 가지에서 기인한다. 첫째, 기술적 측면과 관련하여 개인의 디지털 리터러시 수준에 따라 컴퓨터나 온라인 학습도구에 익숙하지 않은 학습자는 기술 활용에 일종의 두려움을 느낄 수 있다(Nelson & Palumbo, 1992). 따라서 원격학습을 효과적으로 수행하기 위한 디지털 기기 사용 방법에 대한 오리엔테이션을 하는 것이 좋다. 둘째, 사회관계적 측면에서 파생되는 불안은 일, 가족, 사회적 역할 등 성인 원격학습자의 삶과 밀접하게 연결된다. 이 사회적 요인은 학습에 필요한 시간과 원격학업 지속에 큰 영향을 미치는 것으로 알려져 있으므로 사전에 파악할 필요가 있다.

원격학습 준비도

원격학습 준비도의 의미

원격학습자에게 적절한 학습 지원을 제공하기 위해서는 먼저 학습자의 준비 상태를 파악해야 하는데 이를 원격학습 준비도(readiness)라고 한다. 원격학습 준비도는 원격학습자가 학습에 참여하기 위해 갖추어야 하는 요소에 대해 확인할 수 있는 도구라고 할 수 있다. 학습자는 학습 준비도 문항을 통해서 원격학습에 참여하기 전 준비해야 하는 사항에 대해 확인할 수 있고, 학습 계획 수립에 참고할 수 있다. 또한 교수자와 관리자는 학습 준비도 결과를 통해 학습자의 개별 상황과 어려운 부분을 사전에 파악하고 적절한 지원을 준비할 수 있다.

원격학습 준비도 체크리스트

왓킨스(Watkins, 2003)는 온라인 학습 준비도를 확인하고자 '기술', '자기주도학습', '온라인 관계형성', '온라인 읽기', '동영상 학습자료', '팀 프로젝트', '온라인 수업의 성공을 위한 요소' 영역을 포함한 체크리스트를 제시하였다. 전체 38개 문항 중 영역별 대표문항을 제시하면 <표 5-1>과 같다. 원격수업 전에 이 도구를 학생들에게 사용해 본다면 많은 도움을 받을 수 있을 것이다.

표 5-1 온라인 학습자 준비도 체크리스트

영역	순번	문항	점수 동의정도				
			1	2	3	4	5
기술	1	나는 인터넷을 통해 학습 활동을 수행하는 데 필요한 컴퓨터 활용 능력이 있다.					
	2	나는 학습 활동을 수행하는데 필요한 소프트웨어(MS오피스, 한글, PDF 뷰어 등)를 갖추고 있다.					
	3	내가 사용하는 컴퓨터는 학습 활동에 필요한 사양을 충분히 갖추고 있다.					
	4	나는 학습 활동 수행 중 기술적인 도움이 필요할 때 지원을 받을 수 있다.					
자기주도 학습	5	나는 학습 활동에 필요한 시간(일 단위, 주 단위)을 충분히 투입할 수 있다.					
	6	나는 학습 활동을 지속할 수 있도록 도와주는 개인적인 지원 체계를 갖추고 있다.					
	7	나는 교수자나 다른 학습자에게 적절한 시간 안에 응답할 수 있도록 시간을 계획할 수 있다.					
온라인 관계형성	8	나는 온라인 글쓰기를 통해서 하고 싶은 말을 명확하게 표현할 수 있다.					
	9	나는 온라인을 통해 토론 등 다른 학습자와 의사소통하는 것에 대한 부담이 없다.					
온라인 읽기	10	나는 컴퓨터로 글을 읽는 것을 선호한다.					
	11	나는 컴퓨터로 학습자료를 작성하는 것에 익숙하다.					
동영상 학습자료	12	나는 동영상 내용과 온라인 학습자료나 교재의 정보를 연관시킬 수 있다.					
	13	나는 동영상을 시청하는 동안 필요한 노트필기를 할 수 있다.					
팀 프로젝트	14	나는 다른 학습 시간대를 가진 다양한 학습자들과 팀을 이루어 학습 활동하는 것에 거부감이 없다.					
	15	나는 팀원인 다른 학습자에 의해 내 성적의 일부가 결정되는 방식을 수용할 수 있다.					
	16	나는 온라인 팀 프로젝트 수행을 위해 시간을 할당하고 계획을 세울 수 있다.					
온라인 수업 성공을 위한 요소	17	나는 온라인 수업을 성공적으로 완료하기 위해 교수자와의 지속적인 온라인 만남이 중요하다고 생각한다.					
	18	나는 온라인 수업을 성공적으로 완료하기 위해 온라인 학습과정에 참여하는 횟수가 많을수록 좋다고 생각한다.					
	19	나는 온라인 수업을 성공적으로 완료하기 위해 컴퓨터 활용 능력 관련 선행 경험이 중요하다고 생각한다.					
	20	나는 온라인 수업을 성공적으로 완료하기 위해 신속한 기술적·행정적 지원이 중요하다고 생각한다.					

출처: Watkins(2003: 143-147) 재구성.

2 원격학습의 성공요인

원격학습자의 자세

일반적으로 면대면 수업에서는 학습목표를 달성하기 위해 교수자가 주도적으로 학습내용과 방법, 학습의 양, 속도 등을 선택하고 조절한다. 그러나 원격교육에서는 교수자가 사전에 제시한 학습자료를 가지고 학습자 스스로 학습방법, 학습량, 학습 속도를 계획하고 수행해야 한다. 학습자 개인이 자신의 학습 과정에 대한 선택권과 결정권을 갖게 되는 것이다. 또한, 면대면 상황에서는 필요에 따라 학습자를 통제하거나 강제로 학습에 참여시키는 것이 가능하지만, 원격학습자는 공부하라고 강요하는 사람이 곁에 없다. 학습자가 스스로를 통제하고 조절하며 학습을 지속해야만 한다. 이는 결코 쉬운 과정이 아니며, 단순한 계획만 가지고 실행할 수 있는 것도 아니다. 그렇기 때문에 원격학습을 시작하기 전에는 '마음먹기' 과정이 필요하며 이는 원격학습자가 가져야 할 일종의 신념이라고 할 수 있다. Masie(2000)와 신나민(2007)에서 제시된 원격학습자가 가져야 하는 신념은 다음과 같다.

- 나는 배울 필요가 있다.
- 내 학습에 대한 책임은 나에게 있다.
- 나는 성공적으로 배울 수 있다.
- 나는 어떻게 학습하는지를 알고 그 과정을 즐길 수 있다.
- 나는 내가 배우고 있는 것을 인식할 수 있다.
- 나는 나의 목표를 이루기 위해 지속적으로 학습할 수 있다.
- 나는 나의 목표를 이루기 위해 직장, 가족, 사회적 네트워크로부터 지원을 확보할 수 있다.

위와 같은 신념을 가지는 것은 원격학습에 대한 자신감을 갖고 지속할 수 있는 원동력이 된다. 원격학습의 성패를 좌우하는 것은 학습자의 참여와 태도이다. 학습자는 자신이 학습의 주인이 되겠다는 적극적인 자세로 원격학습에 참여해야만 원격학습을 성공적으로 완료할 수 있다. 이러한 신념이 흔들리거나 어려움을 겪을 때에는 교수자 혹은 교육기관에 필요한 지원을 요청하는 것도 스스로의 학습을 관리하는 좋은 방법이 될 수 있다.

원격학습자가 해야 할 것과 하지 말아야 할 것

원격학습자가 가져야 할 신념이 일종의 마음가짐이라면, 이제 실제로 학습 과정에서 지켜야 하는 행동적 요소를 점검해보자. 원격학습은 학습자가 주도적으로 학습에 참여할 때 성공할 확률이 높아지므로 학습 과정에서 꼭 해야 할 것과 하지 말아야 할 것들이 있다. <표 5-2>를 통해 이를 살펴보자.

표 5-2 원격학습자 자가 점검표

해야 할 것		하지 말아야 할 것
구체적인 목표 설정하기	↔	자신만의 목표없이 학습 시작하기
원격수업 요구사항 확인하고 준비하기	↔	준비없이 학습 시작하기
기술적인 부분 사전점검하기	↔	점검없이 학습 시작하기
적극적으로 학습 활동에 참여하기	↔	수동적이거나 소극적으로 학습 참여하기
학습에 집중하기		학습 중에 딴짓하기
단위별 계획 세우고 실천하기	↔	미루거나 몰아서 학습하기
학습윤리 준수하기	↔	부정행위하기
저작권, 초상권 보호하기	↔	무분별한 저작물 사용하기

구체적인 목표 설정하기

원격학습을 시작하기 전에는 이 공부를 왜 하는지에 대한 목표를 구체적으로 써보는 것이 좋다. 예를 들어, '현재 업무에서 인사관리 업무로의 전환을 목표로 관련 전공 공부를 시작하여 2년 내에 자격증을 취득한다'는 것과 같이 원격학습을 통해서 개인적으로 얻고자 하는 것이 무엇인지 명확하게 정의하는 것은 학습에 대한 지속적인 동기부여에 도움이 된다.

[그렇지 않으면?] 구체적인 목표 설정 없이 원격학습을 시작하게 되면 방해요소가 생겼을 때 쉽게 학업을 중단할 가능성이 높다. 원격학습을 방해하는 요인은 수없이 많다. 대표적인 예로는 시간 부족, 학습 기술의 부족, 기술매체 사용의 어려움, 가족이나 친구 등 지인들의 비협조 등을 들 수 있다. 학습자가 이

러한 외적인 어려움에 부딪혔을 때 구체적인 목표가 없다면 방해요소를 극복하고 학습을 지속할 만한 이유와 의지, 동기를 찾는 것이 어려워진다.

원격수업 요구사항 확인하고 준비하기

원격학습을 위해서는 필요한 학습시간, 학습자료, 활용되는 기술과 매체 등 수업에서 요구되는 사항을 확인하고 이를 준비해야 한다. 우선 수업계획서, 공지사항 그리고 교수자의 안내 사항 등을 꼼꼼히 확인할 필요가 있다. 또한 의문 사항이 있을 경우에는 관련 부서나 담당자에게 문의해서 수업 준비에 필요한 정보를 확실히 확인해 두는 것이 좋다.

[그렇지 않으면?] 원격학습에 대한 준비가 사전에 이루어지지 않으면, 수업이 시작됐을 때 학습에 참여하는 것이 어려워질 수 있다. 모바일 기기를 통해 원격학습에 참여하고자 하였는데, 시험에 응시할 때는 반드시 PC를 사용해야 한다거나, 직장에 다니면서 원격학습을 하려고 보니 투입해야 하는 시간을 감당할 수 없다거나 하는 등의 문제가 발생할 수 있다. 그러므로 원격학습을 시작하기 전 수업에서 요구하는 사항에 대한 충분한 검토와 이에 대응할 수 있는 자원의 준비가 필요하다.

기술적인 부분 사전 점검하기

기술매체를 잘 활용하는 것은 성공적인 원격학습을 위한 첫걸음이 될 수 있다. PC나 스마트기기와 같은 하드웨어, 학습에서 활용되는 소프트웨어, 그리고 네트워크 환경 등은 원격학습을 위한 필수 준비물이라고 할 수 있다. 따라서 원격학습자는 원격수업을 제공하는 플랫폼이나 활용되는 프로그램에 대한 사용방법을 미리 확인하고 점검하여 수업이 시작됐을 때 기술매체 사용에서 어려움이 없도록 준비해야 한다. 또한 네트워크 환경을 사전에 점검하여 동영상 콘텐츠의 수강이나 화상회의 플랫폼에서의 상호작용에 문제가 없도록 해야 한다.

[그렇지 않으면?] 원격학습에 활용되는 프로그램에 대한 사용방법을 사전에 익히지 못하면 수업이 시작된 후 학습에 참여하는 것이 어려워지고 수업에 집중할 수 없게 된다. 특히, 토론이나 시험과 같이 중요한 학습 활동을 앞두

고 관련 프로그램을 미리 설치하지 않았거나 이용 방법을 연습해 보지 않았다면 해당 활동에 참여하지 못하는 경우가 생길 수 있다.

적극적으로 학습 활동에 참여하기

원격수업에서 학습활동이란 학습 콘텐츠를 보는 것, 토론에 참여하는 것, 퀴즈에 응시하는 것, 교수자에게 질의하는 것, 동료학습자와 협업하여 과제를 해결하는 것 등의 모든 활동을 의미한다. 면대면 수업의 경우, 학습자의 활동 여부가 뚜렷이 관찰되고 모니터링될 수 있다. 그러나 원격수업에서는 학습자 스스로가 참여하지 않는 한 어떠한 학습도 일어날 수 없다. 학습이 이루어지기 위해서는 학습자 스스로의 적극적인 참여가 필요하다. 학습 활동에 방해가 되는 요인들이 있다면 미리 차단하는 장치를 마련하는 것이 좋다.

[그렇지 않으면?] 원격학습에서는 학습자가 적극성을 보이지 않으면 학습 손실이 더욱 크게 나타난다. 뿐만 아니라 동료 학습자와의 의사소통과 참여가 필요한 협업학습에서 적극적으로 참여하지 않는다면 자신뿐만 아니라 동료 학습자의 학습성과에도 부정적인 영향을 미칠 수 있다.

학습에 집중하기

학습에 집중하는 것은 학업성취에 결정적인 요인이다. 원격학습자는 학습에 집중할 수 있는 환경을 조성하고 방해되는 요인을 제거해야 한다. 예를 들어, 온라인 수업의 경우 여러 개의 창을 띄워 놓고 여러 가지 작업을 하면서(예 채팅, 쇼핑, 서치 등) 수업을 듣는 것은 수업 효과를 떨어뜨리는 지름길이다.

[그렇지 않으면?] 좋은 성적을 기대하기 어렵다. 원격학습은 교수자의 직접적인 감독이나 관리가 없기 때문에 소위 딴짓을 하기 쉽다. 그러나 딴짓은 새로운 개념을 배우거나 깊은 사고가 필요한 학습을 저해할 수 있다.

원격교육 이야기

온라인 학습자들은 어떤 '딴짓'을 할까?

우리는 모두 알고 있다. 온라인 수업을 들으면서 학습자들이 수업만 듣지는 않는다는 것을... 그럼 무얼 하나? 수업과 관련되지 않은 모든 행위를 '딴짓'이라고 정의하고 이것에 대해 연구한 결과, 온라인 학습자들이 하는 대표적인 딴짓은 다음 표와 같이 조사되었다(김수연, 신나민, 2019).

1.	PC로 게임하기	21.	동영상보기(뮤직비디오, 유튜브 등)
2.	PC로 채팅하기	22.	노래듣기
3.	PC로 쇼핑하기	23.	책읽기
4.	PC로 검색하기	24.	동영상 강의와 상관없는 다른 공부하기
5.	PC로 웹툰 보기	25.	운동하기
6.	PC로 커뮤니티사이트 이용	26.	다른 사람과 수다 떨기
7.	PC로 뉴스보기	27.	밥이나 간식 먹기
8.	PC로 SNS 하기	28.	빨래하기
9.	스마트폰으로 게임하기	29.	청소하기(정리정돈 포함)
10.	스마트폰으로 쇼핑하기	30.	손톱·발톱 관리
11.	스마트폰으로 검색하기	31.	화장품 바르기(기초화장품, 팩 등)
12.	스마트폰으로 웹툰 보기	32.	머리카락 만지기
13.	스마트폰으로 커뮤니티사이트 이용	33.	거울보기
14.	스마트폰으로 뉴스보기	34.	종이 접거나 찢기
15.	스마트폰으로 SNS 하기	35.	일어나서 돌아다니기
16.	스마트폰으로 사진 찍기	36.	낙서하기
17.	스마트폰으로 앨범보기	37.	딴 생각하기
18.	문자하기(메신저 포함)	38.	앉아서 눈 감고 있기
19.	전화 통화하기	39.	엎드려 있기
20.	TV보기	40.	잠자기

청소년과 성인학습자가 원격학습 중에 하는 딴짓은 종류가 다른지, 딴짓을 하는 이유는 뭔지, 딴짓의 정도의 차이가 있는지 등등이 궁금하시다면 이 논문을 보시라: 김수연, 신나민(2019). 동영상 강의 중 딴짓과 몰입의 세대 간 비교. **교육정보미디어연구,** 25(2), 273-289.

대부분의 온라인 학습자들은 딴짓을 하면서도 수업에 집중할 수 있다고 믿는다. 하지만 뇌과학에서 밝혀진 연구들은 과제가 조금만 복잡해져도 음악을 듣거나 휴대폰을 곁에 두는 것만으로도 주의 집중력 등이 감소한다고 보고한다(Thornton, Faires, Robbins & Rollins, 2014). 예를 들어, 새로운 개념, 복잡한 내용, 깊은 사고를 필요로 하는 학습의 경우, 가사가 있는 음악보다는 없는 곡을 듣는 것이 좋다. 가사가 있는 곡은 공부할 때 사용해야 하는 뇌 처리 공간을 차지해서 기억 시스템에 병목현상을 일으키기 때문이다(Perham & Currie, 2014). 어떤 과업을 수행하기 전 음악을 들으면 기분이 좋아질 수 있지만 학습 내용이 약간 어려워질 때는 음악을 멈추고 조용한 곳에서 공부하는 것이 좋다.

Perham, N., & Currie, H. (2014). Does listening to preferred music improve reading comprehension performance? *Applied Cognitive Psychology*, 28(2), 279-284.
Thornton, B., Faires, A., Robbins, M., & Rollins, E. (2014). The mere presence of a cell phone may be distracting: Implications for attention and task performance. *Social Psychology*, 45(6), 479–488.

단위별 계획 세우고 실천하기

원격수업은 일회성 혹은 단기로 운영될 수도 있지만, 한 학기 혹은 1년 이상의 기간이 소요되는 경우도 많다. 이렇게 호흡이 긴 원격수업에 참여하는 경우, 학습자는 단위별로 학습 계획을 수립하고 실천하는 것이 좋다. 여기서 단위는 하루, 한 주, 한 달 이렇게 구분될 수 있다. 자신의 일정에 맞추어 단위 학습계획을 수립하고 이행하는 것이 필요하다.

[그렇지 않으면?] 학습기간이 긴 교육과정에서 학습의 이행을 조금씩 미루다 보면 점점 쌓여가는 학습량을 감당하지 못하고 결국 학습을 포기할 수 있다. 예를 들어, 주별 3시간의 동영상 학습이 필요한 경우, 이를 한 달 동안 미루면 학습자가 감당해야 하는 학습량은 12시간이 되고, 한 학기를 미루게 되면 45시간이 쌓이게 된다. 단위별로 계획을 세우고 실천하는 것은 성공적인 원격학습의 완료를 위해 반드시 필요하다고 할 수 있다.

학습 윤리 준수하기

학습자가 지켜야 하는 학습 윤리는 원격수업에도 적용된다. 학습자는 출석,

수업 수강, 과제, 시험의 과정에서 대리출석, 불성실한 수강태도, 표절, 시험 부정행위 등을 하지 않아야 한다. 학습 윤리의 준수는 교수자와 학습자 간의 약속이며 학습자 자신과의 약속이기도 하다. 특히 원격학습에서의 부정한 행적은 기록으로 분명히 남을 수도 있다.

[그렇지 않으면?] 교수자와 학습자 간의 신뢰가 깨질 수 있다. 그렇게 되면 일종의 감시나 검열이 강화되어 자유롭고 자기주도적으로 진행되어야 하는 원격수업의 취지가 변질될 수 있다. 시·공간으로부터의 자유와 학습자 스스로의 계획과 실천으로 이루어진다는 원격수업의 이점을 누리고자 한다면, 최소한의 원칙을 지켜야 한다.

저작권, 초상권 보호하기

수업목적으로 이용되는 저작물 등의 활용은 어느 정도 보장되어 있지만(제9장 참조), 수업에서 활용된 저작물을 다른 곳으로 배포하거나 전송하는 행위는 법적으로 금지되어 있음을 명심해야 한다. 또한 화상 플랫폼에서 교수자나 다른 학습자의 얼굴 등을 캡처하거나 녹화하여 배포하는 것도 불법적인 행위로 간주되므로 주의해야 한다.

[그렇지 않으면?] 저작권과 초상권에 관련된 문제는 위법, 불법 행위에 해당하기 때문에 심각한 결과를 초래할 수 있다.

☆참고문헌

- 신나민(2007). **원격교육입문**. 고양: 서현사.
- Knowles, M. S.(1984). *Andragogy in action*. San Francisco, CA: Jossey-Bass.
- Latchem, C.(2019). Independent study, transactional distance, guided Conversation and adalt learning. In Jung, I.(Ed.) *Open and distance education theory revisited*. Singapore, Springer.
- Masie, E.(2000). Learning Decisions Newsletter, 1(1). *Saratoga Springs*. NY: The Masie Center.
- Moore, M. & Kearsley, G.(2012). *Distance edacation: a systems view*. CA: Wadsworth.
- Nelson, W, A., & Palumbo, D. B.(1992). Learning, Instruction and Hypermedia. *International Journal of Educational Multimedia and Hypermedia*, 1(3), 287-299.
- Perham, N., & Currie, H. (2014). Does listening to preferred music improve reading comprehension performance? *Applied Cognitive Psychology*, 28(2), 279-284.
- Thornton, B., Faires, A., Robbins, M., & Rollins, E. (2014). The mere presence of a cell phone may be distracting: Implications for attention and task performance. *Social Psychology*, 45(6), 479-488.
- Watkins, R.(2003). *Readiness for Online Learning Self-Assessment*. In Biech, E.(Ed.). The 2003 Pfeiffer Annual: Training. SF:Jossey-Bass-Pfeiffer.

6장 원격교육의 미래

1 기술적 요인

- 가상현실
- 인공지능과 빅데이터
- 통신기술

2 사회적 요인

- 비대면 소통의 일상화
- 학교교육의 보완 및 대체
- 평생학습 시대의 도래

3 경제적 요인

- 온라인교육 시장의 활성화
- 대학의 경비절감 노력
- 기업 및 기타 기관의 비대면 교육 및 훈련 확대

4 미래 원격교육에서 중요한 쟁점들

- 교육 접근에 있어서의 부익부 빈익빈 문제
- 학습자 관리의 문제
- 사회적 학습기회 부족의 문제
- 데이터 사용의 윤리적 문제

CHAPTER

06 원격교육의 미래

원격교육의 미래는 원격교육의 과거와 현재를 살펴보면 예측 가능하다. 원격교육을 변화, 발전시켜온 요인은 크게 기술적, 사회적, 경제적 요인의 세 가지로 요약할 수 있다. 따라서 원격교육의 미래 또한 이 세 가지 요인에 의해 영향 받을 것이다.

1 기술적 요인

원격교육은 통신매체를 근간으로 하여 발전해왔기 때문에 ICT 기술의 발전은 필연적으로 원격교육의 미래에 영향을 미칠 것이다. 최근에 등장한 가상현실과 인공지능 기술 역시 앞으로 원격교육에 영향을 미칠 기술적 요인으로 꼽힌다.

가상현실

가상현실(Virtual Reality: VR) 기술은 참여자로 하여금 실제와는 다른 장소에 있는 것처럼 느끼게 해준다. VR 기술이 원격교육에서 중요한 이유는 바로 이 공간 이동의 느낌 때문이다. 통신매체의 발달은 우리에게 시·공간적으로 분리되어 이루어졌던 원격 교수-학습 활동을 시간적으로는 연결될 수 있게 만들었다. 텔레컨퍼런싱 기술의 발전으로 교수자와 학습자가 다른 공간에 있어도 동시간대에 이루어지는 실시간 원격교육이 가능해진 것이다. 그러나 공간적 거리감을 좁히는 기술이나 장치는 아직 원격교육에서 보편화되지 않았다.

VR 기술은 바로 이 부분에 도전한다. 교수자와 학습자들이 다른 공간에 있더라도 같은 공간에 있는 것처럼 몰입할 수 있는 기술을 제공하는 것이다. 예를 들어, VR 기술은 학생들이 모두 각자의 집에 있으면서도 함께 고대 로마의 골목길을 걷는 체험을 하게 해 줄 수 있다. 걸으면서 서로 이야기하듯 메시지 앱의 채팅을 통해 서로의 감상을 나눌 수도 있다. 또 다른 예는 교실수업의 재현이다. 전 세계 어디에 있는 학습자건 기술적 장비와 네트워크만 허락된다면 가상교실(virtual classroom)에 앉아 같이 수업을 받을 수 있다. 요약하자면, VR 기술은 원격학습자들이 교수자나 다른 학습자와 함께 있다는 느낌을 더 강하게 해 주는 방향으로 원격교육을 진화시킬 수 있다. 즉, 원격교육에서 공간적으로 분리되어 있는 사람들 간의 현존감을 높이는 방향으로 사용될 수 있다.

원격교육 이야기

원격교육에서 AR & VR 기술 활용하기

미래는 알 수 없지만 결국은 우리가 만들어가는 것이고 현재가 이어지는 것이다. 아래 사이트들은 증강현실(Augmented Reality: AR)과 가상현실(Virtual Reality: VR) 기술을 활용하여 어떠한 교수-학습 활동이 가능한지를 보여준다. VR이 사용자가 다른 공간에 있는 것처럼 느끼게 하는 기술이라면, AR은 현실세계와 가상세계를 실시간으로 혼합하여 사용자에게 보다 향상된 몰입감과 현실감을 제공하는 기술이다. 이들이 왜 미래 기술이라고 불리는지 관심 있는 사이트에 들어가서 일단 체험해 보자. 실제 교수-학습 설계 시 활용할 수 있는 아이디어가 떠오를 수도 있다. 응용해서 시도해 보는 것, 그것이 곧 미래를 만들어가는 것이다. 또한 아래 링크들*은 이 책의 제10장

'원격교육으로 실험 · 실습하기'에서 참고해도 좋다.

- Google Expedition(http://edu.google.com/expeditions): 실제 가보기 어려운 역사유적지, 자연환경, 우주 등의 AR 및 VR 콘텐츠 체험 지원
- Cospace Edu(http://cospaces.io/edu): 다양한 주제에 따라 가상공간을 직접 제작·공유 · 체험 지원
- 사이언스레벨업(http://sciencelevelup.kofac.re.kr): 한국과학창의재단이 운영하는 과학 콘텐츠 프로그램으로 AR 및 VR 활용 콘텐츠 지원
- 실감형 디지털 콘텐츠(http://st.edunet.net): 2015년 개정교육과정에 따른 초 5~6학년, 중학교 사회 및 과학 교과의 실감형 콘텐츠 268종 제공
- 온라인평생교육원(https://e-koreatech.step.or.kr/): 한국기술교육대학교 온라인 평생교육원에서 제공하는 가상훈련 콘텐츠로 비용 및 안전상의 문제가 고려되는 전기전자, 환경에너지안전, 건설, 화학, 기계 등과 관련된 30종 지원
- 인터렉티브 짐(http://www.play-lu.com): 참여자 동작 인식 및 반응, 가상체험

* 2020.12 기준

인공지능과 빅데이터

인공지능(Artificial Intelligence: AI) 기술은 제4차 산업혁명의 근간이 되는 기술로써 인간이 지닌 지적 능력의 일부 혹은 전체를 인공적으로 구현한 기술이다. AI는 기본적으로 빅데이터에 기반하여 작동하므로 사용자의 사용 패턴에 대한 다량의 정보를 필요로 한다. 원격교육에서는 학습자들이 학습관리시스템(LMS)에 접속한 후 클릭한 모든 정보를 저장할 수 있기 때문에 비교적 쉽게 학습 활동에 대한 빅데이터를 양산할 수 있다.

원격교육에서 빅데이터는 두 가지 측면에서 활용될 전망이다. 첫째, 수업설계의 측면이다. 빅데이터는 기관이 실시한 원격교육 가운데 어떤 수업이 가장 참여도가 높고 효과적인지를 알 수 있게 해 준다. 뿐만 아니라 어떤 방법으로 설계된 수업이 효과적인지도 알려줄 수 있어 향후 원격수업 설계에 도움을 줄 수 있다.

둘째, 빅데이터 분석은 학습자들의 학습 패턴 및 개별적 특성을 알려 줄 수 있

다. 학습자들이 가장 접속을 많이 하는 시간, 많이 본 페이지, 많이 틀리는 문제 등을 분석해 주기 때문에 개별 학생에게 맞는 수업 진도 및 수준을 설정하는 데 도움을 줄 수 있다. 이러한 빅데이터 분석 자료는 면대면 만남이 드문 원격교육에서 특히 중요한 자료가 될 수 있다. 왜냐하면 교수자는 이런 자료를 통해 학습자를 알아가고 학습자도 자신의 학습 기록을 통해 스스로 학습을 관리할 수 있기 때문이다. 인공지능과 빅데이터는 이런 기록과 분석을 용이하게 해준다는 점에서 원격 학습자의 요구를 파악하고 원격학습을 체계적으로 관리하는 데 도움을 줄 것이다.

통신기술

통신기술의 발달은 원격학습의 장소와 시간 제약을 더욱 완화시켜 줄 전망이다. 이는 더 작고 더 휴대가 간편한 디바이스를 통해 가능하다. 현재로써는 모바일, 즉 스마트폰의 진화가 이 속도를 앞당길 것으로 전망된다. 원격학습자의 편의성을 위해서 원격학습 콘텐츠와 학습관리시스템(LMS)은 모바일 친화적으로 개발되고 발전될 것이다. 특히 데이터 전송 속도와 비용의 문제가 해결된다면 동영상 강의는 더욱 활성화될 것이다. 한국에서는 이미 동영상 강의가 원격교육의 대표적인 방법이지만 다른 국가에서는 동영상 강의보다 상호작용을 강조하는 비동시적 토론 형태의 원격수업이 더 많이 사용되기도 한다. 이는 토론을 중시하는 사회, 문화적 요인과 느린 통신기술이나 비싼 데이터 사용요금과 같은 기술, 경제적 요인이 모두 영향을 미친 결과로 보인다. 아무튼 통신기술의 발전은 원격교육에의 접근성과 효과성을 모두 높이는 데 기여할 것이다.

2 사회적 요인

원격교육은 기술적 요인으로 발전하기도 했지만 그에 앞서 교육기회의 확대라는 사회적 요구에 의해 발전해 왔다. 미래의 원격교육도 마찬가지로 다양한 사회적 요인에 의해 영향을 받을 것이다.

비대면 소통의 일상화

2020년 초 시작된 COVID-19 사태는 비대면을 특수한 경우가 아니라 일상의 소통 수단으로 만드는 데 일조했다. 반드시 면대면 만남이 필요한 경우가 아니라면 대부분의 사람들이 안전을 이유로 비대면 접촉을 선택하는 상황이 도래한 것이다. 이 상황에는 교육도 포함된다. 일상적인 소통이나 만남, 심지어 명상, 요가, 운동 같은 취미활동까지 모두 비대면으로 배우고 공유하는 시대가 되었다. 따라서 매체로 중재된 소통에 대한 대중들의 거부감이 완화되고 원격교육에 참여할 가능성도 더 높아졌다고 할 수 있다.

학교교육의 보완 및 대체

원격교육은 정기적인 대면 출석이 어려울 경우에는 학교교육의 보완 및 대체재로 활용될 것이다. 이미 코로나 사태가 발발된 이후 2020년 3월까지, 전 세계 73개국의 학교가 휴교에 들어갔다. 그리고 대학뿐만 아니라 초·중·고등학교에서도 비대면 원격교육을 시도하게 만들었다. 한국의 경우는 이를 '초유의 사태'라고 보도하였지만, 해외에서는 자연재해나 전쟁 등 비상사태에 의한 휴교가 장기화될 때 온라인과 블렌디드 러닝(blended learning)을 시도해 온 역사가 있다. 예를 들어, 2002년 홍콩에서 발병한 호흡기 전염병 사스(SARS) 사태 때도 대부분의 학교가 휴교를 하였으나 온라인 시스템을 통해 학교가 학생, 부모, 교사 그리고 지역사회와 소통할 수 있었다. 2008년 스와인 플루(swine flu)라고 불리는 돼지독감 발병 시에는 홍콩 56만 명의 학생들이 모두 집에서 온라인 원격교육을 통해 학습을 계속할 수 있었다(Powell et al., 2011).

그림 6-1 초·중등 온라인 학습

또한 미국, 캐나다, 호주 등에서는 대부분의 학교들이 강추위, 폭설, 쓰나미 등 기후변화와 독감 바이러스에 의한 휴교 선언 조치에 대한 규정을 갖고 있다(Ash & Davis, 2009). 휴교의 주된 목적은 학생과 교직원의 안전을 위해서이다. 날씨와 도로 사정으로 여러 가지 사고가 발생할 수 있기 때문이다. 그리고 휴교가 장기화될 경우에는 대부분의 학군에서 비상 온라인 학교 계획에 의거해서 학생들을 지도한다(Rush, Patridge & Wheeler, 2016). 이스라엘에서는 남쪽 국경지대 미사일 공격에 대응하여 비상 이러닝 프로젝트가 2010년부터 시작되었고, 이후 이스라엘 교육부는 전쟁이나 다른 재난으로 인해 어려움을 겪는 학생들을 지원하기 위해 학교를 정비하고 있다. 미래에도 원격교육은 자연재해나 전염병, 사회적 문제로 인한 비상 시 학교교육의 보완 및 대체재로 활용될 것이다.

평생학습 시대의 도래

평균 수명이 증가하고 직장에서의 고용 길이가 짧아지면서 평생학습 시대가 도래한 점도 원격교육의 활성화를 부추길 전망이다. 빠르게 변하는 사회에 적응하고 자기계발과 이직 그리고 취미 생활 등을 위해 사람들은 정규 학교교육을 마친 이후에도 계속 교육을 받고 학습을 이어가고자 한다. 이런 경우 원격교육은 성인들이 직장과 가정을 동시에 지키면서 학습을 이어가기 위한 가장 현실적인 방법이 될 것이다. 참고로 미국 노동부의 통계에 따르면, 평균적인 직장인이 40세

전에 10가지 직업을 갖는다고 한다. 미래의 젊은 세대는 이보다 더 많은 직업을 가질 수도 있다. 이는 곧 직업 시장이 너무 빨리 변하므로 이에 대비하기 위한 교육 요구도 늘어난다는 것을 의미한다. 이런 요구에 부합하기 위해서는 교육의 공급이 유연하게 이루어져야 하는데 원격교육은 그 대안이 될 수 있는 것이다.

3 경제적 요인

경제 역시 원격교육의 미래에 영향을 미칠 중요한 요인이다. 교육 프로그램을 공급하는 측은 시장의 규모 때문에, 소비하는 측은 저렴한 비용이라는 경제적 요인으로 원격교육을 선택하게 되는 것이다.

온라인교육 시장의 활성화

온라인교육 시장은 꾸준히 그 규모가 커져 왔으며 COVID-19 사태 이후 그 성장 속도는 더욱 상승될 전망이다. 미국 소비자물가지수협회가 조사한 바에 따르면, 2019년에 비해 2024년에는 온라인교육 시장이 18% 상승하고 이는 2,470억 달러(한화로 약 247조 원)에 이른다고 한다.

그림 6 - 2 온라인교육시장의 확대

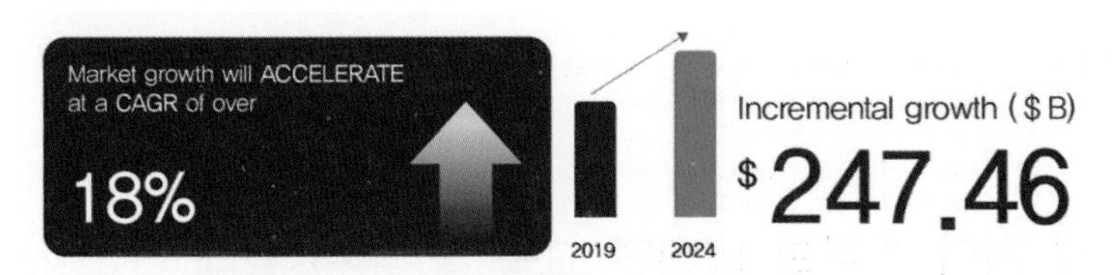

출처: Global Online Education Market Worth USD 247.46 billion by 2024 – APAC Anticipated to Provide the Highest Revenue Generating Opportunities | Technavio

국내도 마찬가지이다. 학교 밖에서 이루어지는 사교육 시장에서의 원격교육은 학습지, 실시간, 비실시간 온라인교육 등 다양한 콘텐츠의 형태로 증가할 것이다. 특히 입시나 취업 등 목표가 분명한 학습자들은 대면교육보다 시·공간적 제약이 비교적 적으면서 질 좋은 콘텐츠를 제공하는 원격교육을 선호하게 될 것이다. 일반적으로 시장이 커지면 가격 경쟁이 되어 소비자는 양질의 제품을 더 좋은 가격에 만날 수 있게 된다. 원격교육에서도 이 법칙이 성립되기 위해서는 학습자가 수많은 원격교육 프로그램 중 좋은 교육 프로그램을 선택할 수 있는 안목을 키워야 할 것이다.

대학의 경비절감 노력

대학은 온라인교육을 시행해 온 오랜 경험이 있는 기관이다. 대부분의 국내 대학에는 학습관리시스템(LMS)을 체계적으로 관리하는 부서와 내용 전문가 집단(교수)이 있고 교수-학습 활동을 지원하는 부서(예 교수-학습 지원센터)가 있다. 이런 인적, 물적 자원을 바탕으로 대학은 온라인교육을 더욱 효과적으로 제공하기 위해 노력할 것이다. 이런 노력의 이면에는 대학이 경비를 절감하고 이윤을 창출하려는 이유도 있다. 미국에서는 이미 오래 전부터 물리적 캠퍼스의 확장보다 온라인교육을 통해 전 세계 학습자 집단을 염두에 두고 코스를 개발하는 추세이다. 예를 들어, 펜실베니아 주립대학교의 월드 캠퍼스(https://www.worldcampus.psu.edu/)는 1998년부터 질 좋은 온라인 코스를 통해 전 세계의 학습자들이 접근할 수 있는 교육을 제공한다는 미션으로 석사학위를 비롯하여 다양한 자격증 과정을 개설하고 있다. 이와는 다른 형태이지만 MOOC(Massive Open Online Course)을 운영하는 대학이나 기관들도 캠퍼스 내의 학생과 외부의 잠재 학생을 모두 고려하여 더욱 다양한 형태로 온라인 교육을 제공할 것이다.

기업 및 기타 기관의 비대면 교육 및 훈련 확대

기업은 대학 못지않게 온라인 원격교육을 활발히 개발하고 활용해온 조직이다. 특히 해외에 지사를 두고 있는 글로벌 기업들은 전 세계에 흩어져 있는 직원들의 교육 훈련을 위해 온라인교육에 상당한 투자를 해왔다. 예를 들어, 모토로라

(Motorola)나 미국의 통신사 AT&T 같은 기업은 사내에 대학을 설립하여 직원들의 교육 훈련을 실시하고 있다. 이 밖에도 마이크로소프트, IBM, 아마존 같은 글로벌 기업들도 각 기업의 철학에 부합하는 직원 교육을 철저히 하는 편이며 전 세계에 분포해 있는 직원들을 위해 온라인교육을 실시하고 있다. 국내 기업들도 사내의 교육부서에서 직접 온라인교육을 개발하거나 외주를 통해 교육 콘텐츠를 확보하고 있다.

기업 외에도 군대, 종교기관, 평생교육 기관, NGO 등 다양한 기관들이 비대면 원격교육을 위해 교육체제를 정비할 것이다. 각 조직은 나름의 설립 목적과 문화를 지니고 있으므로 조직의 특성에 맞는 원격교육 체제를 구축하는 것이 필요하다. 원격교육의 성공을 위해서는 체계적인 기획과 사전 준비가 필수적이기 때문에 각 조직의 교육 담당자는 그 조직에 적합한 원격교육 체제 및 학습관리 시스템과 학습지원시스템 등을 설계해야 할 것이다.

4 미래 원격교육에서 중요한 쟁점들

위에서 살펴본 바와 같이 미래의 원격교육은 기술적, 사회적, 경제적 요인에 의해 영향을 받으며 더욱 활성화될 것이다. 그러나 원격교육의 실천이 더욱 확대된다는 것은 이전에 생각하지 못했던 문제들도 그만큼 수반된다는 사실을 기억해야 한다.

교육 접근에 있어서의 부익부 빈익빈 문제

이 책의 제1장에서부터 원격교육에서 가장 중요한 고려사항은 접근성(access)이라고 강조했다. 원격교육은 필연적으로 소통매체를 필요로 하고 이 소통매체의 원활한 사용을 위해서는 기술적 인프라와 컴퓨터나 모바일 등의 디바이스를 갖추기 위한 비용이 수반된다. 문제는 학습자마다 이 비용을 지불할 능력이 다르다는 것이다. 이런 문제로 인해 '언제, 어디서나' 학습할 수 있다는 문구가 '누구에

게나 그런 것은 아니다'라는 반향을 불러오는 것이다.

특히 전염병이나 비상사태로 인한 장기 휴교 시 원격수업이 진행될 때 이런 문제는 더 크게 부각된다. 접근성 문제를 해결하기 위해 비상 온라인교육 체제를 사전에 준비해온 학교들은 모든 학생에게 학교가 보유한 노트북을 제공하기도 한다. 예를 들어, 아이오와(Iowa) 주의 400개 센트럴 시티 커뮤니티 스쿨에서는 5학년에서 12학년까지의 모든 학생들이 노트북을 가지고 있다. 또한 캐나다의 몬트리올에서 80마일 떨어진 이스턴 학군에서도 독감으로 인한 휴교 시 3학년부터는 매일 집에 가져갈 수 있는 휴대용 컴퓨터를 제공한다(Ash & Davis, 2009). 원격교육에 있어서의 부익부 빈익빈 문제는 많은 경우 기술적 접근성에 기인한다. 따라서 공교육에서 비상 휴교로 인한 원격수업이 요구되는 경우에는 이 문제에 대비하는 사전 조치가 있어야 할 것이다.

학습자 관리의 문제

학습자 관리는 원격교육의 성패를 좌우하는 중요한 요인이다. 만약 원격교육을 동영상 강의를 촬영하여 이러닝 형태로 전달하는 것으로 단순하게 이해한다면, 이는 실패로 가는 지름길이다. 성공적인 원격교육을 위해서는 학습자들이 그 내용을 어떻게 학습하는지 모니터링하고, 소통하고, 관리하는 전략이 있어야 한다. 이는 보통 학습관리시스템(LMS)을 통해 이루어지지만 이런 시스템이 체계적으로 구축되어 있지 않은 경우라면 학습자들이 일상적으로 사용하는 SNS나 기타 소통 매체를 통해서라도 학습 과정을 관리할 필요가 있다. 최근에는 학습자와 기업, 학교 등 기관의 특성에 따라 선택할 수 있는 원격교육용 플랫폼이 상당히 많이 개발되어 있다. 자체적인 LMS가 구축되어 있지 않은 기관은 이런 상용화된 플랫폼을 활용해서 학습자를 관리하는 방안도 고려해 봄직하다. 중요한 것은 기술이 아니라 학습의 지속과 성공을 도와주려는 기관의 노력이다.

사회적 학습기회 부족의 문제

사회적 학습(social learning)이란 사람으로부터 배우는 것을 말한다. 예를 들어, 기업에서는 대략 70:20:10의 법칙에 따라 직원들이 자신의 업무 기술을 향상시킨다고 한다. 즉, 사람들은 70% 정도는 직무와 관련된 경험으로부터 배우고, 20%는 다른 사람과의 상호작용을 통해서 배우고, 10% 정도는 공식적인 교육 기회를 통해 배운다는 것이다(Arets, Jennings & Heijnen, 2016). 이 70:20:10 모델이 말해 주는 것은 기업교육의 경우, 사람들은 공식적인 교육보다 다른 사람과의 상호작용을 통해 배우는 비율이 크다는 것이다. 학교교육에서도 또래와의 상호작용을 통해 배우는 부분이 상당하다. 따라서 원격교육을 기획할 때는 콘텐츠 제작에만 관심을 가질 것이 아니라 학습자들 간의 상호작용을 촉진할 수 있는 전략을 마련하는 것이 좋다. 비록 대면은 아니더라도 다양한 커뮤니티 활동을 통해 사회적 학습 기회의 부족을 보완할 수 있다.

데이터 사용의 윤리적 문제

디지털 매체로 중재되는 원격교육은 그 특성상 모든 교수–학습 활동이 데이터화되어 기록될 수 있다. 디지털화된 기록은 주로 학습관리시스템(LMS)에 남고 이 기록이 누적되면 빅데이터가 된다. 이 빅데이터를 분석하여 학습자들의 학습 패턴과 문제점을 파악하여 학습에 도움을 줄 수도 있다. 이것이 학습분석학(learning analytics)의 주된 목적이다. 하지만 어떤 데이터를, 어느 정도 이용할 수 있는지, 그리고 이 결정을 누가 할 것인지에 관해서는 아직 명확하게 답하기가 힘들다. 이는 원격교육뿐만 아니라 빅데이터를 이용하는 AI 기술의 활용에 공통적으로 해당되는 윤리적 문제이기도 하다.

☆참고문헌

- Arets, J., Jennings, C. & Heijnen, V. (2016). 70:20:10 into action, Retrieved from file:///C:/Users/olive/AppData/Local/Microsoft/Windows/INetCache/IE/LR54R22X/Primer-702010-into-action.pdf
- Ash, K. & Davis, M. R. (2009). E-Learning's potential scrutinized in flu crisis. *Education Week*, 28(31), 1-13.
- Powell, A. et al. (2011). *Online and Blended Learning: A Survey of Policy and Practice from K-12 Schools Around the World*, iNACOL, Retrieved from https://aurora-institute.org/resource/online-and-blended-learning-a-survey-of-policy-and-practice-from-k-12-schools-around-the-world/
- Rush, C., Patridge, A. & Wheeler, J. (2016). Implementing emergency online schools on the fly as a means of responding to school closures after disaster strikes, *Journal of Educational Technology Systems*, 45(2), 188-201.

제2부

원격교육 실천하기

7장 원격교육 플랫폼 선정하기

1 원격교육 플랫폼의 이해

- 플랫폼의 의미와 중요성
- 원격교육 플랫폼의 종류
  - 콘텐츠 공유 플랫폼
  - 학습관리시스템
    - 교수자 지원 기능
    - 학습자 지원 기능
    - 관리자 지원 기능
  - 커뮤니티 플랫폼
  - 실시간 화상 플랫폼

2 원격교육 플랫폼 선정 전략

- 플랫폼 선정 시 고려사항
  - 환경적 지원 사항을 확인한다
  - 원하는 기능을 명확히 정의한다
  - 플랫폼을 단순화한다
  - 참여자들에게 플랫폼에 대한 정보를 명확하게 안내한다
  - 플랫폼 선정 이후에도 필요에 따라 수정이나 변경을 고려할 수 있다
- 수업운영에 따른 플랫폼 선정 전략
  - 수업운영 단계에 따라 필요한 기능 분석
  - 필요한 기능을 제공하는 플랫폼 선정
  - 원격수업 운영 결과 정리

3 원격교육 플랫폼의 주요 쟁점

- 인공지능과 머신러닝 기술의 교육적 활용
- 적응형 학습의 실현

CHAPTER

07 원격교육 플랫폼 선정하기

원격교육에서 플랫폼은 교수자와 학습자가 교수-학습 활동을 하는 공간을 말한다. 이 장에서는 원격교육 콘텐츠를 생산·공유하고 교수-학습 활동의 전 과정을 운영·관리하며 교수자와 학습자를 지원하는 기술매체인 플랫폼에 대해 살펴보고, 선정 전략 및 주요 쟁점을 확인하고자 한다.

1 원격교육 플랫폼의 이해

플랫폼의 의미와 중요성

플랫폼(platform)을 단어 그대로 해석하면 plat(구획된 땅)과 form(형태)의 합성어로 '구획된 땅의 형태'이다. 즉, 땅에 경계를 쳐서 어떠한 형태를 만든 것으로 해석할 수 있으며 이는 곧 '공간'을 의미한다(신동희, 2014). 물건을 파는 공급자와 물건을 사는 수요자가 만나는 시장도 일종의 플랫폼이라고 할 수 있다. 플랫폼은 물리적인 공간을 지칭해온 개념이지만, 디지털 기술을 만나게 되면서 그 범위와 속도, 편의성, 효율성 그리고 효과성의 면에서 무한정으로 확대되고 있다(Geoffrey et al., 2016).

예를 들어, 객실 하나 없으면서 세계에서 가장 규모가 큰 호텔 체인과 맞먹는 기업 가치를 지닌 에어비앤비는 대표적인 플랫폼 기업이라고 할 수 있다. 실제로 소유한 차 한 대 없이 전 세계적인 택시 사업을 운영하고 있는 우버도 플랫폼 서비스이다. 미국 미디어그룹 블룸버그에서 발표한 2020년 세계기업 가치 순위를 보더라도 애플이나 마이크로소프트, 아마존, 페이스북 등 플랫폼을 가지고 있는 기업의 가치가 높다는 것을 확인할 수 있다. 이는 현대사회에서 플랫폼의 영향력이 거대하다는 것을 보여준다.

그림 7-1 글로벌 플랫폼 기업

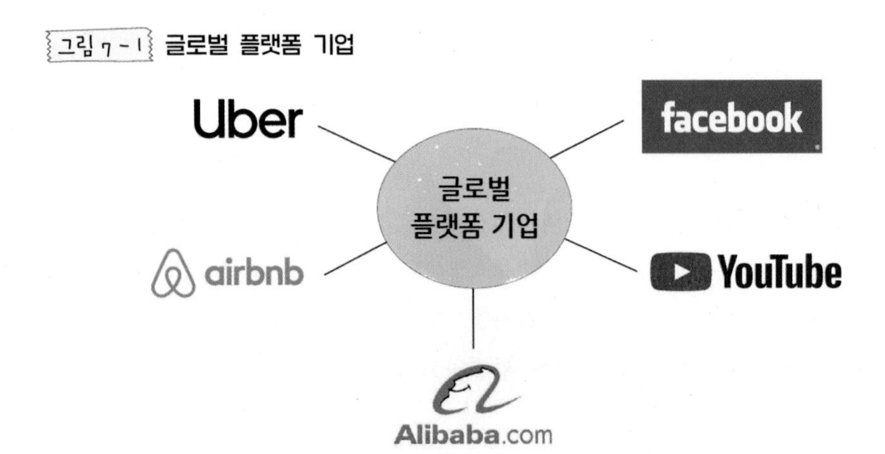

플랫폼은 산업 분야뿐만 아니라 교육에도 큰 변화를 가져 왔다. 소수의 엘리트 집단만이 받을 수 있었던 명문대학의 강의를 이제 MOOC(Massive Open Online Course: 대형 온라인 공개강좌)나 OER(Open Educational Resourcess: 공개교육자료) 플랫폼을 통해 누구나 수강할 수 있고 학점이나 학위 취득도 가능해졌다. 가장 혁신적인 대학의 형태로 대표되는 미네르바 스쿨은 캠퍼스 없이 가상의 플랫폼만으로 학교가 운영되고 있다. 원격교육에서도 플랫폼은 중요한 요소 중 하나이다. 교수자와 학습자가 물리적으로 분리된 상황에서 플랫폼 없이는 어떠한 교수-학습 활동도 일어날 수 없기 때문이다. 따라서, 원격교육 플랫폼은 원격교육 콘텐츠가 생산, 공유되고 교수-학습 활동의 전 과정이 운영되고 관리되는 공간이라고 할 수 있다.

원격교육 플랫폼의 종류

원격교육 플랫폼은 크게 콘텐츠 공유 플랫폼, 학습관리시스템, 커뮤니티 플랫폼, 실시간 화상 플랫폼으로 나눌 수 있다.

콘텐츠 공유 플랫폼

원격수업을 운영하기 위해서 교수자는 직접 콘텐츠를 제작할 수도 있지만, 필요에 따라서는 기존에 개발된 콘텐츠를 활용하거나 재구성하여 효율성을 확보할 수 있다. 콘텐츠 공유 플랫폼은 OER 플랫폼이라고도 하며, 교육 동영상, 교안, 참고자료 등 다양한 형태의 교육 콘텐츠가 공유되는 공간이다. 대표적인 콘텐츠 공유 플랫폼으로는 세계에서 가장 많은 동영상이 유통되고 서비스되는 유튜브, 국내대학 강의를 수집하여 서비스하는 KOCW(Korea Open CourseWare), 한국형 MOOC 서비스인 K-MOOC 등이 있다. K-MOOC의 경우, 단순히 콘텐츠를 제공하는 것뿐만 아니라 강의 신청과 수강, 시험 응시 및 과제 제출 등의 교수-학습 활동을 지원하는 기능을 포함하고 있다.

학습관리시스템

학습관리시스템(Learning Management System: LMS)은 교수-학습 활동이 직접적으로 이루어지는 온라인 강의실과 같은 공간이다. LMS의 기능은 지원 대상, 수행활동, 학습 패턴이나 학습 수준 등 분류기준이나 기술 특성에 따라 다양하게 논의될 수 있다. <표 7-1>은 지원 대상에 따른 LMS의 주요 기능을 제시하고 있다(박종선, 2013).

표 7-1 지원 대상별 LMS 주요 기능

영역	주요 기능
교수자 지원	• 과목개설 및 관리 기능: 강의계획서, 공지사항, 강의목록 • 학습관리 및 평가 기능: 학생 관리, 출석 관리, 진도 관리, 학습참여 관리, 과제 관리, 시험 관리, 1:1 상담 • 성적관리 기능: 학업성취도 종합 평가 및 성적 산출 기능 • 커뮤니티 및 네트워크 관리 기능: 학습자료실, 토론방, 프로젝트방, 설문, 메일, 쪽지, 채팅, 커뮤니티, 블로그 등 • 콘텐츠 개발 및 관리 기능 • 기타 기능: 강의평가 결과 조회, 조교 관리, 개인정보 관리 등
학습자 지원	• 학습 기능: 강의수강, 강의계획서, 공지사항, 출석관리, 학습관리, 성적확인 • 시험 기능: 시험응시, 퀴즈응시, 오답노트, 부정행위 방지 등 • 과제 기능: 과제제출, 확인, 첨삭지도 • 커뮤니티 및 네트워크 기능: 학습자료실, 토론방, 프로젝트방, 설문, 메일, 쪽지, 채팅, 커뮤니티, 블로그 등 • 기타 기능: 개인정보 관리, 학사지원기능 등
관리자 지원	• 교수자 지원, 학습자 지원 영역 전체 관리 기능 • 강의실 관리 기능 • 교육과정 관리 기능: 과정 정보 관리, 콘텐츠 및 교재 등록 • 학습운영 및 수강 관리 기능: 학습정보 관리, 수강진행 관리, 권한 관리 등 • 운영자 지원 기능: 사용자 관리, 콘텐츠 관리, 커뮤니티 관리, 상담 관리, 학사 관리, 각종 통계 관리, 모니터링 기능

출처: 박종선(2013: 52).

교수자 지원 기능

교수자가 원격교육 과정을 원활하게 진행할 수 있도록 과목의 개설, 학습관리 및 평가, 성적 처리 및 관리, 토론이나 질의응답과 같은 커뮤니티 및 네트워크 관리, 학습자 관리기능 등을 제공한다. 콘텐츠를 제작하고 관리할 수 있는 저작도구(authoring tool)나 동영상 콘텐츠를 관리할 수 있는 학습콘텐츠관리시스템(Learning Contents Management System: LCMS) 등이 포함되는 경우도 있다. 최근에는 학습자들의 시험 응시 결과를 자동으로 채점해주는 기능, 과제의 유사성 및 표절 검사 기능 등 교수자의 과정 운영을 보다 용이하게 해주는 기능도 제공되고 있다.

학습자 지원 기능

학습자가 원격수업을 수강하는 과정을 지원하는 것으로 강의신청과 등록, 콘텐츠 수강, 시험 응시, 과제, 토론 등 학습과정 참여, 커뮤니티 참여, 개인정보 관리 등으로 구성된다. 대학 원격수업의 경우 학점 인정을 위하여 본인인증 절차나 시험 부정행위 방지 기능 등이 LMS에 포함되기도 한다.

관리자 지원 기능

전반적인 원격수업 운영에 필요한 관리기능으로 구성된다. 학생 및 교수, 조교에 대한 정보 관리, 과목별 학생 관리, 과목정보 관리, 학습현황 분석 및 각종 통계처리 및 출력, 과목이수 정보 관리 등을 수행할 수 있는 기능이 있으며 학사관리 기능을 지원하기도 한다.

그림 7-2 LMS 기능 구성도 예시

커뮤니티 플랫폼

교수자와 학습자, 학습자와 학습자 간 상호작용을 위해 활용할 수 있는 커뮤니티도 원격교육 플랫폼의 한 종류라고 할 수 있다. 소규모 팀을 구성하여 협업 과제를 수행하는 문제기반 학습이나 프로젝트 학습 등에 활용하는 대표적인 플랫폼으로는 MS 팀즈, 클래스팅, 네이버 밴드, 카카오톡 등이 있다. 각 플랫폼마다 장·단점이 있기 때문에 수업 운영 형태에 따라 적합한 플랫폼을 선정하는 것이 좋다.

표 7-2 대표적인 커뮤니티 플랫폼과 장·단점

플랫폼명	특징	장점	단점
MS 팀즈	MS 오피스365를 활용하여 협업 과제 수행 가능	협업과제 수행에 용이함	단체 아이디 생성이 불가능해 개별 가입 필요
클래스팅	의사소통 커뮤니티	학생, 학부모와의 소통에 최적화됨	일부 콘텐츠가 유료로 제공됨
네이버 밴드	의사소통 커뮤니티	게시판 기능과 라이브방송 가능	단체 아이디 생성이 불가능해 개별 가입 필요
카카오톡 단톡방	채팅 형태로 즉각적인 의사소통이 가능	신속한 정보전달이 가능	게시판 기능이 미흡함

출처: 박상훈 외(2020: 17).

실시간 화상 플랫폼

원격수업은 학습자료를 매개로 비동시적으로 이루어지기도 하지만 최근에는 실시간으로 이루어지는 경우가 많아졌다. 실시간 화상 플랫폼은 교수자와 학습자가 동시에 플랫폼에 접속하여 출석을 확인하거나 실시간으로 강의 내용을 전달할 때 그리고 학습자의 주제 발표나 토론 등의 교수–학습 활동에서 사용될 수 있다.

표 7-3 대표적인 실시간 화상 플랫폼과 장·단점

구분	특징	장점	단점
줌 (ZOOM)	가장 대중적으로 사용됨	링크만으로 쉽게 접속이 가능함 실시간 화상회의에 최적화된 기능 제공	프로젝트 기반과 같은 협업 과제 해결 관련 기능이 부족
MS 팀즈	MS 오피스365 프로그램과 연계	협업과제 해결을 위한 공유 문서 작성 등이 가능함	화상화면이 최대 4명까지만 노출됨
네이버밴드 라이브방송	게시판 기능에 라이브 방송을 추가할 수 있음	간단하게 영상을 송출할 수 있음	교수자 외 학습자는 음성 기능이 지원되지 않음
카카오 라이브톡	가장 심플하고 즉각적인 소통 창구	실시간으로 소통하기에 최적화되어 있으며 대중적으로 사용되는 프로그램으로 친숙함	음성을 통한 대화가 어렵고 게시글 기능이 약함
구루미	64분할 화면의 화상회의 플랫폼	최대 1000명까지 수용이 가능함	유료 서비스로 접근성이 낮음

출처: 박상훈 외(2020: 17).

2 원격교육 플랫폼 선정 전략

플랫폼 선정 시 고려사항

원격교육에 적합한 플랫폼을 선정하는 것은 아주 중요하면서도 어려운 사안이다. 일단 다음 사항들을 고려해 보자.

환경적 지원 사항을 확인한다

교수자와 학습자가 활용 가능한 하드웨어와 네트워크 환경 조사가 필요하다. 사전에 환경적 지원 사항을 파악하지 않으면 원격수업이 시작된 이후에 학생들이 환경적 제약으로 인해 수업에 참여하지 못하는 등의 혼란스러운 상황이 발생할 수 있다. 학습자가 주로 사용하는 기기가 PC인지 모바일인지를 확인하고, 원활한 네트워크 환경이 구축되었는지도 확인해야 한다. 학습자들이 주로 모바일을 활용한다면 PC에 최적화된 플랫폼보다는 모바일에서도 원활히 구동되는 플랫폼을 선택할 필요가 있다. 만약 네트워크 환경이 원활하지 않는 것으로 파악되면 동영상 자료보다는 전송이 용이한 적은 용량의 학습 자료를 활용해야 할 것이다.

원하는 기능을 명확히 정의한다

원격 교수-학습 활동의 운영에 있어 필요한 기능을 명확하게 정의할 필요가 있다. 교과목과 교수-학습 활동의 특성에 따라 필요한 기능을 파악한 후에 그 기능을 제공하는 플랫폼들의 장·단점을 비교하여 선정의 근거로 활용할 수 있기 때문이다. 효과적인 수업 운영을 위해서는 하나의 플랫폼이 아닌 여러 개의 플랫폼을 선택할 수도 있다.

플랫폼을 단순화한다

플랫폼별로 제공하는 기능이 한정적이기 때문에 학습 효과를 높이기 위해서는 다양한 플랫폼을 사용할 수 있다. 그러나 지나치게 다양한 플랫폼을 사용할 경우, 교수자의 입장에서는 학습 과정에 대한 관리가 어렵고 학습자는 수업에 참여하기가 복잡하다고 느낄 수 있다. 필요한 기능을 가장 많이 제공하는 플랫폼을 중심으로 플랫폼을 단순화시키는 것이 필요하다.

참여자들에게 플랫폼에 대한 정보를 명확하게 안내한다

플랫폼을 선정한 이후에는 학습자와 학부모 등에게 접속 정보를 명확하게 안내하여 혼란을 최소화해야 한다. 실시간으로 원격수업을 진행하는 경우, 접속 과정이 혼란스럽게 되면 시작이 지연되고 원활한 수업이 어려울 수 있다. 따라서 커뮤니티 플랫폼을 활용하여 정확하고 쉽게 플랫폼에 접속할 수 있도록 사전 안내를 하는 것이 좋다. 초등학교 저학년의 경우에는 혼자서 원격수업에 참여하는 것이 어려울 수 있기 때문에 학부모에게도 플랫폼에 대한 정확한 공지가 필요하다.

플랫폼 선정 이후에도 필요에 따라 수정이나 변경을 고려할 수 있다

철저한 사전준비에도 불구하고 실제 교수-학습 활동을 진행하다 보면 다양한 문제점이 발생할 수 있다. 기술 매체의 특성상 예측하지 못한 상황이 생기기 마련이다. 매 수업을 진행한 이후에는 수업 운영결과를 평가하고 참여자들의 의견을 수렴하여 보다 적합한 플랫폼을 다시 검토하고 적용하는 유연한 자세도 필요하다.

수업운영에 따른 플랫폼 선정 전략

모든 기능을 통합적으로 제공해주는 플랫폼이 가장 이상적이지만 현실적으로 모든 교수-학습 활동을 지원하는 플랫폼을 찾기는 쉽지 않다. 따라서 플랫폼을 선정할 때는 수업운영 단계별로 필요한 기능을 파악해야 한다. 다음은 원격수업 운영 단계에 따라 필요한 기능을 도출하는 과정의 예시이다.

수업 운영 단계에 따라 필요한 기능 분석

교수-학습 활동을 설계한 결과를 바탕으로 교육과정 운영의 단계를 세분화하고 각 단계별로 필요한 기능을 도출한다. 예를 들어, 수업의 안내 단계에서는 공지 게시, 출석체크, 학습자와의 간단한 질의·응답 기능이 필요하다. 그리고 본 학습에서는 학습 내용의 전달을 위해 동영상 강의 콘텐츠의 탑재나 실시간 화상 강의 기능이 필요할 수 있다.

표 7-4 교수-학습 과정 운영 단계별 기능 도출 예시

단계		필요한 기능
수업 안내	→	공지, 출석체크, 질의응답
사전 학습	→	퀴즈, 내용 전달
본 학습	→	내용 전달, 실시간 화상강의
과제	→	과제 부여 및 결과 확인
피드백	→	질의응답
학습 정리	→	내용 전달
형성 평가	→	퀴즈
다음 차시 예고	→	공지

출처: 부산광역시교육청(2020: 78) 재구성.

필요한 기능을 제공하는 플랫폼 선정

수업운영의 전 과정에 필요한 기능을 파악한 후 적절한 플랫폼을 선정한다. 앞서 제시된 것처럼 플랫폼별 장·단점을 비교하여 최선의 플랫폼을 선택한다. 예를 들어, 즉각적인 공지나 출석체크가 필요한 경우에는 커뮤니티 플랫폼 중 접근성이 좋고 기능이 간편한 카카오톡 단체방을 활용할 수 있다. 그리고 실시간 화상강의는 가장 대중적이면서 많은 인원을 수용할 수 있는 ZOOM 플랫폼을, 학습관리시스템이 필요한 수업의 전반적인 관리는 다양한 학습관리시스템 기능을 제공하는 구글 클래스룸과 같은 플랫폼을 선택할 수 있다.

표 7-5 필요 기능별 플랫폼 선정 예시

단계		필요한 기능		플랫폼
수업 안내	→	공지, 출석체크, 질의응답	→	카카오톡
사전 학습	→	퀴즈, 내용 전달	→	구글 클래스룸
본 학습	→	내용 전달, 실시간 화상강의	→	ZOOM
과제	→	과제 부여 및 결과 확인	→	구글 클래스룸
피드백	→	질의응답	→	구글 클래스룸
학습 정리	→	내용 전달	→	구글 클래스룸
형성 평가	→	퀴즈	→	구글 클래스룸
다음 차시 예고	→	공지	→	카카오톡

출처: 부산광역시교육청(2020: 78) 재구성.

원격수업 운영 결과 정리

여러 플랫폼에서 이루어진 교수-학습 활동의 결과를 정리하여 학습 이력을 관리하고 향후 계획 수립에 참고할 수 있는 자료로 활용한다.

3 원격교육 플랫폼의 주요 쟁점

기술의 발달과 함께 원격교육 플랫폼도 계속 진화하고 있다. 예컨대 교육과정 관리를 포함하여 학습자의 학습 실행, 과제 수행, 토론 참여, 평가 응시 등의 프로세스 전반을 포괄적으로 지원하는 학습관리시스템에는 교수-학습 활동과 관련된 방대한 양의 데이터가 축적되고(Lucas et al., 2014) 이 데이터는 빅데이터, 인공지능, 머신러닝 등의 새로운 기술과 접목되어 학습자 개인별 맞춤형 학습, 나아가 완전학습이 가능하도록 지원할 것으로 기대된다.

인공지능과 머신러닝 기술의 교육적 활용

인공지능(Artificial Intelligence: AI)과 머신러닝(Machine Learning: ML) 기술은 4차 산업혁명 시대의 가장 중요한 기술로 대변된다. 인공지능이란 인간이 지니고 있는 인지 능력을 기계가 수행할 수 있도록 하려는 시도이며, 머신러닝은 입력된 프로그래밍 없이 반복적인 과정을 통해 기계가 스스로 배우는 능력을 습득하는 방법이다(EDUCAUSE, 2020). 인공지능과 머신러닝 기술은 데이터의 투입을 통해 분석 결과가 도출되는 방식이기 때문에 보다 정교화된 결과를 얻기 위해서는 방대한 양의 데이터가 필요하다.

원격교육 플랫폼은 교수-학습 활동과 관련된 수많은 정형데이터와 비정형 데이터가 축적되기 때문에 인공지능과 머신러닝 기술을 적용하기에 적합한 시스템이라고 할 수 있다. 원격교육 플랫폼에서 인공지능과 머신러닝은 주로 개별 학습자에게 맞춤형 피드백을 제공하거나 개인화 학습을 관리하는 형태로 운영된다. 또한 STT(Speak to Text)와 같이 음성을 문자 자막으로 자동 생성하거나 자동 번역 지원을 통해 학습 자료의 보편성을 높이기도 한다. 대표적으로, 아마존의 알렉사(Alexa)는 음성인식을 기반으로 작동되는 스피커 형태로, 수집된 데이터를 기반으로 개인 비서처럼 사용자를 지원한다.

적응적 학습의 실현

적응적 학습(Adaptive Learning)이란 개별 학습자의 성취 수준에 따라 맞춤형 교육과정을 제공하여 학습자가 학습내용을 완전히 습득하게 하는 것을 목표로 한다. 실제 교실수업에서는 교수자 한 명이 여러 명의 학습자와 수업을 진행하기 때문에 학생 개인 수준별 교육과정을 설계하는 것이 거의 불가능하다. 그러나 학습분석 기술이 탑재된 원격교육 플랫폼에서는 학습자별 맞춤형 교육과정 제공이 어렵지 않게 되었다. 학습분석(Learning Analytics)은 학습자의 학습 활동을 데이터로 수집하고 분석하여 학습자별 데이터를 만들고 이를 통해 교육의 효과성과 효율성을 높이는 기술이다(Agudo Peregrina, et al., 2014).

학습관리시스템에서의 데이터 분석은 학습자의 학습 활동에 대한 로그데이터로 이루어진다. 학습자의 로그데이터는 학습자의 접속 정보뿐만 아니라 학습 콘텐츠 수강, 토론 참여, 퀴즈 응시 결과, 과제 제출 내용 등 학습 활동별로 투자한 시간과 학습 방법 등의 모든 데이터를 보여준다. 학습분석 플랫폼은 이렇게 도출된 데이터를 기반으로 개별 학습자에게 필요한 수준의 학습 자료를 적시에 제공할 수 있다. 그리고 학습자는 이를 통해 자신의 학습 수준과 속도, 성취 수준에 맞는 개별적인 학습을 할 수 있게 되는데, 이를 적응적 학습이라고 한다(윤승원 외, 2017). 적응적 학습은 고도화된 기술기반 환경 지원을 전제로 마치 일대일 수업과 같이 학습자의 학습 활동을 면밀히 파악하고 즉각적인 피드백을 제공하는 개인 맞춤형 학습 혹은 개인화 학습(Personalized Learning)이라고도 할 수 있다(이선희, 2019).

그림 7-3 학습분석 기술 기반 적응형 학습 지원 과정

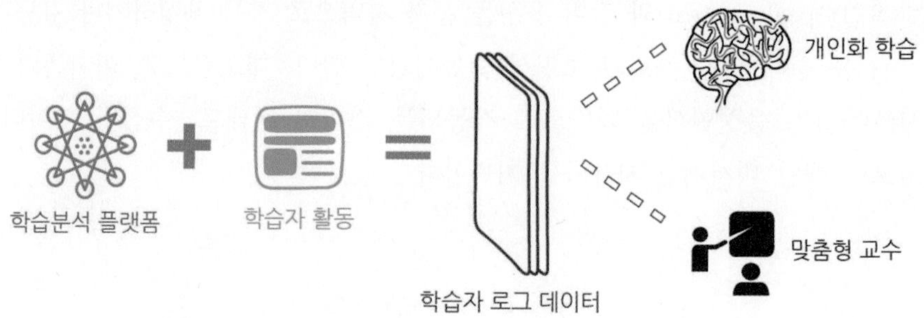

밴쿠버의 브리티시 콜롬비아 대학에서는 학습분석을 바탕으로 하는 알케미 학습 플랫폼(Alchemy Learning Platform)을 통해 학습자들에게 즉각적이고 구체적인 피드백을 제공하고 있다. 콜롬비아 대학의 온라인 수업은 대규모이지만 알케미 학습 플랫폼을 통해서 학습자들은 개인화되고 유연한 교육과정 학습이 가능하게 된 것이다(EDUCASE, 2020). 이처럼 원격교육 플랫폼은 전통적인 교실 수업에서 이루어지기 힘들었던 이상적인 학습 모델을 실현할 수 있으며 미래 기술과 함께 발전하기 때문에 그 변화 가능성이 무한하다고 할 수 있다.

☆참고문헌

- 박상훈, 김은협, 김태우, 유미경, 양선환(2020). **원격교육 수업 실행 방안**. 2020 KERIS 이슈리포트. 연구자료 RM 2020-11.
- 부산광역시교육청(2020). **콕! 찍어서 살펴보는 온라인 수업 백서**. 고양: 어가.
- 박종선(2013). **스마트이러닝**. 파주: 교문사.
- 이선희(2019). 개인화 학습 지원을 위한 공개교육자원(OER) 활용. 교수설계원리 개발연구. 서울대학교 대학원 박사학위논문.
- 손경아, 김동식(2003). 학습 객체기반의 자원기반학습관리시스템 프로토타입 개발. **교육공학연구**, 19(4), 107-138.
- 신동희(2014). **인간과 컴퓨터의 어울림**. 서울: 커뮤니케이션북스.
- 윤승원, 김동호, 김나리, 천종필(2017). **교육과 학습에서 빅데이터**. 서울: 커뮤니케이션북스.

- Agudo Peregrina, A. F., Iglesias-Pradas, S., Conde-Gonzàlez, M. Á., & Hernández-García, Á.(2014). Can we prodict success from log data in VLEs? Classification of interactions for learning analytics and their relation with performance in VLE-supported F2F and online learning. *Computers in Human Behavior,* 31, 542-550.
- Parker, G. G., Van Alstyne, M. W., & Choudary, S.P.(2016). *Platform Revolution.* New York: W. W. Norton & Company. 이현경(역, 2017). **플랫폼 레볼루션**. 서울: 부키.
- EDUCAUSE(2020). *2020 EDUCAUSE Horizon Report - Teaching and Learning Edition.*
- Lucas, M., Gunawardena, C., & Moreira, A.(2014). Assessing social construction of knowledge online: A critique of the interaction analysis model. *Computer in Human Behavior*, 30, 574-582.

8장 원격교육 교수설계하기

1 원격교육 교수설계의 이해

- 교수설계의 의미
- 원격교육 교수설계의 특징
  - 원격교육은 사전계획에의 의존성이 크다
  - 원격교육은 기술 매체에 대한 의존도가 높다
  - 원격교육은 방해요소가 간섭할 여지가 크다
  - 원격교육을 준비하기 위해서는 협업이 필요하다

2 원격교육 교수설계 이론과 모형

- 교수체제설계 이론
- 무어와 키어슬리의 체제모형
- ADDIE 모형

3 유형별 원격교육 교수설계

- 강의형 원격수업을 위한 교수설계
- 상호작용형 원격수업을 위한 교수설계
  - 학습자 - 교수자 상호작용
  - 학습자 - 학습자 상호작용
  - 학습자 - 학습내용 상호작용
- 초·중등 원격교육 교수설계
  - 콘텐츠 활용 중심 수업
  - 과제 수행 중심 수업
  - 실시간 쌍방향 수업

CHAPTER

08 원격교육 교수설계하기

원격교육으로 잘 가르치기 위해서는 그에 적합한 교수설계가 필요하다. 이 장에서는 원격교육 교수설계의 특징과 관련 모형들 그리고 수업 유형별 교수설계 시 고려해야 할 사항들에 대해 살펴본다. 또한 현재 초·중등 원격교육 교수설계에서 가장 많이 활용되고 있는 세 가지 유형의 수업 진행 방법을 제시한다.

1 원격교육 교수설계의 이해

교수설계의 의미

교수설계란 학습목표를 달성하기 위하여 교육의 내용을 조직하여 전달하고 평가하는 일련의 과정을 계획하는 것이다(조은순 외, 2018). 교수 활동은 학습목표 달성이라는 의도적이고 목표지향적인 활동이며, 교수설계는 이 활동을 효과적이고 효율적으로 달성할 수 있도록 준비하는 과정이라고 할 수 있다(Merrill, 2013). 특히, 원격교육은 교수자와 학습자가 공간적으로 분리되어 매체를 통해 중재되기 때문에 사전에 세심하게 계획된 교수설계가 더욱 중요한 의미를 지닌다.

원격교육 교수설계의 특징

원격교육을 위한 교수설계의 특징은 다음과 같다.

원격교육은 사전계획에의 의존성이 크다

원격교육은 교실수업에 비해 교수자가 학습자의 학습 활동과 결과를 바로 확인하는 데 어려움이 있기 때문에 교수자의 개입이 제한적일 수 있다. 따라서 원격수업은 교수설계 단계부터 모든 과정에 걸쳐 철저하고 세심한 계획이 필요하며 예측 가능한 문제점에 대한 대응 방안을 사전에 마련해야 한다. 교육 진행 일정, 교육의 수준과 내용, 과제와 평가 방법 등이 수업이 시작되기 전에 미리 계획될 필요가 있다. 또한 예상치 못한 문제가 발생한 경우에는 교수자를 비롯한 원격수업 운영 참여자의 협력을 통해 순발력 있게 대처할 수 있는 체제를 구축해야 수업이 원활하게 진행될 수 있다(조은순 외, 2018).

원격교육은 기술 매체에 대한 의존도가 높다

교실수업에서도 ICT를 활용한 수업이 이루어지기는 하지만 원격수업은 수업 자료(콘텐츠)의 제작 및 전달, 과제 부여 및 채점, 시험 제출 및 성적 부여, 교수자와 학습자 간의 의사소통 등 전반적인 교수-학습과정이 매체를 통해 이루어진다. 그런데 교수자와 학습자가 매체 사용에 익숙하지 않거나 매체 사용에서 기술적 문제가 발생한다면 원격수업이 원활하게 이루어질 수 없다. 따라서 교수설계 과정에서 기술 매체 전문가와 함께 수업 내용의 효과적인 전달을 위한 매체 선정 및 매체 사용 방법 등에 관한 교육을 사전에 계획해야 한다.

원격교육은 방해요소가 간섭할 여지가 크다

학습자가 수업 중에 교수자와 직접 대면하고 있지 않기 때문에 수업 집중력이 대면 교육에 비해 현저히 떨어질 수 있다. 실제로 학습에 대한 동기가 높다고 판단되는 고등학교 3학년 학생들과 성인들도 온라인 원격수업을 수강하면서 다양한 종류의 "딴짓"을 하는 것으로 나타났다(김수연, 신나민, 2019). 여기에 기술적인 측면에서의 문제점과 학습자 자율성이 떨어지는 심리적 요인까지 더해지면 효과적인 원격학습이 힘들어진다. 따라서 원격수업의 성공을 위해서는 학습자의 환경에 대한 이해와 함께 매체의 특성에 따른 방해요소를 최소화할 수 있도록 체계적이고 세심한 교수설계가 필요하다.

원격교육을 준비하기 위해서는 협업이 필요하다

대부분의 경우 교실수업은 수업의 준비, 운영, 평가, 성적 처리 등의 모든 과정을 교수자 혼자 직접 수행한다. 그러나 원격수업은 교수자와 교수설계자가 다른 경우가 많고, 행정 처리는 학사 담당자가 하는 등 여러 전문가들의 협업이 필요하다(신나민, 2007). 원활한 협업을 위해서는 전체 일정에 대한 계획, 진행 상황에 대한 공유와 피드백을 주고받을 수 있는 체제가 필요하다. 교수설계는 이러한 협업 체제가 만들어 낸 최종 결과물이라고 할 수 있다.

2 원격교육 교수설계 이론과 모형

교수설계 이론과 모형은 효과적인 학습과 교육을 위한 다양한 지식들을 체계적으로 종합하여 수업을 계획하는 데 활용할 수 있는 형태의 지식이다(임철일, 2012). 다양한 이론과 모형 중 여기서는 현재까지 가장 많이 활용되는 교수체제설계(ISD) 이론과 이를 기반으로 원격교육 분야에서 효과적인 원격교육과정을 개발하고 실행하는 데 관련된 요소들을 제시한다. 또한 이들 요소 간의 상호 연관성을 보여준 무어와 키어슬리의 체제적 모형과 체제적 접근의 근간이 되는 ADDIE 모형을 살펴보고자 한다.

교수체제설계 이론

교수체제설계(Instructional Systems Design: ISD) 이론은 효과적인 교수설계를 위하여 교수–학습과 관련된 다양한 요소들을 체제적으로 고려해야 한다는 교육공학의 대표적인 이론이다(Dick, Carey & Carey, 2009). 체제(system)적 접근은 모든 교수과정을 융통적으로 고려하며, 각 구성요소 간의 통합적 상호연계성을 강조한다. 따라서 교수-학습을 이루고 있는 요소들, 예컨대 교수자, 학습자, 학습내용, 학습자료, 학습운영시스템, 학습지원사항 등이 모두 고려되어야 한다(Dick, Carey & Carey, 2009). 교수체제설계 관점에서 교수설계는 교수자를 포함한 원격교육 관계자 간의 협조와 공동 노력으로 이루어진다. 그리고 가능한 모든 요소를 종합적으로 고려함으로써 단계의 순차적 진행보다는 필요에 따른 동시적 진행 그리고 평가를 통해 모든 단계에서 수정이 가능한 순환적 구조로 이루어진다.

무어와 키어슬리의 체제모형

무어와 키어슬리(Moore & Kearsley)의 체제 모형(systems model)은 효과적인 원격교육과정을 개발하고 실행하는 데 연관된 다섯 가지의 주요 요소로 자원, 설계, 전달, 상호작용, 학습환경을 제시한다. 그리고 이러한 요소들 간의 연결성과 상호연관성을 강조하며 교수설계의 모든 과정에서 평가와 환류가 이루어져야 함을 보여준다(Moore & Kearsley, 1996).

그림 8-1 무어와 키어슬리의 체제 모형

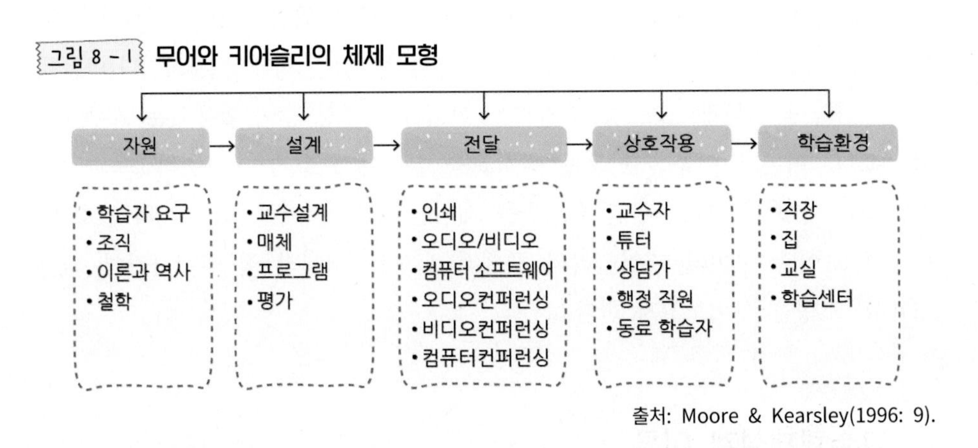

출처: Moore & Kearsley(1996: 9).

ADDIE 모형

ADDIE 모형은 체제적 교수설계의 과정을 다섯 단계로 구분하여 제시한다. 이러한 단계는 분석(Analysis), 설계(Design), 개발(Development), 실행(Implementation), 평가(Evaluation)로 구분되고 각 단계의 앞 글자를 따서 약어로 ADDIE라고 부른다. 각 단계의 실행 목적과 구체적인 실행 내용은 [그림 8-2]에서 확인할 수 있다.

그림 8-2 ADDIE 모형

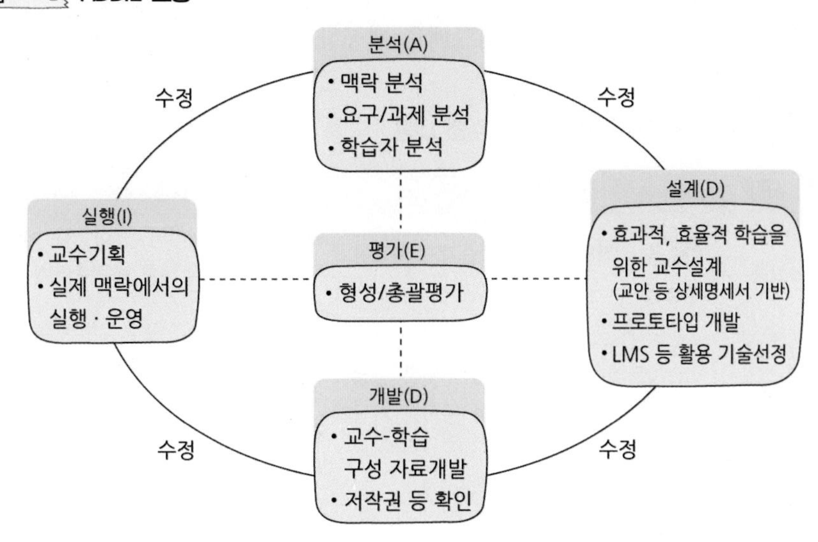

출처: Branch & Stefaniak(2019).

3 유형별 원격교육 교수설계

강의형 원격수업을 위한 교수설계

강의형 교수설계 전략으로는 가네(Gagné)의 9단계 수업 사태(events of instruction)가 대표적이다. 가네는 수업 목표를 성취하기 위하여 수업 진행 사태(혹은 단계)별로 교수자가 수행해야 하는 내용을 <표 8-1>과 같이 제시했다(Gagné, 1985).

가네가 제시하는 모형은 교수자가 해야 할 구체적인 행동이 명시되어 있어 수업에 적용하기 용이하다. <표 8-2>는 원격교육 교수설계에서 가네의 이론을 적용한 예시이다. 원격수업에서 가네의 모형을 효과적으로 적용하기 위해서는 다양한 형태의 콘텐츠를 통해 강의 내용을 전달하고, 학습자가 자신의 경험과 학습내용을 연결 지을 수 있는 사례, 혹은 애니메이션 등을 통해 실제 상황에서의 적용 예시 등을 보여주는 것이 좋다. 또한 학습자의 학습 활동에 대한 지속적인 피드백을 주는 것도 중요한데 이를 위해서는 퀴즈 정·오답에 대한 피드백 자료를 미리 준비하여 단계적으로 제공하는 방법과 학습 활동을 실시간 혹은 비실시간으로 확인하고 교수자가 직접 피드백을 제공하는 방법을 함께 활용할 수 있다.

표 8-1 가네의 9가지 수업 사태별 수행 내용

수업 사태	개념	수행 내용
주의집중	학습을 시작하기 위해 학습자가 자극을 수용할 수 있도록 준비시키는 단계	교수자는 목소리의 변화, 손 흔들기 등 학습자의 주의를 집중시키는 행동을 해야 한다.
수업목표 공지	학습자들이 수업의 결과로 무엇을 달성할 수 있는지를 제시하여 동기를 자극하는 단계	교수자는 수업이 끝난 뒤 학습자가 가질 수 있는 능력과 성과를 구체적으로 제시하여 학습자의 기대감을 형성해야 한다.
선수학습의 회상	학습자들이 새로운 정보의 습득을 위하여 이전의 지식과 구별하여 선택적으로 지각하는 단계	교수자는 학습자의 기존 경험과 지식을 회상하거나 연계할 수 있도록 강조하여 학습자가 선택적 지각 정보를 인지할 수 있도록 해야 한다.
자극 제시하기	학습자가 학습내용을 적극적으로 학습할 수 있도록 내용을 유의미하게 조직하는 단계	교수자는 학습자가 이미 알고 있는 내용과 연결하거나 익숙한 단어와 그림을 연계하여 수업 내용을 제시해야 한다.
학습 안내	학습자가 학습할 과제에 필요한 요소들을 통합할 수 있도록 안내하는 단계	교수자는 학습자가 새로운 학습 내용을 오랫동안 기억할 수 있도록 복습이나 연습을 할 수 있게 구체적으로 안내해야 한다.
수행 유도하기	학습자가 학습요소를 실제로 실행하는 단계	교수자는 학습자가 새로운 학습내용을 잘 습득하였는지 확인하기 위하여 구체적인 수행과제를 제시해야 한다.

수업 사태	개념	수행 내용
피드백 제공	학습자의 수행 결과에 대한 피드백을 제공하는 단계	교수자는 학습자가 수행결과에 따라 학습목표를 달성했는지를 구체적으로 알려주고 학습자가 수행 내용을 수정할 수 있도록 안내해야 한다.
수행 평가	학습자가 다음 단계의 학습을 할 수 있는 준비가 되었는지를 평가하는 단계	교수자는 수업 목표를 학습자가 성취했는지를 파악하기 위하여 지필평가, 수행평가, 형성평가 등 학습의 과정과 결과를 평가해야 한다.
파지와 학습의 전이 증진	학습자가 다음 단계의 학습이나 새로운 상황에서 일반화될 수 있도록 지식의 파지 범위와 경험을 제공하는 단계	교수자는 학습자가 학습내용을 새로운 상황에 적용할 수 있도록 지식의 일반화 경험을 제공해야 한다.

표 8-2 원격수업에서 가네의 수업사태 이론 적용 예시

수업의 사태	원격수업에의 적용
주의집중	구체적인 사례나 동영상 애니메이션을 통해 학습자의 주의를 환기
수업목표 공지	음성, 애니메이션 등의 멀티미디어 효과를 이용하여 학습 목표를 학습자가 인지할 수 있도록 명확하게 제시
선수학습의 회상	선수학습내용과 본 학습내용을 연결할 수 있는 조직도나 개념도 제시 선수학습에 관한 간단한 퀴즈를 플래시 방식으로 제공
자극 제시하기	사례 자료, 동영상 자료 등 학습내용과 연결된 자료 제시를 통해 학습자가 자신의 경험을 떠올릴 수 있도록 유도
학습 안내	텍스트와 음성을 통해 학습 내용에 대한 안내 제시 네비게이션 기능을 통해 학습 현황을 파악할 수 있도록 제공
수행 유도하기	학습내용과 학습자 간 상호작용을 촉진할 수 있도록 클릭을 유도하는 활동이나, 간단한 과제 수행 등을 제공
피드백 제공	퀴즈 정·오답에 대한 피드백 자료를 사전에 준비하여 자동으로 제공 혹은 교수자가 실시간/비실시간으로 피드백 제공
수행 평가	과제, 퀴즈, 시험 등을 통한 평가 실시
파지와 학습의 전이 증진	학습내용을 적용할 수 있는 과제 제시 학습내용을 실제 상황에 적용한 사례 제시

상호작용형 원격수업을 위한 교수설계

원격교육에서 상호작용은 학습자의 학습 참여도와 태도에 영향을 미치는 결정적인 요소이며 학습자의 학업 성취 수준을 확인할 수 있는 중요한 수단이 된다(Moore & Kearsley, 2012). 또한 원격교육에서 상호작용 활동은 적절한 피드백을 주고 받을 수 있게 하므로 학습 효과를 증진시킬 수 있다. 원격수업에서 상호작용이 가져 오는 학습 효과는 다음과 같다(Kathleen, 2005).

- 일반적인 독학과 차별되는 적극적인 학습이 이루어지도록 한다.
- 학습자 스스로 지식을 구성하고 적용할 수 있는 기회를 제공한다.
- 학습자 간 커뮤니티 형성을 통한 학습공동체를 구성한다.
- 학습자에게 적극적인 피드백을 제공한다.
- 학습자의 학습 욕구를 자극하고 동기를 유발한다.
- 사회적 경험을 증진시킨다.

학습자 - 교수자 상호작용

학습자와 교수자 사이의 상호작용은 대부분의 원격학습자가 가장 중요하게 생각하는 상호작용이다. 따라서 학습자가 교수자로부터 거리감을 느끼지 않도록 하는 전략이 필요하다. 이 상호작용은 학습내용에 대한 질의응답, 과제 제시 및 피드백, 공지사항, 학습에 대한 조력 활동, 상담 등으로 나타날 수 있다.

- 학습관리시스템의 기능(공지사항, 게시판, 질의응답, 메시지 등)을 적절하게 활용한다.
- 절차와 방법을 정확하게 안내하여 학습자의 학습을 도와준다.
- 학습 진행상황에 따라 적시(timely) 피드백을 제공한다.
- 실시간 화상 플랫폼이나 소셜네트워크 등 다양한 소통채널을 활용한다.

학습자 - 학습자 상호작용

학습자 간의 상호작용은 사회적인 의사소통부터 학습과제 해결을 위한 협업 등 다양한 형태로 나타난다. 상황에 따라 메신저, 게시판, 토론방, 상호평가 등을 통한 비동시적인 상호작용과 채팅을 활용한 동시적인 상호작용 전략을 적절히 구성할 필요가 있다. 또한 교수자는 적절한 개입을 통하여 학습자 사이의 상호작용을 증진시키거나 중재할 수 있다.

- 학습자 간 상호작용이 활성화 될 수 있는 교수-학습 활동을 설계한다(토론, 팀 프로젝트, 소그룹 활동 등).
- 아이스브레이킹(ice breaking) 활동 등 학습자들이 서로에 대해 알아갈 수 있는 기회를 제공한다.
- 참여도를 평가에 일부 반영하여 적극적인 참여를 유도한다.
- 구글 클라우드 문서 등 학습자 간 상호작용을 촉진하는 도구를 활용한다.

학습자 - 학습내용 상호작용

학습자는 학습내용과의 상호작용을 통해 학습내용을 습득하고 자신의 것으로 내면화하게 된다. 다른 모든 학습에서와 마찬가지로 이 학습자와 학습내용 간의 상호작용은 원격학습자의 성취도에 직접적인 영향을 미친다. 학습자와 학습내용 간 상호작용은 학습내용의 선정과 구조화, 학습 자료 제공을 통해 촉진될 수 있으며, 학습자가 학습내용을 접하는 인터페이스 요소에 영향을 받을 수도 있다(조미헌 외, 2020).

- 학습자의 동기를 유발할 수 있는 흥미로운 자료를 제시한다.
- 학습자의 실제 경험과 연관 지을 수 있는 내용과 문제를 다룬다.
- 간단한 퀴즈, 클릭을 유도하는 디자인 요소 등을 적절하게 활용한다.
- 강의의 질, 디자인, 음성·영상의 질 등 수업 콘텐츠 자체의 품질을 향상시킨다.

초·중등 원격교육 교수설계

2020년 COVID-19로 실행된 초·중등 원격교육은 크게 콘텐츠 활용 중심 수업, 과제 수행 중심 수업, 실시간 쌍방향 수업으로 구분해 볼 수 있다(한국교육학술정보원, 2020). 각 유형별 교수설계의 예를 살펴보자.

콘텐츠 활용 중심 수업

교수자가 다양한 형태의 학습 자료를 제공하고, 학습자가 이를 통해 학습을 수행한 뒤 간단한 형성평가를 통해 학업 성취를 측정하는 방식으로 진행된다. 교수자는 학습 자료를 직접 제작하여 제공할 수도 있고, 기존에 만들어진 자료를 활용할 수도 있다. 콘텐츠 활용 중심 수업은 개념 전달이 주가 되는 교과목에 적합한 방식이라고 할 수 있으며, 적은 시간 동안 많은 양의 정보를 줄 수 있다. 다만, 교수자의 콘텐츠 제작에 따른 부담이 클 수 있다.

그림 8 - 3 콘텐츠 활용 중심 수업 진행 방법

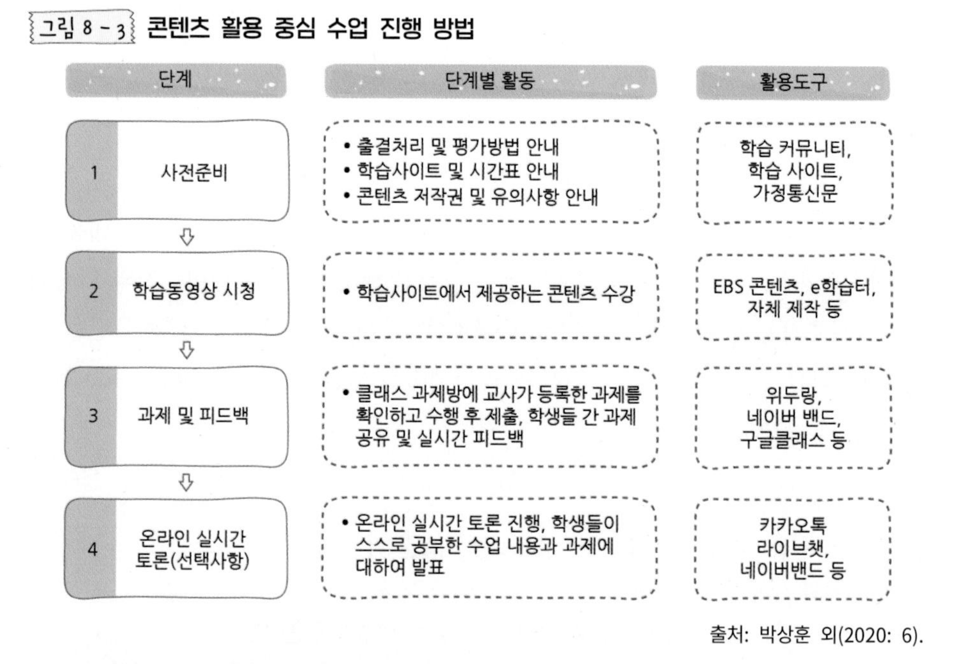

출처: 박상훈 외(2020: 6).

과제 수행 중심 수업

과제 수행 중심 수업은 교수자가 학습 목표와 주제에 맞는 과제를 제시하면 학습자가 과제를 수행하고, 이에 대해 교수자가 피드백 하는 형태로 수업이 진행된다. 과제를 학생 스스로 수행해야 하기 때문에 학생이 적극적으로 학습에 참여해야 하는 유형이라고 할 수 있다. 따라서 비교적 자율성이 높은 학습자를 대상으로 할 때 더욱 좋은 학습 효과를 가져 올 수 있다. 그리고 학습자의 과제 수행 결과에 대해 교수자 혹은 다른 학습자의 적극적이고 세심한 피드백이 제공될 때

학습은 더욱 촉진된다. 다만 학생 수에 따라 채점, 피드백 등에 소요되는 교수자의 시간 부담이 커진다는 단점이 있다.

그림 8－4 **과제 수행 중심 수업 진행 방법**

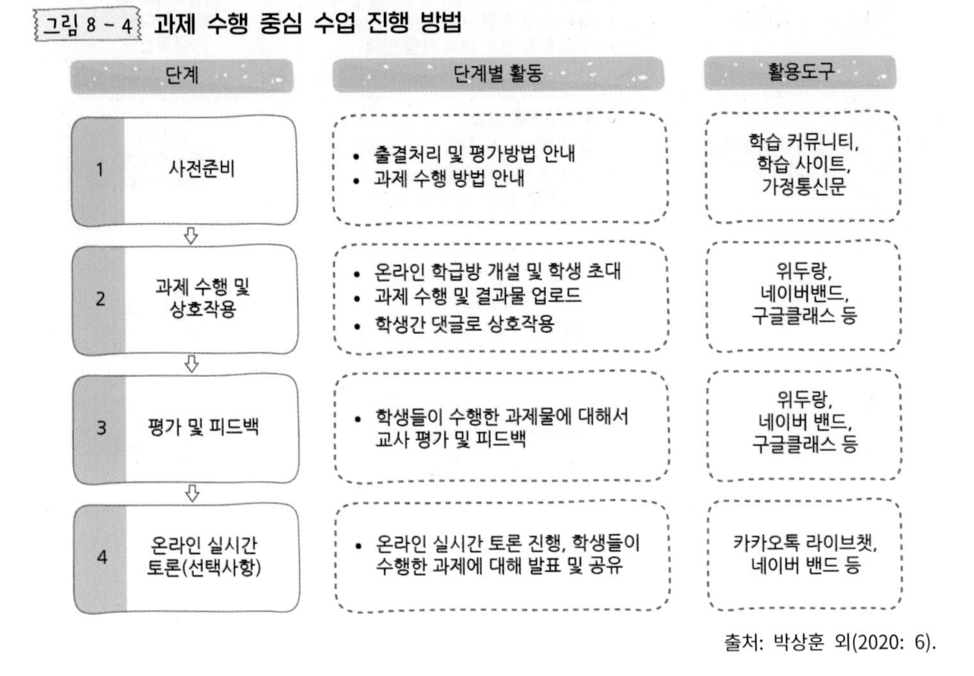

출처: 박상훈 외(2020: 6).

실시간 쌍방향 수업

실시간 쌍방향 수업은 화상회의 플랫폼 등을 활용하여 실시간으로 교수자와 학습자가 소통하는 수업방법이다. 실시간으로 수업을 진행하기 때문에 교수자와 학습자 간의 친밀감이 높아질 수 있고, 교수자가 학습자의 학습 과정에 대한 적절한 피드백을 즉각적으로 제공할 수 있다는 강점이 있다. 이 수업은 대면수업과 가장 비슷한 방식이지만, 효과적으로 진행하기 위해서는 교수자와 학습자가 실시간 화상 플랫폼에 대한 정확한 사용법을 사전에 확인하고 연습해보는 과정이 필요하다. 플랫폼 활용에 미숙한 경우 수업이 원활하게 운영되지 못할 가능성이 높고 이로 인하여 목표하는 학습 결과를 달성하기 어려울 수 있기 때문이다.

그림 8-5 실시간 쌍방향 수업 진행 방법

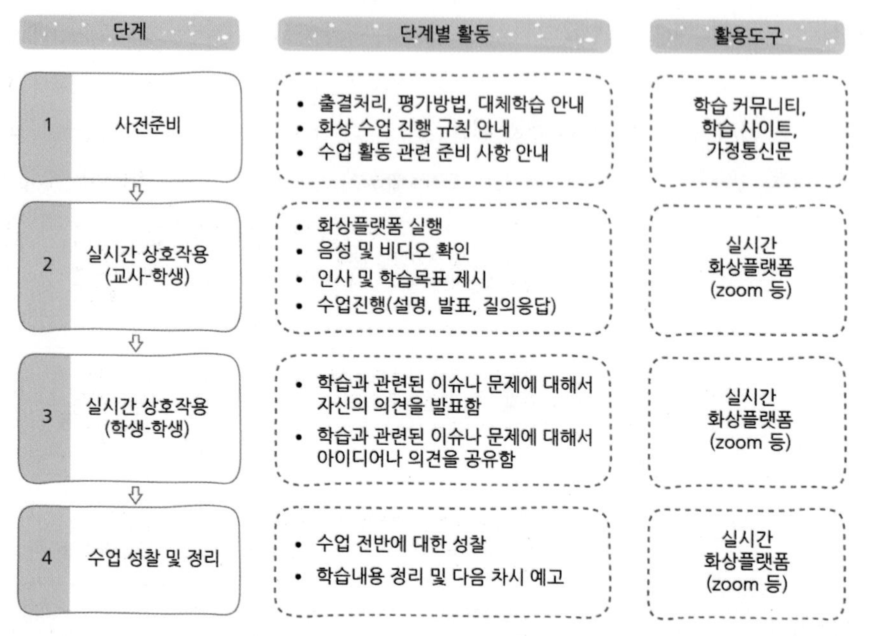

출처: 박상훈 외(2020: 5).

☆참고문헌

- 김수연, 신나민(2019). 동영상 강의 중 딴짓과 몰입의 세대 간 비교. **교육정보미디어연구**. 25(2). 273-298.
- 박상훈, 김은협, 김태우, 유미경, 양선환(2020). **원격교육 수업 실행 방안**. 한국교육학술정보원 연구보고서, RM 2020-11.
- 신나민(2007). **원격교육입문**. 고양: 서현사.
- 임철일(2012). **교수설계 이론과 모형**. 파주: 교육과학사.
- 조미헌, 김민경, 김미량, 이옥화, 허의옥(2020). **e-Learning 컨텐츠 설계**. 파주: 교육과학사.
- 조은순, 염명숙, 김현진(2018). **원격교육론**. 파주: 양서원.
- 한국교육학술정보원(2020). **원격교육 수업 실행 방안**. KERIS 이슈리포트. 연구자료 RM 2020-11.

- Branch, R. M. & Stefaniak, J. E.(2019). Instructional design theory. In Jung, I.(Eds.) *Open and distance education theory revisited*. Singapore, Springer.
- Gagné, R. M. (1985). *The conditions of learning and theory of instruction* (4th ed.). NY: Holt, Rinehart & Winston.
- Kathleen M. I. (2003). *E-Learning Games: Interactive Learning Strategies for Digital Delivery: Interactive Learning Strategies for Digital Delivery*. Prentice Hall. 심미자 역(2006). e-러닝 게임 디지털 학습을 위한 상호작용 전략. 서울: 아카데미프레스.
- Merrill, M. D. (2013). *First Principles of Instruction: Identifying and Designing Effective, Efficient and Engaging Instruction*. NJ: Pfeiffer.
- Moore, M. G., & Kearsley, G. (1996). *Distance education A systems view. Belmont*, CA Thomson Wadsworth.
- Walter D., Lou, C. & James, C. O, (2009). *The systematic Design of Instruction (7th Edition)*. Pearson education.

9장 원격교육 콘텐츠 개발하기

CHAPTER

09 원격교육 콘텐츠 개발하기

이 장에서는 원격교육 콘텐츠 개발에 관하여 포괄적으로 다룬다. 원격교육에서 콘텐츠 개발은 주로 전문가들로 구성된 팀 접근으로 이루어지나 최근에는 교수자 1인 접근의 개발 방식도 많이 시도되고 있다. 후자의 경우, 실질적인 도움이 될 수 있도록 구체적인 예시를 중심으로 제시하였다. 실습을 하면서 따라해 본다면 더 효과적인 학습이 될 것이다. 마지막으로 원격 교육용 콘텐츠 제작에서 유의해야 할 저작권 문제에 대해 살펴본다.

1 원격교육 콘텐츠의 이해

원격교육 콘텐츠의 의미

원격교육 콘텐츠는 협의의 의미와 광의의 의미로 정의할 수 있다. 먼저 협의의 의미에서 원격교육 콘텐츠는 원격교육을 위한 학습자료를 말하며, 학습목표를 달성하기 위하여 제공되는 텍스트나 이미지, 오디오, 비디오, 애니메이션 등의 다양한 멀티미디어 형태로 구성된 결합체라고 할 수 있다(김희배 외, 2005). 광의의 의미에서의 원격교육 콘텐츠는 학습목표 달성을 위한 제반 학습활동을 포함하여 내용 요소뿐만 학습을 운영하는 방법과 원격교육을 서비스하는 모든 구성요소를 포함한다(장은정 외, 2010).

원격교육 콘텐츠의 유형

원격교육 콘텐츠는 크게 교수–학습 방법과 개발 매체의 특성에 따라 분류될 수 있다.

교수-학습 방법에 따른 콘텐츠 유형

교수–학습 방법에 따른 콘텐츠 유형 및 그 특징은 <표 9–1>과 같이 정리할 수 있다.

표 9-1 교수–학습 방법에 따른 콘텐츠 유형

유형	특징
개인교수형	동영상, 음성자료 등을 통한 교수자 중심의 설명식 수업 유형 • 가장 전통적이고 많이 활용되는 유형 • 교수자가 주요 역할을 하고 학습자는 강의를 듣는 역할을 함
자율학습형	화면에 제시된 글, 그림, 애니메이션 자료 등을 중심으로 학습자가 혼자서 하는 학습 유형 • 주어진 정보와 자료들을 혼자서 학습한 후 제공된 문제풀기 등을 통해 학습 목표를 자기주도적으로 달성함
게임형	게임의 주요 요소인 흥미, 도전감, 달성 목표, 성취요소, 경쟁 등을 활용하여 설계된 수업 유형 • 학습자의 동기 및 흥미 유발에 효과적임
시뮬레이션형	실제와 유사한 상황을 경험하고 연습할 수 있는 시뮬레이션으로 설계된 수업 유형 • 실험·실습이 필요한 이과계열, 모의 상황에서의 판례나 상황 경험이 필요한 법·사회·경제 계열 수업에서 활용함
탐구· 조사학습형	특정 주제에 대해 정보 수집 및 탐구를 수행하는 수업 유형 • 탐구할 문제나 주제에 대하여 탐구계획 수립, 가설 설정, 자료 수집, 가설 검증의 과정으로 학습함
토론학습형	게시판이나 채팅을 통해 학생들 간 토론으로 진행되는 수업 유형 • 학습자–학습자, 학습자–교수자 상호작용이 중심 • 정보나 아이디어, 의견 교환을 통해 주제를 학습함
프로젝트 학습형 문제중심 학습형	문제나 과제를 함께 해결하는 방식의 수업 유형 • 교수자에 의해 제시되거나 학습자가 스스로 설정한 문제 상황에 대해 소그룹이 함께 해결하는 과정으로 설계 • 자료수집, 그룹토론, 문제해결, 보고서 작성 등으로 구성

유형	특징
문제풀이 학습형	문제풀이 및 반복 훈련을 중심으로 하는 수업 유형 • 자격증 과정이나 반복 연습이 필요한 수업에 적용 • 진단평가 후 학습자별 수준에 맞는 문제를 반복적으로 풀고 교수자의 피드백을 받음
전문가 - 학습자 상호작용 중심 학습형	질의응답이나 대담 등 학습자와 전문가의 상호작용을 중심으로 하는 수업 유형 • 프로젝트 기반 학습, 논문작성 수업, 실습 중심 수업 등 전문가의 조언이나 협력이 필요한 수업에서 활용 • 실시간 및 비실시간 방법을 모두 활용할 수 있음
동료교수형	학습자와 학습자 간 가르치고 배우는 방식의 수업 유형 • 학습자끼리 서로 가르치고 배우는 역할을 수행 • 기본 개념이 아닌 심화학습에서 활용할 때 효과적임
가상체험형	직접적인 경험이 필요한 상황에 대해 가상으로 체험할 수 있도록 설계된 수업 유형 • 기술 매체를 활용하여 실제 상황을 가상으로 경험할 수 있도록 구성

출처: 숭실사이버대학교(2013: 37-38).

개발 매체 특성에 따른 콘텐츠 유형

원격학습 콘텐츠는 개발에 사용되는 매체의 특성에 따라 <표 9-2>와 같이 구분할 수 있다.

표 9-2 개발 매체 특성에 따른 콘텐츠 유형

유형	특징
VOD (Video On Demand)	• 가장 많이 활용되는 콘텐츠 유형으로, 개인교수형 수업 방식에서 학습내용을 전달할 목적으로 진행되는 동영상 강의 콘텐츠 • 동영상 강의는 주로 상반신 크로마키, 칠판, 가상스튜디오 등을 활용하여 개발함
AOD (Audio On Demand)	• 학습자료 제시와 교수자의 음성을 통해 진행되는 수업 방식 • 학습내용 전달에 효과적임
WBI (Web-Based Instruction)	• 학습자가 자기주도적으로 학습할 수 있도록 학습내용을 음성, 텍스트, 이미지를 통해 제시하는 방법 • 치밀한 교수설계를 통해 효과적인 수업이 가능하도록 하는 것이 필수적임
저작도구 (Authoring Tool)	• 패키지로 제공되는 저작도구를 활용하여 강의자료와 교수자의 영상, 음성을 통해 수업하는 유형 • 조작이 간편하고 콘텐츠 개발이 용이함
플래쉬 (Flash)	• 플래시 애니메이션을 통해 역동적인 상호작용을 제공 • 다양한 화면구성과 내용제시 기법을 통해 학습내용을 효과적으로 전달할 수 있음

출처: 박종선(2013: 17).

2 팀 접근의 원격교육 콘텐츠 개발

일반적으로 원격교육 콘텐츠는 팀 단위로 구성되어 개발된다. 효과적인 원격교육 콘텐츠 개발을 위해서는 학습내용에 대한 내용전문가, 교수-학습 활동을 디자인하는 교수설계자, 비디오 및 오디오 촬영 전문가, 그래픽 디자이너, 웹 프로그래머 등 다양한 영역의 전문가가 필요하기 때문이다.

원격교육 콘텐츠 개발을 위한 팀 구성

<표 9-3>은 팀 접근 원격교육 콘텐츠 개발 시 각 전문가의 역할과 수행 내용을 보여준다.

표 9-3 **원격교육 콘텐츠 개발 역할별 수행 내용**

역할	수행 내용
내용전문가 SME: Subject Matter Expert	개발에서의 역할 • 수업계획 수립 • 콘텐츠 개발에 필요한 수업 자원(원고, 보조자료 등) 제공 • 교수설계자와 협력하여 스토리보드 작성 • 교수설계자, 시스템 엔지니어와 협력하여 강의 촬영 • 콘텐츠 검수 및 피드백 제공 운영에서의 역할 • 강의 목표의 효과적인 달성을 위한 강의 구성 • 학습자의 학습 진도율 관리 및 동기 부여
교수설계자 ID: Instructional Designer	• 교수자가 제공한 수업 자료를 분석하여 학습 흐름도 작성 • 학습 흐름도에 따른 교수-학습 설계 • 스토리보드 개발 • 스토리보드에 따라 콘텐츠 촬영 및 제작이 이루어질 수 있도록 시스템 엔지니어와 협력 • 콘텐츠 검수
콘텐츠 개발자 CD: Contents Developer	• 스토리보드에 기반하여 콘텐츠 멀티미디어 요소 개발 • 그래픽 디자인, 영상 디자인 등
시스템 엔지니어 SE: System Engineer	• 강의의 촬영과 녹음 • 강의 영상 편집 • 학습관리시시스템에 콘텐츠 탑재

내용전문가

내용전문가는 학습내용에 대한 전문성을 가지고 학습목표와 학습환경, 학습자의 특성에 맞는 학습내용을 구성하고 조직화하여 수업을 위한 자료를 만들고 강의를 직접 수행하는 등의 역할을 한다. 아울러 전체 원격교육 콘텐츠 개발 과정에서 내용의 정확성과 타당성 검토와 검증을 주도한다(조미헌 외, 2020).

교수설계자

교수설계자는 원격수업을 기획하고 콘텐츠 개발의 전 과정의 설계와 관리를 담당한다. 내용전문가가 제공한 학습 자료를 바탕으로 활용 가능한 자원을 분석하고 목표 달성을 위한 최적의 교수-학습 활동을 설계하는 것이 주된 역할이라고 할 수 있다.

콘텐츠 개발자

콘텐츠 개발자는 내용전문가가 제공한 학습 자료와 교수설계자가 작성한 스토리보드를 기반으로 실제 콘텐츠를 구현하는 역할을 한다. 주로 그래픽, 음성, 화면 인터페이스 등 멀티미디어 자료를 개발한다.

시스템 엔지니어

시스템 엔지니어는 원격교육 콘텐츠의 촬영과 녹음, 영상 편집을 주로 담당하고 콘텐츠 운영을 위한 하드웨어적인 기술을 지원한다.

원격교육 콘텐츠 개발의 단계

원격교육 콘텐츠는 100% 온라인 수업, 온라인 수업과 오프라인 수업이 섞인 블렌디드 수업, 플립드 러닝 등 수업 방식, 교과목의 특징 등에 따라 개발 방식과 절차가 달라질 수 있다. 그러나 일반적으로 원격교육 콘텐츠 개발은 크게 분석, 설계, 개발, 평가의 네 단계로 이루어진다.

분석 단계

원격교육 콘텐츠 개발을 위한 가장 첫 번째 단계이다. 이 단계에서는 필요한 정보를 수집하고 활용 가능한 자원과 요구사항을 수집하고 분석한다. 분석 단계에서는 교육과정에 대한 요구 분석, 학습자 분석, 학습환경 및 내용에 대한 분석이 수행된다.

그림 9-1 분석 단계

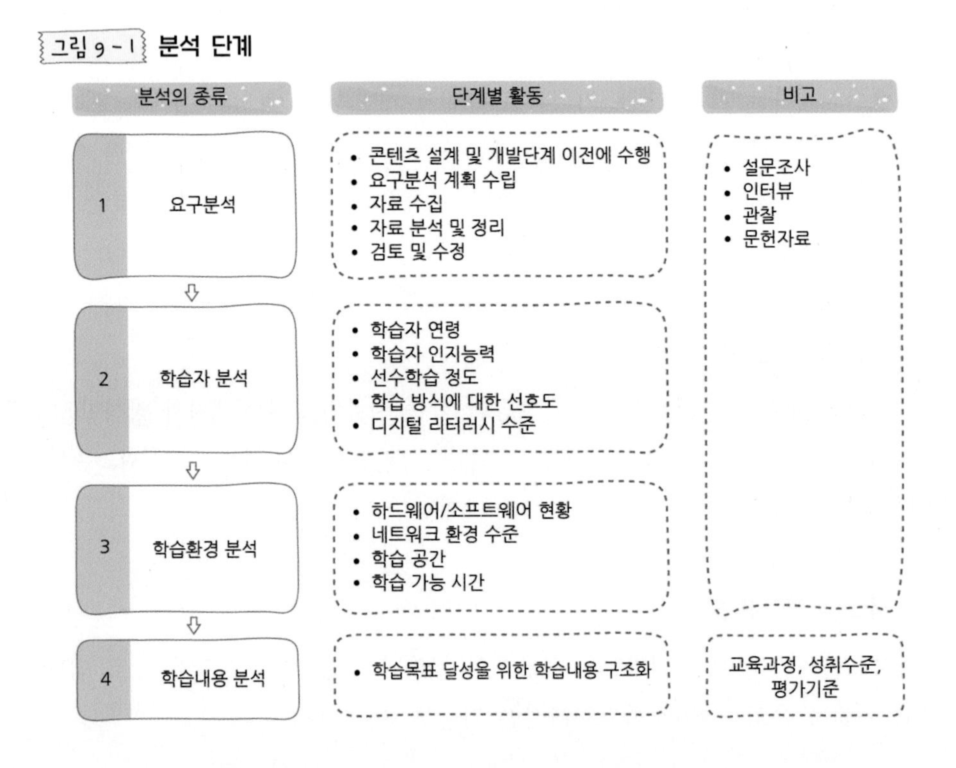

설계 단계

설계 단계에서는 분석 단계에서 도출된 결과를 바탕으로 콘텐츠 개발 목표를 달성하기 위해 최적의 교수–학습 활동을 설계하고 구체화하는 작업을 하게 된다. 설계의 과정은 전체적인 설계 개요서 작성과 학습의 위계를 설정하는 학습흐름도 작성, 단계별 내용을 구성하는 내용 구성 원고 작성, 화면과 인터페이스를 구체화하는 스토리보드 작성으로 이루어진다(조미헌 외, 2020).

그림 9-2 설계 단계

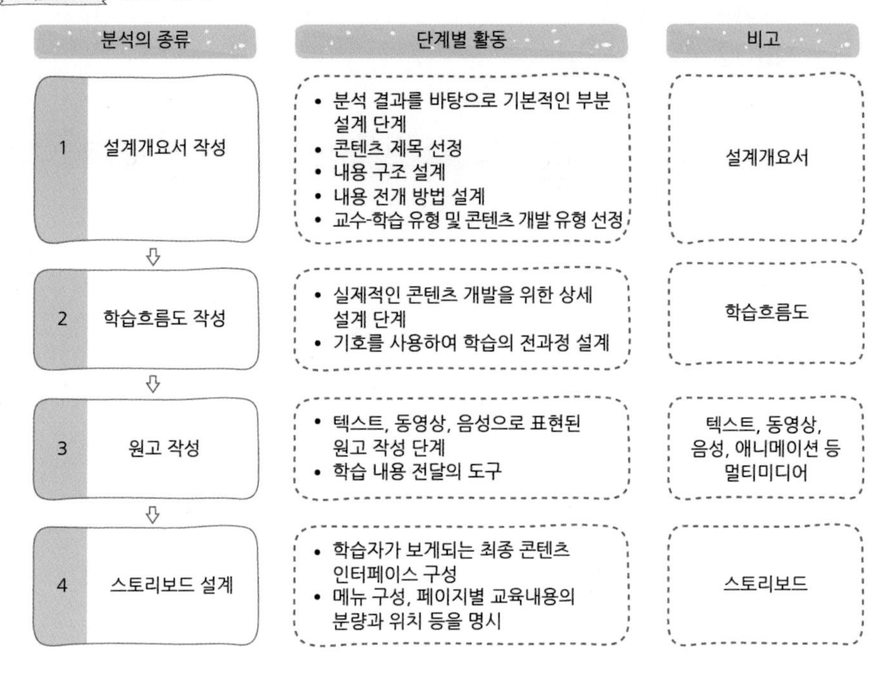

표 9-4 설계개요서 양식 예시

1. 콘텐츠 개요

콘텐츠 제목	
개발의 필요성 및 목적	
학습 목표	
주요 내용	

2. 요구분석 결과

학습자 분석 결과	
학습환경 분석 결과	
학습내용 분석 결과	

3. 내용 구성

구분	내용	
교과수준	교과영역	
	난이도	
	학습대상	
지식 유형		
교수-학습 유형		
도입	주요 내용	
	교수-학습 전략	
전개	주요 내용	
	교수-학습 전략	
정리	주요 내용	
	교수-학습 전략	

4. 개발 참여자 구성

구분	SME	ID	CD	SE
성명				
소속정보				
연락처				
투입기간				

5. 개발 일정

일정	수행내용	담당자	비고

그림 9-3 **학습흐름도 예시**

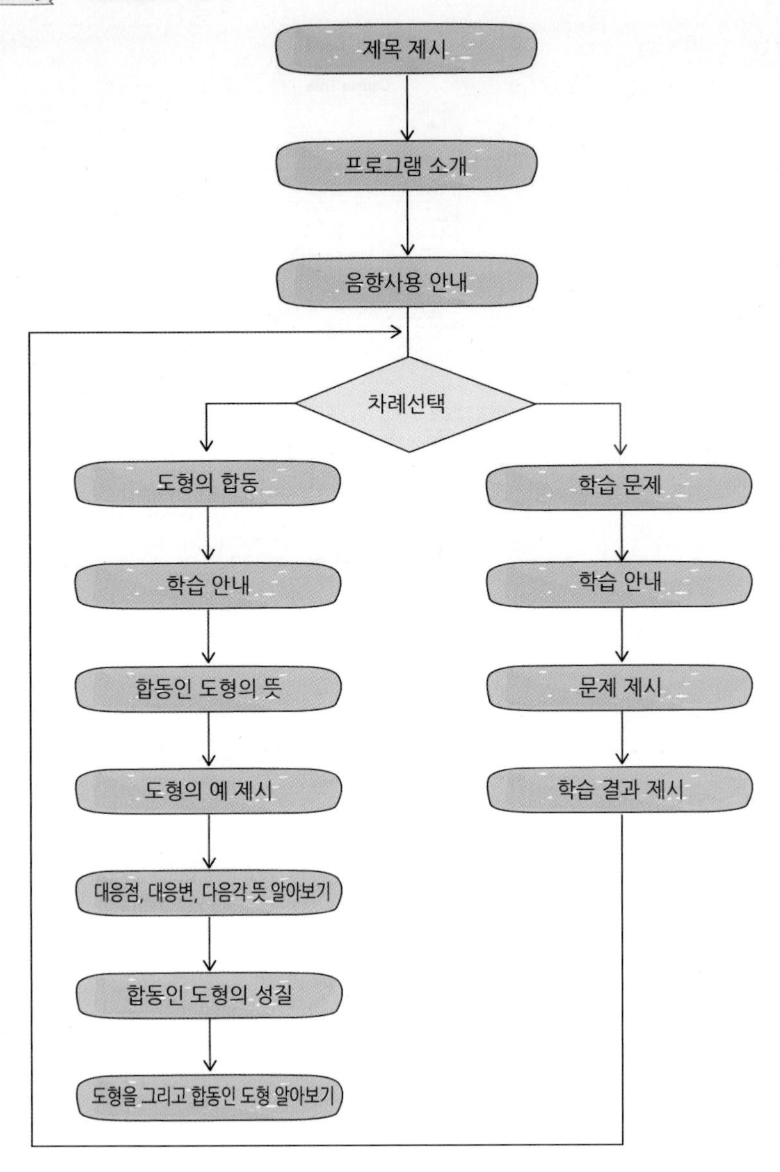

도형	의미
▭	진술문 제시
◇	분지
→	연결

출처: 조미헌 외(2020: 131).

표 9-5 스토리보드 설계 예시

페이지	메뉴명	화면 예시	구성
표지	-	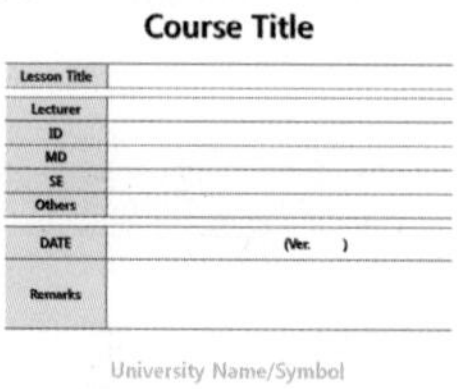 Course Title Lesson Title Lecturer ID MD SE Others DATE (Ver.) Remarks University Name/Symbol	과목명, 차시명, 개발자명, 작성일
학습 개요	START Overview	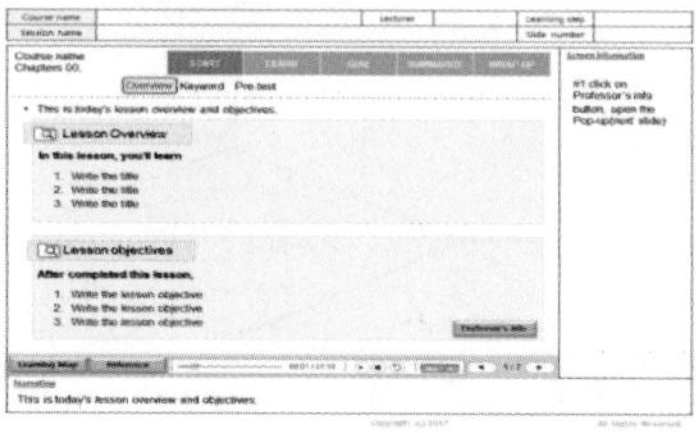 Course name / Lecturer / Learning step Session name / Slide number Course name Chapters 00. START LEARN QUIZ SUMMARY WRAP-UP Overview Keyword Pre-test • This is today's lesson overview and objectives. Lesson Overview In this lesson, you'll learn 1. Write the title 2. Write the title 3. Write the title Lesson objectives After completed this lesson, 1. Write the lesson objective 2. Write the lesson objective 3. Write the lesson objective Professor's info Screen information #1 click on Professor's info button, open the Pop-up(next slide) Learning Map Reference Narration This is today's lesson overview and objectives.	학습 주제, 학습 목표, 교수자 정보
학습 개요	START Overview	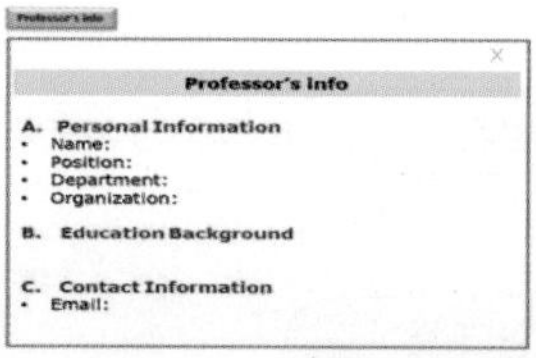 Professor's info Professor's Info A. Personal Information • Name: • Position: • Department: • Organization: B. Education Background C. Contact Information • Email:	학습 주제, 학습 목표, 교수자 정보
사전 학습	START Keyword	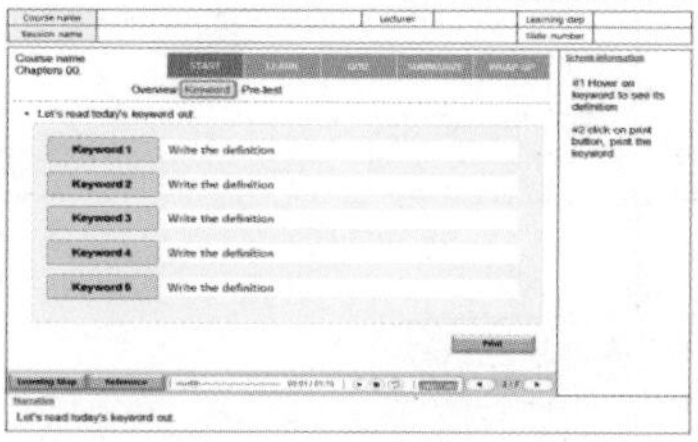 Course name / Lecturer / Learning step Session name / Slide number Course name Chapters 00. Overview Keyword Pre-test • Let's read today's keyword out. Keyword 1 Write the definition Keyword 2 Write the definition Keyword 3 Write the definition Keyword 4 Write the definition Keyword 5 Write the definition Print Screen information #1 Hover on keyword to see its definition #2 click on print button, print the keyword Learning Map Reference Narration Let's read today's keyword out.	핵심 키워드
	START Pre - test	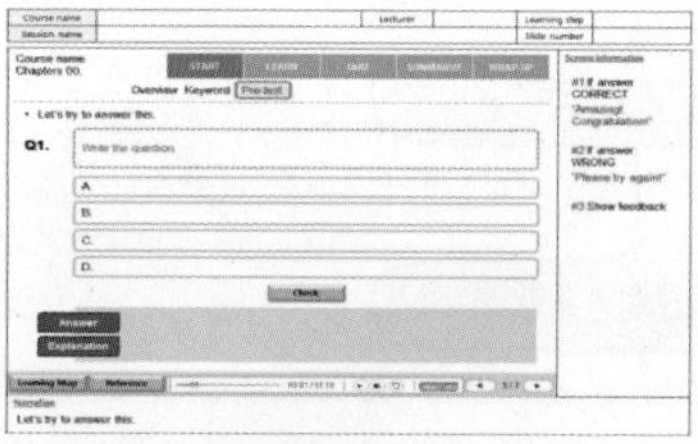 Course name / Lecturer / Learning step Session name / Slide number Course name Chapters 00. Overview Keyword Pre-test • Let's try to answer this. Q1. Write the question A. B. C. D. Check Answer Explanation Screen information #1 If answer CORRECT "Amazing! Congratulation!" #2 If answer WRONG "Please try again!" #3 Show feedback Learning Map Reference Narration Let's try to answer this.	사전 진단평가
본 학습	LEARN	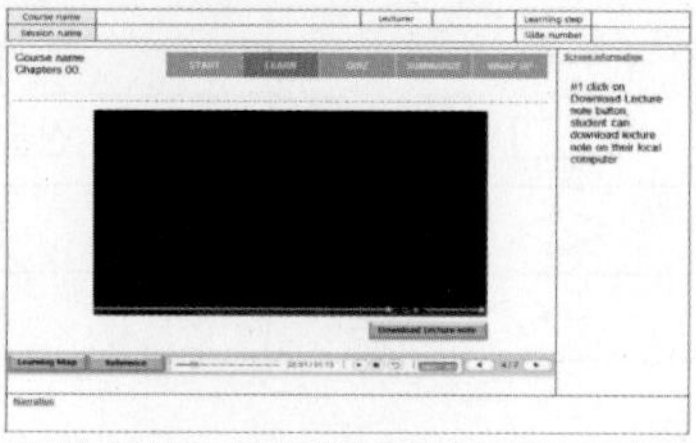 Course name / Lecturer / Learning step Session name / Slide number Course name Chapters 00. Download Lecture note Screen information #1 click on Download Lecture note button, student can download lecture note on their local computer Learning Map Reference Narration	동영상 강의, 강의 교안

페이지	메뉴명	화면 예시	구성
학습 평가	QUIZ	Course name / Lecturer / Learning step Session name / Slide number Course name Chapters 00 Screen information • If answer CORRECT "Congratulation!" • If answer WRONG (1st) "Sorry! Try again!" • If answer WRONG (2nd) "Sorry! Check the answer and explanation." • Let's try to answer this. Q1. Write the question A B C D Check Answer Explanation Learning Map / Reference Narration Let's try to answer this.	형성평가
학습 정리	SUMMARIZE	Course name / Lecturer / Learning step Session name / Slide number Course name Chapters 00 Screen information #1 click on print button, print the keyword • Let's review what we're learning so far. Summary • Write the text • Write the text • Write the text • Write the text • Write the text • Write the text • Write the text • Write the text Print Learning Map / Reference Narration Let's review what we're learning so far.	학습내용 요약
마무리	Wrap - up	Course name / Lecturer / Learning step Session name / Slide number Course name Chapters 00 WRAP UP Screen information • Let's wrap-up Assignment • Write the text • Write the text Next Lesson • Write the text • Write the text Learning Map / Reference Narration Let's wrap-up	과제, 다음 차시 예고
학습 지원	Learning Map	Learning Map 00 Chapters 1. 2. 3. 4. 5. 6. 7. 8. 9. 10. 11. 12. 13. 14.	전체 차시 학습주제
학습 지원	Reference	Reference Reference	참고문헌

개발 단계

개발 단계에서는 앞의 단계에서 작성된 설계안 검토, 프로토타입 개발, 개발 일정 계획 검토 등의 과정을 거쳐 최종적으로 원격교육 콘텐츠를 개발하게 된다 (박종선, 2013).

그림 9-4 개발 단계

평가 단계

콘텐츠 개발이 완료된 이후에는 산출물에 대한 평가를 진행한다. 원격교육 콘텐츠의 기술적인 오류와 내용적인 오류를 점검, 수정하여 보다 완성도 있는 콘텐츠를 개발하기 위한 과정으로 교수설계자, 내용전문가, 대상 학습자가 평가에 참여할 수 있다.

그림 9-5 평가 단계

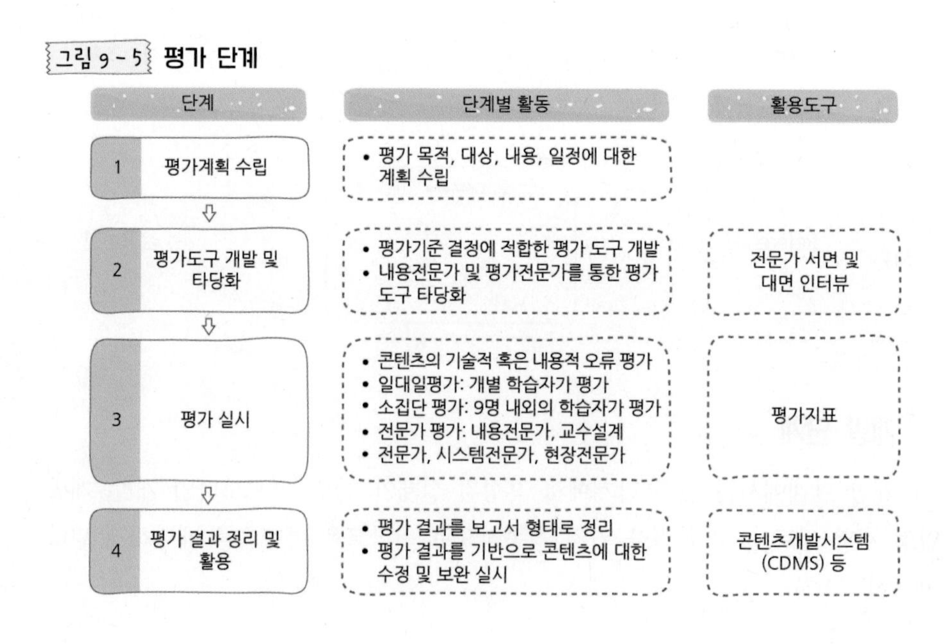

표 9-6 **콘텐츠 평가 지표 예시**

검수날짜		검수자	

평가 영역	요소	평가문항	평가 (O/X)
UI 및 화면 설계	인터페이스 설계	텍스트 가독성에 문제가 없는가?(적정한 크기와 선명도)	
		학습 화면의 인터페이스(아이콘, 메뉴, 버튼, 배경 등)가 이해하기 쉬운가?	
		현재 진행 중인 학습의 위치를 확인할 수 있고 이동이 편리하게 구성되어 있는가?	
		학습자가 학습의 속도, 순서, 과정 등을 통제할 수 있는가?	
	화면설계	화면 구성이 일관성 있게 구조화되어 있는가?	
		그래픽과 배경화면 및 전체적인 화면 디자인이 적절한가?(서체, 이미지, 색상 등)	
		화면 구성이 학습에 도움을 줄 수 있게 이루어져 있는가?	
콘텐츠	동영상	동영상의 화질이 우수한가?(가독성에 문제가 없는가?)	
	용량	콘텐츠 용량이 적절한가?(적정한 용량으로 개발되었는가?)	
	웹접근성	다양한 브라우저, OS 등에 관계없이 접근할 수 있는가?	
교수 설계	내용설계	학습내용 제시의 분량은 적절한가?	
		한 화면에 제시되는 분량이 적절한가?(학습내용이 잘 구조화되었는가?)	
	평가설계	평가 후 정·오답 및 교정적 피드백이 제공되고 있는가?	
	교수-학습 전략	학습목표를 달성할 수 있는 교수-학습전략을 선정하고 있는가?	
		학습내용, 학습환경, 학습자의 특성에 적절한 교수-학습 전략(강의형, 문제해결형, 실습형 등)을 사용하고 있는가?	
	학습동기	학습자의 동기를 유발할 수 있는 요소, 내용, 기능 등이 구성되어 있는가?	
	학습자료	학습에 필요한 이미지, 사운드, 동영상, 애니메이션 등 멀티미디어 요소를 적절히 사용하고 있는가?	
	학습지원	학습 진행에 도움이 되는 도구 및 기능(학습안내, 도움말, 용어사전, 선수학습요소 및 이전학습 연계 등)을 제공하고 있는가?	

3 개별교수자 접근의 원격교육 콘텐츠 개발

최근 기술의 발달과 원격교육에 대한 수요의 급증으로 교수자 1인이 원격교육 콘텐츠 개발 전 과정을 수행하는 비중이 늘어났다. 여기서는 개별교수자가 원격교육 콘텐츠 개발을 위하여 활용할 수 있는 도구(tool)와 활용 방법을 소개한다. 아래 순서대로 잘 따라해 보자. 쉽고 간단하면서도 학습자의 요구를 수용할 수 있는 콘텐츠를 개발할 수 있을 것이다.

분석을 위한 설문 만들기

구글 설문지를 이용한 학습자 요구 분석과 평가 문항 설계

구글에서는 구글 설문지(Google Forms) 서비스를 무료로 제공한다. 직관적인 디자인으로 이용자가 쉽게 활용할 수 있어 학습자 요구분석이나 사전 설문조사, 만족도 조사 등 수업에서 필요한 각종 조사에서 유용하게 사용할 수 있다. 또한 구글 설문지는 퀴즈와 배포 기능을 제공하고 있어 간단한 퀴즈나 학부모 안내자료 등을 배포할 때도 활용할 수 있다. <표 9-7>은 구글에서 설문지를 생성하고 결과를 확인하는 방법이다.

표 9-7 구글 설문지를 이용한 학습자 요구 분석과 평가 문항 설계 방법

순서	기능 사용 방법
1. 구글 설문지를 검색하여 접속한다.	 Google 구글설문지 전체 이미지 동영상 뉴스 도서 더보기 설정 도구 검색결과 약 275,000개 (0.51초) www.google.com › intl › ko_kr › forms › about Google 설문지 - 온라인 설문조사를 무료로 만들고 분석하세요. 혼자 또는 다른 사람들과 함께 새 설문조사를 만들어 보세요. 사전 작성된 멋지고 다양한 테마 중에서 선택하거나 나만의 양식을 꾸밀 수 있고, Google 설문지에서 ... docs.google.com › forms › create Google 설문지: 로그인 설문지로 이동. 이메일 또는 휴대전화. 이메일을 잊으셨나요? 들리는 텍스트나 표시된 텍스트 입력. 내 컴퓨터가 아닌가요? 게스트 모드를 사용하여 비공개로 로그인 ... support.google.com › docs › answer Google 설문지 사용 방법 - 컴퓨터 - 문서 편집기 고객센터 Google 설문지를 사용하여 온라인 설문조사와 퀴즈를 만들고 다른 사용자에게 전송할 수 있습니다. 컴퓨터 AndroidiPhone 및 iPad.

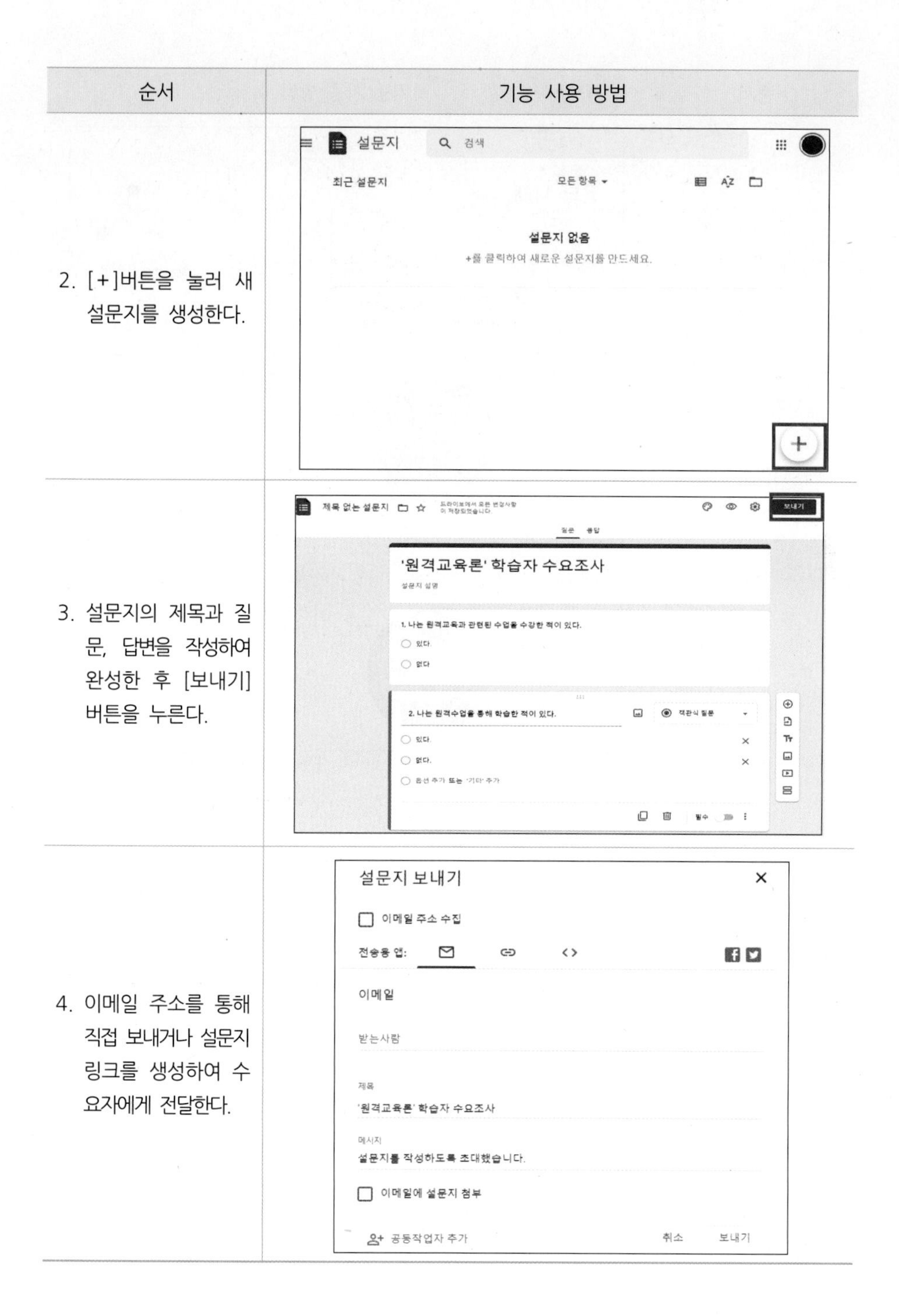

순서	기능 사용 방법
2. [+]버튼을 눌러 새 설문지를 생성한다.	
3. 설문지의 제목과 질문, 답변을 작성하여 완성한 후 [보내기] 버튼을 누른다.	
4. 이메일 주소를 통해 직접 보내거나 설문지 링크를 생성하여 수요자에게 전달한다.	

순서	기능 사용 방법
5. 설문지 응답 결과는 다음과 같이 그래프나 엑셀파일로 나타난다.	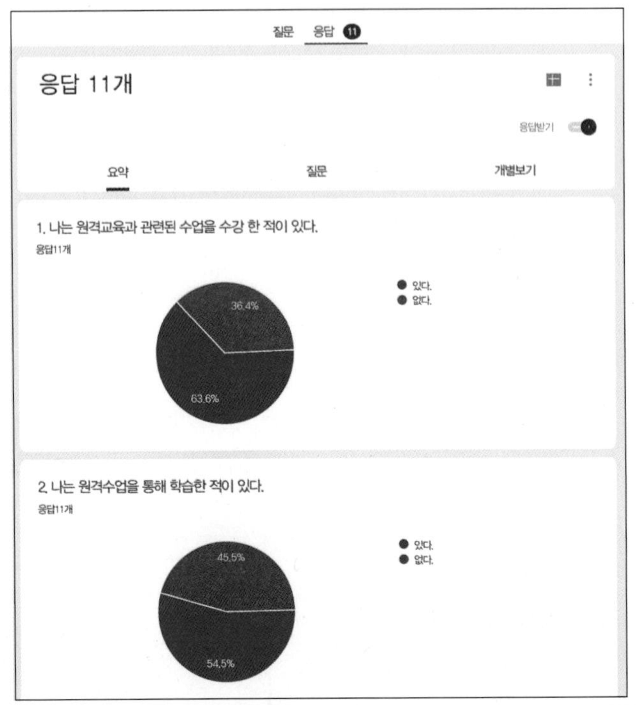

엑셀을 활용한 결과 분석

설문 결과를 취합한 후에는 엑셀을 활용하여 결과를 분석, 요약할 수 있다. 이 결과 요약 자료는 원격교육을 기획하고 설계하는 데 중요한 기초 자료가 될 수 있다.

표 9-8 엑셀로 기술통계 분석하기

<table>
<tr><th>순번</th><th>기능 사용 방법</th></tr>
<tr><td>1</td><td>
설문조사 결과를 엑셀로 반출한 다음 파일을 연다.

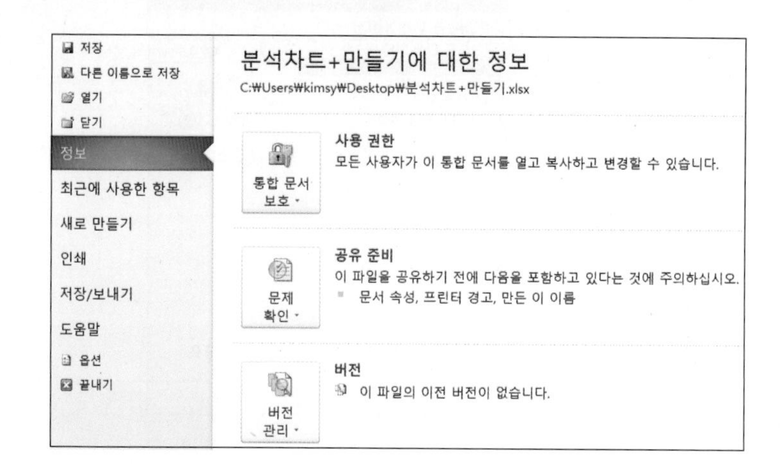

[파일] - [옵션] 메뉴를 선택하고 [추가기능] - [이동]을 선택한다.

</td></tr>
</table>

<table>
<tr><th>순번</th><th>기능 사용 방법</th></tr>
<tr><td>2</td><td>추가기능 중 [분석도구]를 체크하고 확인을 누른다.
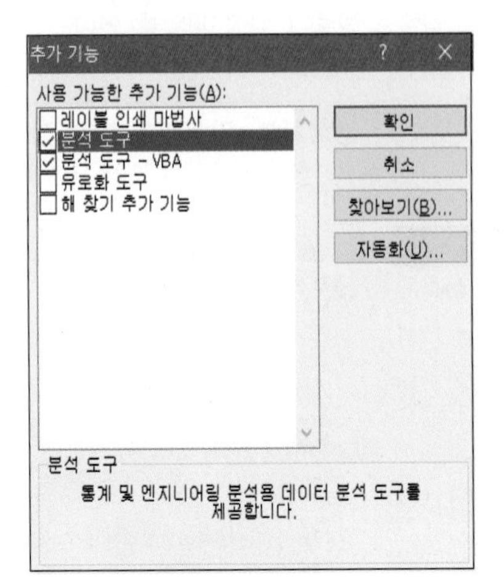
그러면 [데이터] 메뉴에 [데이터 분석] 메뉴가 생성된다.
</td></tr>
<tr><td>3</td><td>[데이터 분석]을 선택하면 사용 가능한 분석 도구를 선택할 수 있다.

[기술 통계법]을 선택하고 범위를 지정하면 원본데이터와 평균, 표준편차, 최댓값, 최솟값 등 통계 결과가 도출된다.</td></tr>
</table>

표 9-9 **엑셀로 기술통계 요약표 및 그래프 만들기**

<table>
<tr><th>순번</th><th>기능 사용 방법</th></tr>
<tr><td>1</td><td>
[삽입] - [피벗 테이블] 메뉴를 선택한다.

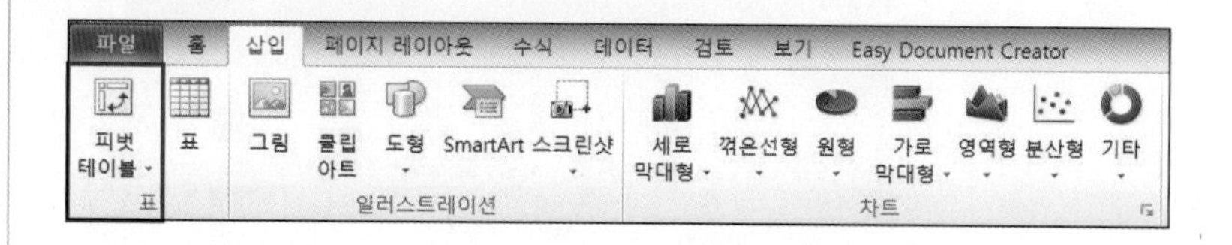

[피벗 차트 만들기]에서 범위 선택, 위치 선택을 설정한 후 [확인]을 클릭한다.

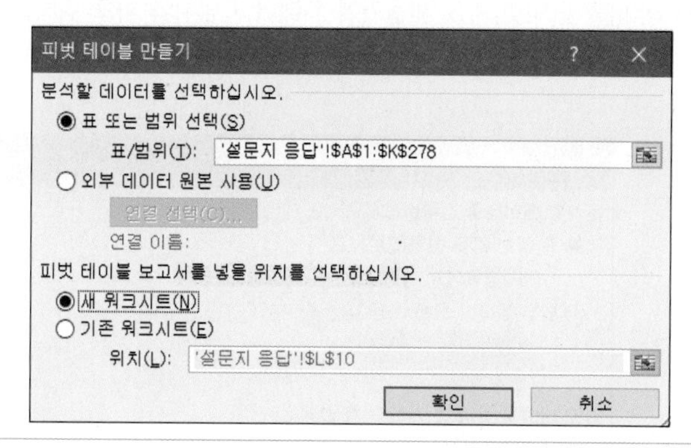

</td></tr>
<tr><td>2</td><td>
아래의 예시와 같이 '학력'을 행 레이블로 '성별'을 열 레이블로 '총 만족도'를 값으로 설정하면 응답자의 성별과 학력을 기준으로 만족도에 대한 교차 분석이 가능하다.

개수 : 총 만족도	열 레이블		
행 레이블	남성	여성	총합계
고졸이하	5	19	24
박사	2		2
석사	5	11	16
전문학사	7	12	19
학사	21	24	45
총합계	40	66	106

</td></tr>
</table>

<table>
<tr><th>순번</th><th>기능 사용 방법</th></tr>
<tr><td>3</td><td>
요약 그래프 생성은 피벗 차트 만들기를 통해 가능하다. [삽입] - [피벗테이블] - [피벗 차트]를 선택한다.

피벗 테이블 및 피벗 차트 만들기에서 데이터 범위와 차트 위치를 선택하고 [확인]을 클릭한다.

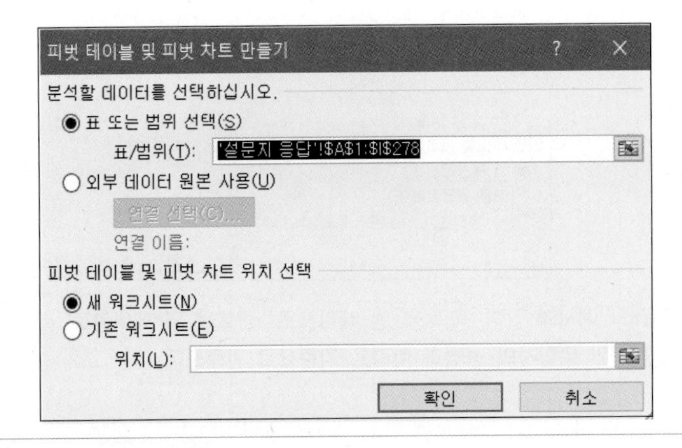

</td></tr>
<tr><td>4</td><td>
필드별로 값을 선택하면 차트 결과가 도출된다.

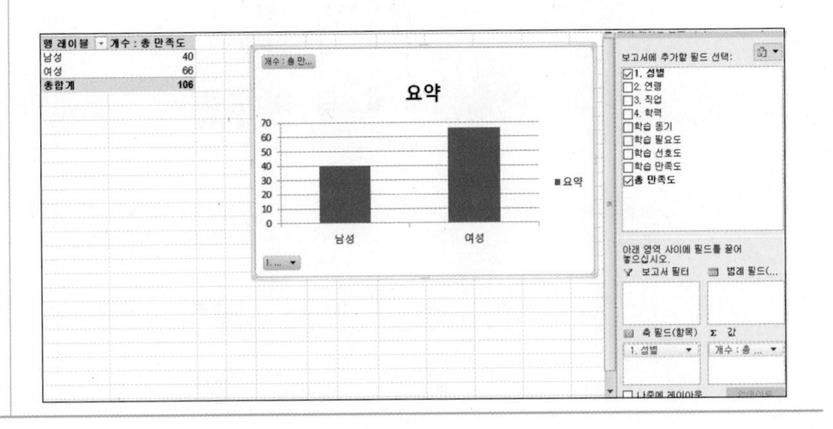

</td></tr>
</table>

공개교육자료(OER) 활용하기

공개교육자료(Open Educational Resources: OER)를 활용하면 교수자가 원격 수업을 위해 필요로 하는 자료를 제작하는 데 많은 도움을 받을 수 있다. OER은 "교수자, 학습자 그리고 자기학습자들이 교수, 학습 그리고 연구에 사용, 재사용, 수정, 공유에 대하여 자유롭게 이용할 수 있는 전체 강좌, 모듈, 교과서, 동영상, 시험지, 소프트웨어, 도구, 재료, 기술 등" 다양한 형태로 제공된다(신하균, 2018: 41). <표 9-10>은 원격수업을 위해 교수자가 참고할 수 있는 OER의 예시를 보여준다.

표 9-10 **원격수업을 위해 참고 가능한 공개교육자료 예시**

구분		주요 특징	링크
초중등	e학습터	초1 - 6학년, 중1 - 3학년 국어, 사회, 과학, 영어 교과의 학습동영상 및 평가문항	https://cls.edunet.net/
	에듀넷	초중등 교수학습, 주제별 학습자료	http://www.edunet.net/
	학교온	교사 자료 공유용 플랫폼, 다양한 학습활동 및 생활지도 자료	https://onschool.edunet.net/
	디지털 교과서	초3-6학년, 중1-3학년 사회, 과학, 영어 교과에 대한 서책 교과서 내용 및 멀티미디어 콘텐츠	https://webdt.edunet.net/login
	주요 출판사	비상교육 비바샘	https://www.vivasam.com/
		천재교육 T-셀파	http://www.tsherpa.co.kr/
		지학사 T-솔루션	http://t-sol.jihak.co.kr/
		미래엔 엠티처	https://m-teacher.co.kr/
		교학사 쌤자료통	https://ssam-tong.com/
		씨마스 티칭샘	http://teachingsaem.cmass21.co.kr/
		두산 동아 두클래스	http://www.douclass.com/gate.donga
		신사고 선생님 자료실	https://textbook.sinsago.co.kr/
		능률교과서 선생님 자료실	http://www.nybook.net/teacher

구분		주요 특징	링크
초중등	기타	코딩교육 관련 교수학습자료	https://code.org/ https://www.playsw.or.kr https://www.edwith.org/
		발명교육 관련 교수학습자료	https://www.ip-edu.net/
		진로교육 관련 교수학습자료	https://www.career.go.kr/
		통일교육 관련 교수학습자료	http://tongil.moe.go.kr/
		안전교육 관련 교수학습자료	http://www.schoolsafe.kr/
		학교폭력예방교육 관련 교수학습자료	https://www.stopbullying.re.kr/
		창업체험교육 관련 교수학습자료	https://yeep.kr/
고등	KOCW	국내외 대학 및 기관에서 공개한 강의 동영상 및 강의 자료	http://www.kocw.net/
	K-MOOC	국내외 유수 대학 및 기관의 오픈형 온라인 학습 동영상 및 학습 활동 지원	http://www.kmooc.kr/
공통	유튜브	세계 최대 동영상 공유 플랫폼	https://www.youtube.com/
	테드	20분 내외의 전문가 강연 동영상	https://www.ted.com/
	세바시	15분 내외의 전문가 강연 동영상	https://www.sebasi.co.kr/
	칸 아카데미	10분 내외의 수학, 예술, 컴퓨터 프로그래밍, 경제, 물리, 화학, 생물학, 의학, 금융, 역사 등 강의 동영상	https://www.khanacademy.org/

동영상 자료 만들기

파워포인트로 동영상 제작

MS 오피스의 파워포인트를 이용하면 손쉽게 원격교육 동영상 콘텐츠를 제작할 수 있다.

표 9-11 PPT를 활용한 강의 녹화 방법

순번	기능 사용 방법
1	MS 오피스 파워포인트를 실행한 뒤 사용할 PPT 자료를 연다. 상단 메뉴 [슬라이드 쇼] - [슬라이드 쇼 녹화] - [처음부터 녹화]를 선택한다. 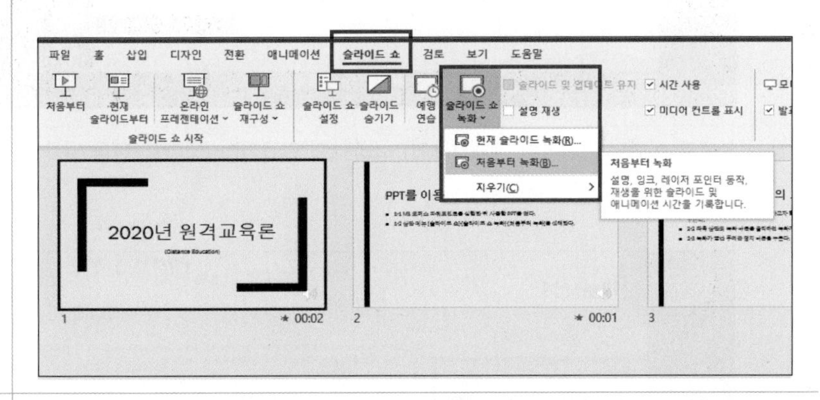
2	좌측 상단의 '녹화' 버튼을 클릭하면 녹화가 시작된다. 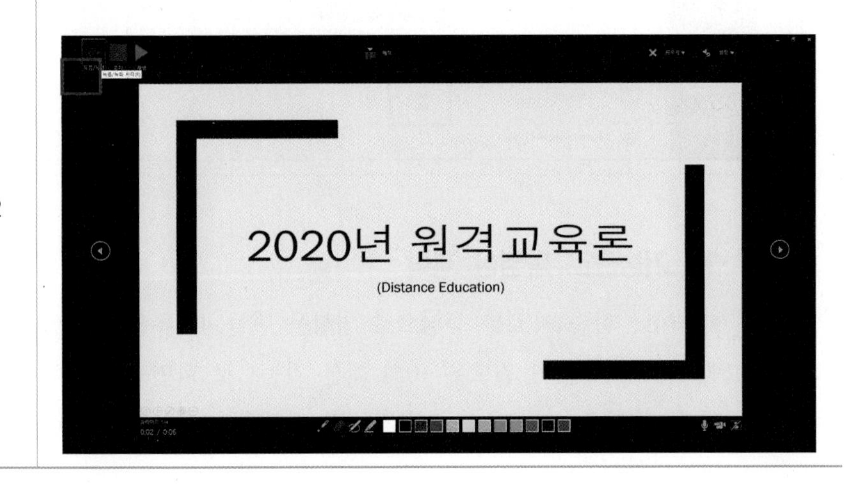

순번	기능 사용 방법
3	교수자의 얼굴 화면도 삽입하고자 할 때는 우측 하단의 '사람모양' 아이콘을 누른다. 녹화가 끝난 후에는 '정지' 버튼을 누른다. 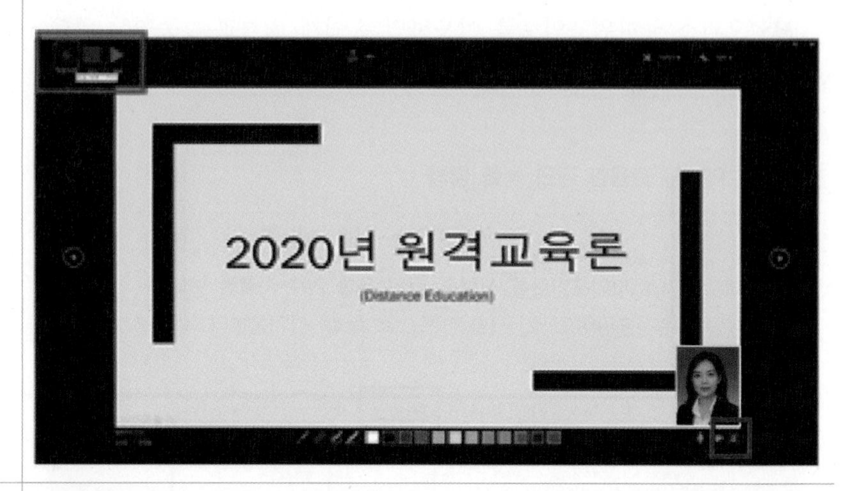
4	완성된 녹화본은 [파일] - [내보내기] - [비디오 만들기] - [비디오 만들기]를 클릭하여 저장한다. 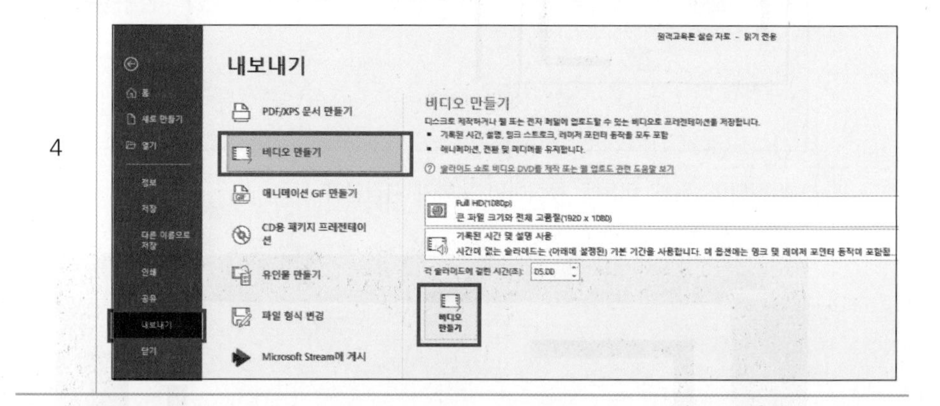

윈도우 10 기능으로 동영상 제작

컴퓨터 화면이나 학습 자료를 중심으로 영상을 만들 때 유용한 방법으로 별도의 프로그램이나 장비 없이 윈도우 10의 기본 기능으로 화면을 녹화해서 영상을 만들 수 있다. 마이크 사용 옵션을 추가하면 영상에 교수자의 목소리를 더빙한 학습 자료가 만들어진다.

① 윈도우키를 누른 상태에서 키보드의 'G'키를 누른다
② 좌측 메뉴에서 마이크를 '사용'으로 설정한다.
③ 개인정보 설정 메뉴에서 Xbox Game Bar를 '켬'으로 설정한다.
④ '마이크' 아이콘을 선택한다.
⑤ '녹화' 버튼을 누르고, 녹화가 완료되면 '중지' 메뉴를 선택한다.
⑥ 녹화가 끝난 후에는 '모든 캡처 표시' 메뉴를 선택한다.
⑦ 저장된 녹화 파일은 윈도우의 '동영상' 폴더에서 확인할 수 있다.

동영상 강의 촬영하기

촬영을 위한 준비

사이버대학이나 원격교육 연수원, 이러닝 전문 업체는 동영상 강의 촬영을 위한 최적의 장소와 장비를 활용하여 고품질의 콘텐츠 제작이 가능하다. 하지만 개인 교수자가 동영상을 제작하는 경우에는 고사양의 장비를 준비하는 것이 현실적으로 불가능하다. 따라서 동영상 강의 촬영 전에 먼저 자신이 활용할 수 있는 자원을 확인하는 것이 필요하다. 영상 촬영이 가능한 도구(스마트폰, 카메라, 웹캠 등)와 음성 녹음을 위한 마이크, 학습자료 전달이나 강의 운영을 위한 전자칠판 등 필요한 장비를 확인하고 교육목적을 달성하기 위해 적절한 것을 선택한다. 반드시 고사양의 장비를 사용해야 하는 것은 아니지만, 교육내용 전달이 잘 될 수 있도록 마이크의 음질을 확보하고 판서를 하는 경우, 판서 글자가 명확히 보일 수 있도록 최소한의 환경을 갖추는 것이 좋다.

촬영 시 유의사항

원격교육 콘텐츠는 일회성이 아니라 반복적으로 학습자에게 제공될 수 있으므로 강의를 촬영할 때는 가급적 시간감이나 계절감이 드러나지 않도록 한다.

동영상 강의 촬영 시 교수자 팁

[촬영 복장]

- 촬영 시기와 수강 시기가 다를 수 있기 때문에 촬영 시에는 계절감이 있는 옷차림(반팔, 목도리, 두꺼운 외투 등)은 피한다.
- 좁은 줄무늬 옷은 화면에서 간섭현상으로 인해서 학생들의 눈을 아프게 할 수 있으니 지양한다.
- 교안의 색과 겹치는 색상의 복장은 지양한다(예: 교안이 주로 파란색으로 구성된 경우, 푸른색 계열의 옷은 피한다).

[강의 녹화 시 유의사항]

- 촬영 시기와 수강 시기가 다를 수 있기 때문에 강의 시 계절이나 날씨, TV 프로그램, 유행어 등 시대성 발언은 삼간다.
- 온라인 강의에서는 실시간으로 상호작용이 불가능하기 때문에 학생(카메라)과의 눈맞춤, 학생들에게 질문하기 등을 통해 학습자의 참여를 유도한다.

동영상 편집: 유튜브 크리에이터 스튜디오 활용

일반적으로 많이 사용되는 동영상 편집 프로그램으로는 곰믹스, 윈도우 무비 메이커 등이 있으나 여기서는 별도의 프로그램 설치 없이 사용할 수 있는 유튜브 크리에이터 스튜디오의 사용방법을 살펴보고자 한다. 유튜브 크리에이터 스튜디오에서 편집한 영상은 유튜브 채널을 통해 바로 배포가 가능하다.

자막 넣기

먼저 촬영이 완료된 동영상 파일을 유튜브에 업로드 한 후 크리에이터 스튜디오로 접속한다.

표 9-12 유튜브 스튜디오에서 자막 설정하기

순번	기능 사용 방법
1	• 스튜디오 화면에서 [자막] 메뉴를 선택한다. • 주 사용 언어를 설정한다(예 한국어).
2	• 자막생성의 기능을 선택한다. 자막 파일이 있는 경우에는 [파일 업로드], 자동 받아쓰기를 사용할 경우에는 [자동 동기화], 직접 입력할 때는 [직접 입력]을 선택한다. • [직접 입력]을 하는 경우에는 다음의 화면처럼 동영상을 확인하면서 자막을 입력하고 시간을 설정해야 한다. 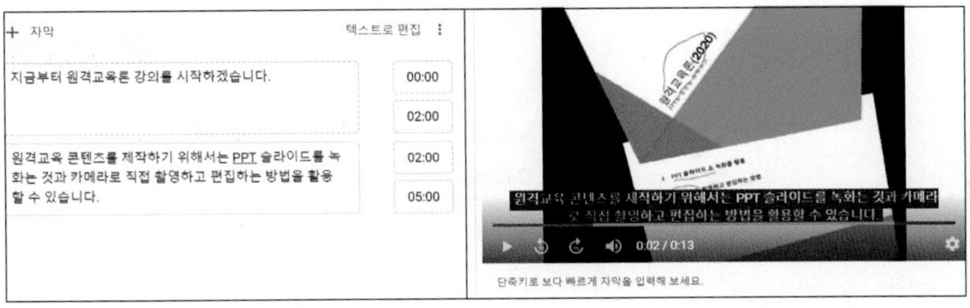 • 작성이 완료된 이후에는 [게시] 버튼을 누른다.

배경 음악 넣기

유튜브 크리에이티브 스튜디오에서 배경 음악을 넣어 동영상 콘텐츠에 역동성을 더할 수 있다. 그러나 배경 음악을 활용할 경우에는 저작권 문제를 먼저 검토해야 한다. 본 장의 4절에서 제시되는 저작권 유의사항을 확인하여 동영상 배포 시 문제가 발생하지 않도록 주의한다.

표 9-13 유튜브 스튜디오에서 배경음악 넣는 방법

순번	기능 사용 방법
1	• 스튜디오 [편집기]를 선택하면 동영상 편집기 화면으로 이동한다. • 하단의 '음표' 아이콘을 선택하면 원하는 위치에 음악을 삽입할 수 있다. • 준비된 음악이나 유튜브에서 제공하는 무료 음악 등을 활용할 수 있다. 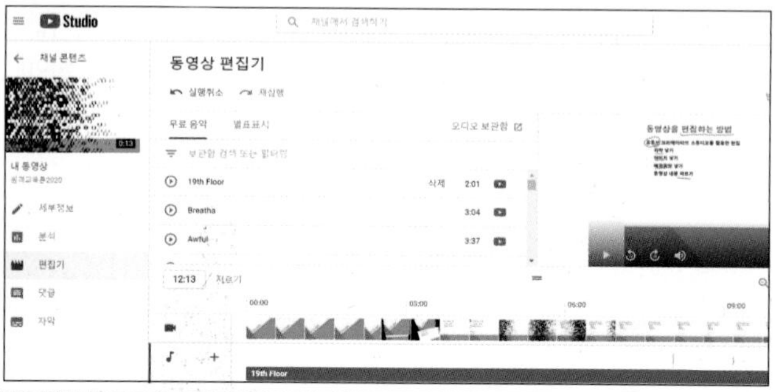

동영상 자르기

동영상 촬영 본의 중간 부분을 잘라 내거나 편집이 필요할 때도 유튜브 크리에이티브 스튜디오를 활용할 수 있다.

표 9-14 유튜브 스튜디오에서 동영상 자르는 방법

순번	기능 사용 방법
1	• 마찬가지로 [편집기]를 선택해서 동영상 편집기 화면으로 들어온다. • 동영상 타임라인에서 편집점 '바'를 조정하고 자르기를 선택해 영상을 자를 수 있다. • 편집이 완료된 이후에는 [저장] 버튼을 누른다. 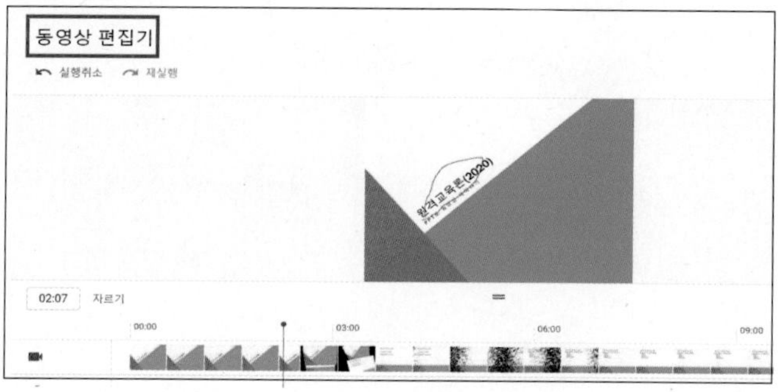

4 원격교육 콘텐츠 저작권 유의사항

교수자가 원격교육 콘텐츠를 제작함에 있어 가장 어려운 부분 중 하나가 바로 저작권 문제이다. 좋은 의도로 개발한 교육용 콘텐츠가 저작권 침해 문제를 일으킬 수 있기 때문이다. 한국교육학술정보원에서는 교육을 목적으로 하는 저작물 이용에 대한 안내 책자를 발간하여 이런 어려움을 극복할 수 있도록 지원하고 있다. 본 장에서는 한국교육학술정보원(2014)의 원격교육연수를 위한 저작물 이용가이드라인의 주요 내용을 제시한다.

교육목적의 저작물 이용 규정

저작물을 이용하기 전에는 저작권자의 사전 허락을 받는 것이 원칙이나, 교육목적과 같은 공익 실현의 경우 효율적인 실행을 위하여 저작권법에 제한 규정을 두고 있다. 학교 교육목적을 위해 저작물을 이용할 수 있는 범위로는 첫째, 고등학교 이하의 교과서에 공표된 저작물을 게재하는 경우 둘째, 학교 등의 수업 또는 수업지원을 위하여 공표된 저작물을 이용하는 경우 셋째, 학생들이 수업에 참여하기 위해 이용하는 경우가 있다.

교과서에 공표된 저작물을 게재하는 경우

교과서에 공표된 저작물의 게재는 저작권법 제25조 제1항에 근거하여 저작자의 허락 없이 이용 가능하다.

저작교과용 도서의 인정범위

저작교과용 도서는 유치원 및 초·중등 학생용 교과용 도서를 의미하며 국정교과서, 검·인정교과서, 교사용 지도서와 보완교재가 포함된다. 그러나 자습서, 학원 교재, 대학 교재, 원격교육 과정 운영을 위한 강의용 콘텐츠는 교과용 도서에 해당되지 않기 때문에 유의해야 한다.

이용 가능한 저작물의 범위

교과용 도서의 경우 공표된 모든 저작물을 저작권자의 허락 없이 이용할 수 있다. 어문, 음악, 연극, 미술, 건축, 사진, 영상, 도형, 컴퓨터프로그램이 해당되며 실연, 음반, 방송 또한 게재 및 번역과 편곡, 개작이 가능하다. 교과용 도서에 저작물을 게재할 경우에는 게재한 저작물의 출처를 표시해야 하며, 출처가 표기되지 않은 경우에는 형사처분의 대상이 될 수 있다.

수업이나 수업지원을 위하여 공표된 저작물을 이용하는 경우

수업이나 수업지원을 위해 공표된 저작물은 저작권법 제25조 제2항에 근거하여 저작권자의 허락 없이 사용이 가능하다.

수업이나 수업지원의 주체

여기에서 수업이나 수업지원의 주체는 학교·교육기관 및 학교 등의 교사·교수·강사 등으로 정의된다. 학교는 국·공립과 사립인 유치원, 초등학교·공민학교, 중학교·고등공민학교, 고등학교·고등기술학교, 특수학교 및 각종 학교와 대학·산업대학·교육대학·전문대학·원격대학·기술대학 및 대학원이 포함되며 특별법에 의해 설립된 평생교육기관과 직업훈련기관, 특수교육기관 그밖에 초·중·고등학교 졸업과 동등한 학력이 인정되는 교육기관은 모두 포함된다. 교육기관의 경우에는 국가나 지방자치단체가 운영하는 기관을 의미하며 민간교육연수원 등은 대상에서 제외된다.

수업이나 수업지원에서 저작물을 이용하는 주체는 저작물에 대한 저작권 보호 관련 경고 문구를 표시하고 전송과 불법 이용을 방지하기 위한 기술적 조치 등 복제 방지를 위한 조치를 취해야 한다. 그리고 출처를 명확히 표시해야 하며 보상금을 지급해야 하는 저작물의 경우에는 적정한 산정에 의해 지급해야 한다.

수업의 범주

수업의 범주로는 수업의 주체가 수행하는 정규수업, 방과 후 수업, 창의적 체험활동, 보충수업, 야간수업, 계절제 수업, 시간제수업, 방송통신에 의한 수업,

온라인 수업이 있으며 현장학습, 체험학습, 수학여행, 소풍 등도 수업으로 인정된다. 수업을 위해 저작물을 이용할 수 있는 기간도 정해져 있는데 교사는 수업을 준비하거나 진행하는 기간, 학생은 예습과 복습을 위하여 필요한 기간으로 한정된다. 온라인 수업의 경우에는 해당 학기 또는 해당 학년 동안으로 제한되고 있다.

이용 가능한 저작물의 범위

수업 등을 위하여 이용할 수 있는 저작물은 모두 공표된 저작물이다. 어문, 음악, 연극, 미술, 건축, 사진, 영상, 도형, 컴퓨터프로그램이 이에 해당되며 컴퓨터프로그램은 수업에서는 이용 가능하지만 수업지원으로서의 활용은 금지된다. 또한 저작물을 이용할 수 있는 범위는 '일부분'에 해당되며 전체를 활용할 수는 없다. 일부분이 어느 정도의 분량인지는 구체적으로 정의된 바는 없으며 외국 사례를 고려하였을 때 전체 저작물의 약 10% 정도로 생각할 수 있다.

원격교육 콘텐츠 개발에서 저작물 이용을 위한 체크리스트

<표 9-15>를 활용하여 원격교육 콘텐츠 제작에서 저작물 이용을 통해 발생될 수 있는 문제를 사전에 점검할 수 있다.

표 9-15 저작물 이용 체크리스트

단계	확인사항	YES	NO
1	이용하려는 것이 저작물에 해당되는가?	2단계로	이용 가능
2	보호받는 저작물인지 확인 1) 인간의 사상이나 감정을 표현한 창작물인가? 2) 보호받는 저작물인가? 3) 우리나라가 보호해야 할 외국인 저작물인가? 4) 보호기간 내에 있는 저작물인가?	3단계로	이용 가능
3	저작물의 이용목적과 형태 검증 1) 공개적으로 행한 정치적 연설, 법정·국회 또는 지방의회에서 행한 진술의 이용인가? 2) 국가 또는 지방자치단체가 저작재산권의 전부를 가지고 있는 저작물인가? 3) 고등학교 이하의 교과용 도서에 게재하는가? 4) 학교, 교육기관, 교육지원기관의 수업 또는 수업지원 목적을 위한 저작물의 이용인가? 5) 합법적인 인용인가? 6) 학교의 입학시험, 학식 및 기능에 관한 시험, 그 밖의 검정 시험 등의 문제로 저작물을 복제하는 것인가? 6) 공정한 이용인가? 7) CC 라이선스 또는 공공누리가 적용된 저작물인가? 8) 저작물을 링크하여 이용하는 것인가?	이용 가능	4단계로
4	저작권자 협의 및 계약 체결 1) 저작재산권이 신탁관리되는 저작물인가? - 신탁관리단체와 협의 및 계약 체결 2) 저작재산권이 대리중개되는 저작물인가? - 대리중개업체와 협의 및 계약 체결 3) 저작권이 개별 관리되는 저작물인가? - 개별 저작권자와 협의 및 계약 체결 4) 저작권자를 알 수 없거나 찾을 수 없는 저작물인가? - 문화체육관광부 장관에게 법정허락을 신청하여 승인을 득해야 함		

출처: 한국교육학술정보원 교육저작권지원센터(2020: 12-19) 재구성.

저작물 관련 FAQ

다음은 원격수업을 위한 저작물과 관련하여 이용자들이 가장 궁금해 하는 내용으로 구성된 교육기관 '원격 수업 및 학습'을 위한 저작권 FAQ의 내용(한국교육학술정보원 교육저작권지원센터, 2020)을 요약한 것이다.

Q 학교 수업을 위해서 필요하다면, 저작물 또는 저작물이 이용된 자료를 인터넷에 탑재하여 학생에게 배포할 수 있나요?

A 학교의 수업과 수업지원에서는 공표된 저작물의 일부를 복제·배포·공연·전시 또는 공중송신 할 수 있으며 ICT 수업 및 수업지원도 이에 해당합니다. 다만 인터넷을 통한 저작물 이용(전송)의 경우에는 접근제한조치, 복제방지조치, 저작권보호 관련 경고문구 등을 표기해야 합니다.

Q 원격수업을 위해 교과서 내의 사진, 지문 등을 이용하거나 PDF로 작성된 교과서 자체를 제공해도 되나요?

A 학교 수업을 위해 이용할 수 있는 공표된 저작물은 매체나 유형에 상관없이 활용될 수 있습니다. 다만 실제 수업과 연관 없이 교과서 내용의 상당량 또는 전부가 담긴 교과서 PDF 파일의 인터넷을 통한 제공은 저작권 침해의 여지가 있으므로 교과서 발행사의 동의가 필요합니다.

Q 학교의 원격수업 자료 제작 시 학습의 집중도를 높이기 위해 음원을 배경음악으로 사용할 수 있나요?

A 수업 등을 위한 저작물의 일부분은 저작권자 등의 허락 없이 사용될 수 있으나(직접적인 수업을 목적으로 한 경우 20%, 최대 5분), 학습 내용이 아닌 학습자의 집중도와 흥미 등을 높이기 위한 목적으로 하는 것은 수업 목적의 저작물 이용으로 보기 어려워 배경음악으로 사용할 수 없습니다.

Q 한컴오피스, MS 오피스에 포함된 번들폰트를 동영상 제작, 이미지 편집 등을 위해 다른 프로그램에서 이용하는 것은 저작권 침해인가요?

A 프로그램 설치 시 윈도우 폰트폴더에 저장되어 자동으로 인식된 폰트를 이용하는 행위는 저작권 침해에 해당하지 않습니다. 다만 ㈜한글컴퓨터 측에서는 번들로 제공된 폰트는 해당 프로그램에서만 사용하도록 안내하고 있어 주의가 필요합니다.

☆참고문헌

- 김희배, 박인우, 임병노(2005). **대학 e-러닝 콘텐츠 공동 개발 및 활용 유통 활성화 방안 연구**. 한국교육학술정보원 연구보고 CR 2005-21.
- 박종선(2013). **스마트 이러닝**. 파주: 교문사.
- 숭실사이버대학교(2013). **수업설계문서 표준화를 위한 작성 가이드**. 숭실사이버대학교 콘텐츠 개발팀.
- 신하균(2018), 제2장 OER의 개념 및 전망, **열린교육혁신을 위한 공개교육자료 OER,** pp. 39-49, 서울: 박영스토리.
- 장은정, 서윤경, 정효정(2010). 사이버대학생의 인구통계학적 변인에 따른 이러닝 콘텐츠 만족도와 효과성 분석. **교육공학연구,** 26(1), 57-85.
- 조미헌, 김민경, 김미량, 이옥화, 허의옥(2020). **e-Learning 컨텐츠 설계**. 서울: 교육과학사.
- 한국교육학술정보원 교육저작권지원센터(2020). **교육기관 '원격 수업 및 학습'을 위한 저작권 FAQ 안내자료**.
- 한국교육학술정보원(2014). **원격교육연수를 위한 저작물이용 가이드라인**. 교육자료 TL 2014-5.

10장 원격교육으로 실험·실습하기

1 원격교육으로 실험·실습하기

2 실험·실습 원격수업 실천 사례

- 초·중등교육
- 대학교육

3 실험·실습 원격수업 전략

- 설계전략
  - 접근성과 안전성
  - 수업설계에 대한 보편적 접근
  - 수업설계에 대한 창의적 접근
- 실행전략
- 평가전략

CHAPTER

10 원격교육으로 실험·실습하기

이 장은 원격교육의 다양한 수업 유형 중 실험·실습 원격수업을 진행할 때 고려해야 할 여러 측면들을 살펴볼 것이다. 이를 위하여 몇 가지 실천 사례를 살펴보고, 이러한 수업을 설계, 실행, 평가하기 위한 핵심 전략을 제시하였다.

1 원격교육으로 실험·실습하기

실험은 새로운 사실을 발견하거나 어떤 가설을 검증하기 위한 활동이며, 실습은 이론적으로 학습한 내용을 실제로 수행해 봄으로써 기능을 숙달하는 활동이다(나승일, 2017). 원격으로 실험·실습하기는 교과와 관련된 기능을 숙달하기 위하여 다양한 기술을 활용해 학습자에게 보다 실제적인 실험실 경험을 제공해야 한다. 또한 비용, 안전성 등의 문제로 실제 실험실에서 경험하기 어려운 학습 경험을 제공하는 수업이라고 할 수 있다.

원격교육에서 실험·실습 수업에 대한 논의는 활용 가능한 매체나 기술, 비용-효과성, 유용성, 접근성 등의 측면에서 지속적으로 진행되어 왔다(Kennepohl & Moore, 2016). 예를 들어, 영국 OU의 경우 1969년 처음으로 실험용 키트(lab kits)를 우편으로 전송하여 원격으로 실험·실습을 진행하였다. 그리고 90년대 인터넷의 발달로 가상현미경과 같은 컴퓨터 시뮬레이션 및 실시간 데이터 수합과 분석이 가능한 원격도구 등을 활용하여 원격학습자의 실험·실습을 촉진하여 왔다. 이러한 변화는 OU를 비롯한 대부분의 원격대학, 그리고 전통적인 대학에서도 테크놀로지 활용이 일상화되면서 유사한 추세를 보이고 있다(Mary, 2016; Mark & Hilary, 2016).

그림 10-1 영국 OU에서 제공하는 원격 과학 실험 도구

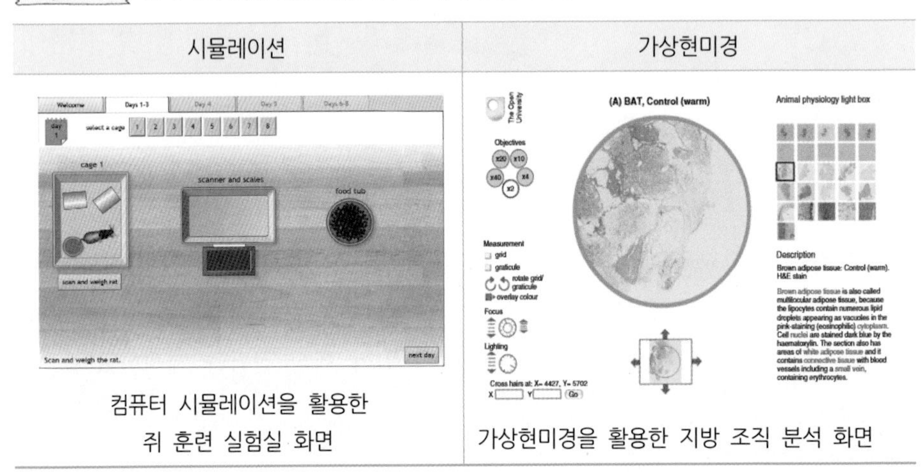

컴퓨터 시뮬레이션을 활용한 쥐 훈련 실험실 화면

가상현미경을 활용한 지방 조직 분석 화면

출처: Mark & Hilary(2016: 105-106).

지금까지 원격으로 실험·실습하기와 관련된 논의의 핵심은 그 어떤 것도 실제 실험·실습실에서의 경험(hands-on experience)을 완벽히 대체할 수는 없지만 다양한 기술을 활용하여 학습자에게 보다 실제적인 실험실 경험을 제공하거나 혹은 실제 실험실에서 하기 어려운 학습경험을 제공하도록 노력해야 한다는 것이다. 이러한 노력에는 수업의 운영방식을 다양화하고, 수업의 내용, 방법, 전략 등을 원격교육의 맥락으로 재구성하는 것 등이 포함된다. 따라서 기술 환경 특성을 고려한 원격학습의 맥락, 전공 교과의 특성, 그리고 실험·실습 수업설계라는 세 영역에 대한 이해를 바탕으로 최적화된 접점을 찾아가야 하는 것이 원격 실험·실습 수업의 핵심이자 해답이라 할 수 있다.

2 실험·실습 원격수업 실천 사례

초·중등교육

아래에서는 초·중등교육에서 진행된 원격 실험·실습 수업의 실천 사례를 살펴볼 것이다. 각 사례는 체육, 과학, 음악 과목이 원격 수업으로 어떻게 진행될 수 있는지를 보여준다.

표 10-1 팀 티칭 원격 체육 수업: S고등학교 사례

유형	특징
비동시적 원격교육	[운영방식] 모든 수업의 영상을 주 단위로 학교 YouTube 채널에 업로드하고, 학생들이 정해진 시간에 인증하여 영상을 따라 체조하는 장면을 녹화하여 교내 인트라넷(CNSAnet)에 제출하면 교사가 이를 확인하여 피드백 [준비] 실기 활동이 주를 이루는 체육 교과목 특성 상 원격으로 학생들의 신체 활동을 어떻게 구성할지에 대한 교수협의회 진행 & 체육 교재나 보조 기구가 필요한 경우, 사전에 대여
동시적 원격교육  	[운영방식] Zoom 활용한 실시간 쌍방향 수업: 매일 아침 태블릿 6대를 연동하여 370명의 학생들이 시범 교사의 진행에 따라 개별 피드백을 받으며 진행. 개별 학습자의 상황을 확인하고, 추가로 필요한 개별 학습을 안내하며, 기록을 저장하는 휴대폰 앱을 활용하여 학생-학생, 학생-교사 간 개별 학생의 운동 상황에 대한 지속적인 공유와 소통 [준비] 실외 중심의 활동을 실내에서 진행 가능한 형태로 수정·보완. 6명의 체육 교사들의 분업과 협업(예컨대, 3인의 교사가 카메라 앞에서 시범, 2명의 교사는 인터넷과 SNS를 활용하여 실시간으로 학생 지도, 다른 1명의 교사는 방송실에서 운영하는 역할을 담당하여 진행)

출처: 권점례 외(2020) 토대로 재구성.

첫째, 권점례 외(2020) 연구에서 소개된 S고등학교의 체육 수업 사례이다. 자율형 사립 고등학교인 이 학교는 학생들의 규칙적인 생활과 기초체력 향상을 위해 매일 아침 '모닝스파크'라는 아침 운동 시간을 가지며, 6명의 체육 교사의 지도에 맞춰 준비 체조, 스트레칭, 유산소 운동 등을 실시한다. '모닝스파크' 원격 체육 수업은 비동시적 원격교육과 동시적 원격교육으로 구분된다. 각 경우에 원격수업이 어떻게 운영되었는지는 <표 10－1>에 정리되어 있다.

팀티칭 원격 체육 수업 사례는 교육과정에 맞춰 수업 운영방식을 다양화하고, 수업내용을 재구성하는 것만으로도 양질의 실기 위주의 원격수업이 가능함을 보여준다. 초·중등학교에서 이러한 실험·실습 원격수업 과목의 구성, 운영, 방법, 전략 등은 과학, 음악, 미술, 실과, 기술 등에서도 동일한 실천 양상을 보이고 있다.

둘째, 2020 서울시교육청 연구대회 우수사례집에 소개된 S초등학교 원격과학수업인 '집콕! 실험' 사례는 세 가지 방식으로 원격과학수업이 실천될 수 있음을 보여준다. '교과서와 집콕! 실험'은 교수자가 전문기관(예 교육부 전자저작물)에서 제공하는 영상을 활용하여 개념을 설명하고, 간단한 실험을 '오늘의 배움' 과제로 제시하여 과학개념을 내면화시키는 방식이다. '과학자처럼 탐구하는 집콕! 실험'은 주변에서 손쉽게 구할 수 있는 재료로 실험도구를 제작하여 실험을 수행하도록 안내하는 수업이다. 동시적 혹은 비동시적 원격수업에서 교사의 안내에 따라 학생들이 실험을 설계하고 실험도구를 제작하여 직접 수행하는 탐구 중심의 원격수업 방식이다. '숨어있는 보물찾기'는 조사 활동이 필요한 경우에 사용한다. 스마트 기기를 활용하여 자료 검색 및 조사 활동, 그리고 패들렛, 구글 스프레드시트 등 온라인 협업 도구를 활용하여 지속적이고 동시적인 온라인 활동이 가능하다. 이상의 세 가지 방식을 혼합하여 원격 과학 수업을 진행한 결과, 학생들의 과학적 사고력, 탐구능력, 문제해결력과 의사소통력을 기르는 데 통계적으로 유의한 효과가 있었다고 한다(서울특별시교육청 교육연구정보원, 2020).

그림 10-2 탐구 중심 원격 과학 수업 설계안: S초등학교 사례

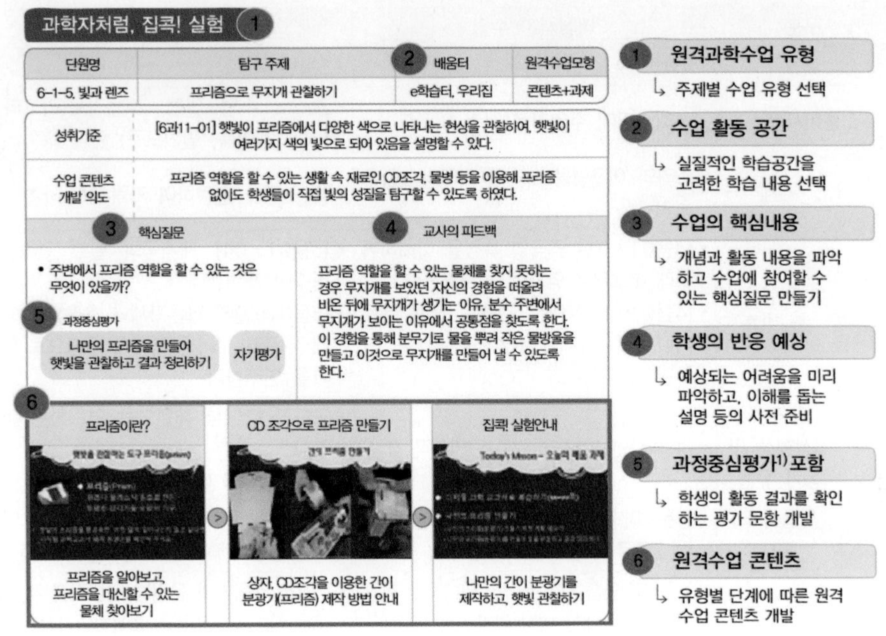

출처: 서울특별시교육청 교육연구정보원(2020: 120).

셋째, 최은아, 조순이(2020)의 연구에 소개된 A초등학교 원격 음악수업을 살펴보자. 이 학교는 학습자 특성 및 접근성을 고려하여 두 가지 방식으로 원격 음악수업이 가능함을 보여준다. 콘텐츠 활용 중심의 비실시간 음악수업의 경우 학습자들이 자신의 수준을 스스로 점검할 기회를 제공하고, 그 결과에 따라 선택적으로 연주곡 연습에 참여할 수 있도록 격려하였다. 또한 구글 설문을 통해 교사와 학생 간의 지속적인 상호작용이 이루어질 수 있도록 설계하였다. 실시간 쌍방향 음악수업의 경우, 활용하는 플랫폼의 다양한 기능을 바탕으로 교사가 학생들이 연주하는 모습을 세심하게 관찰하고, 그룹별, 개인별 연주에 대한 즉각적인 피드백을 제공하였다. 다음 <표 10-2>는 A 초등학교의 수준별 원격 음악수업의 사례를 정리해서 보여준다.

표 10-2 수준별 원격 음악 수업: A초등학교 사례

구분		비실시간 수업	실시간 쌍방향 수업
대상		• 4학년	• 5학년
준비사항		• 클래스팅에 수업자료 사전 업로드	• Zoom 수업 일정, 수업자료(리코더, 악보, 계이름, 필기도구) 안내
수업 구성	주제	• 소리의 어울림을 느끼며 리코더 2중주 하기	• 음 잇기를 활용하여 가락 창작하기
	관련 성취기준	• [4음01 - 01] 악곡의 특징을 이해하며 노래 부르거나 악기로 연주한다. • [4음01 - 06] 바른 자세로 노래 부르거나 바른 자세와 주법으로 악기를 연주한다.	• [6음01 - 04] 제재곡의 일부 가락을 바꾸어 표현한다. • [6음01 - 06] 바른자세와 호흡으로 노래 부르거나 바른 자세와 주법으로 악기를 연주한다.
	음악적 심상형성 및 동기 유발	• 리코더 연구가가 들려주는 연주곡 감상	• 교사가 다양한 패턴으로 연주하는 것 감상 • 노래로 끝 음 이어 가락 만들기 놀이
	학습목표 제시	• 높은 '미'를 익혀 '학교가는 길'을 리코더 2중주로 연주할 수 있다.	• 음을 선택하여 자신이 표현하고 싶은 가락을 만들어 리코더로 연주할 수 있다.
	기초기능 습득	• 높은 '미' 연습 기회제공 및 연습곡인 '학교가는 길'에 대한 여러 가지 반주 패턴(느리게, 경쾌하고 신나게, 재즈 등) 제공	• 다장조 장음계와 운지법 연습기회 제공 • Zoom의 줌인 기능을 활용하여 교사 리코더와 손의 운지 확인할 수 있도록 함
	선택활동을 위한 자기점검	• 4개의 점검항목 중 '예' 3개 이상 → 선택활동1 & '예' 2개 이하 → 선택활동2	• 계 이름 읽을 수 있는지 확인 • 다장조 장음계로 리코더 연주 가능한지 확인
	선택활동	• 수준별 가락 익히기 연습 영상 제공	• Zoom의 소회의실 기능을 활용하여 수준별 연습기회 제공
	통합활동	• 리코더 2중주 영상을 보며 반주에 맞춰 자신의 파트를 연주하도록 함	• 교사가 소그룹별로 연습을 확인하거나, 4~5명 정도의 학생을 대표로 선정하여 연주기회 제공
	정리 및 과제제시	• 구글 설문을 활용하여 연주소감 작성(학생이 선택적으로 연습 영상 업로드 할 수 있도록 설정) • 리코더 정리 • 과제제시: 리코더 일기 작성	• 다 함께 가락 연주 • 잘된 점, 어려운 점 이야기 • 과제제시: 자신이 만든 완성된 가락을 녹음(녹화)하여 교사 개인 메신저로 제출하도록 안내
	평가 및 피드백	• 과제와 설문 작성에 대한 피드백 • 경우에 따라 개별 보충수업 안내	• 체크리스트 평가

출처: 최은아, 조순이(2020) 토대로 재구성.

대학교육

대학교육에서 실험·실습 원격수업의 구성, 운영, 방법 등은 앞서 소개하였던 초·중등학교 교육과 양상은 비슷하나, 구체적인 실천 전략에 있어서는 차이가 있다.

첫째, 대학교육에서 전공과 관련한 전문적인 실험·실습을 원격으로 진행하는 것은 초·중등학교교육의 맥락에서 보다 분명한 한계가 있다. 정교화된 고가의 장비와 환경이 필요하고, 안전성 확보 등의 문제도 전공 특성에 따라 각기 다른 수준을 요구하기 때문이다. 이러한 한계는 학습자에게 보다 실제적인 실험실 경험을 제공할 수 있는 방식을 찾거나 혹은 실제 실험실에서 경험하기 어려운 학습경험을 제공하는 방식을 찾는 것으로 일부 해결해왔으며, 대다수의 원격대학들에서 관련된 실천을 쉽게 찾아볼 수 있다.

오랫동안 원격교육의 경험을 축적해온 영국 OU의 경우를 살펴보면, 원격학습자에게 보다 실제적인 실험실 경험을 제공할 수 있도록 2013년 원격실험실(The Open Science Laboratory: OSL)을 구축하여 과학 전공 수업에서 활용하고 있다. 또한 생물학 과목에서는 '의무 거주 학교(compulsory residential school)' 프로그램을 별도로 운영하여 실제 캠퍼스에 출석하여 실험실 경험을 쌓을 기회도 제공한다(Wendy, Jennifer, & Barbara, 2016).

그림 10-3 대학교육에서 활용되는 원격과학실험실 플랫폼

OU에서 제공하는 OSL과 마찬가지로 미국의 온라인 과학 실험실(The North American Network of Science Labs Online: NANSLO)은 비영리 교육기관인 EDUCAUSE, 미국 노동부 등의 펀드를 받아 지속적으로 발전되어 온 생물학, 화학, 물리학 실험·실습용 플랫폼이다. 이 플랫폼은 대학기관에 한하여 사용이 개방되어 있으며, 학기당 600명 이상의 생물학, 화학, 물리학 과정의 학부생들이 인터넷을 통해 실험·실습 수업에서 활용하고 있다(Kennepohl & Moore, 2016).

둘째, 대학의 교육과정 및 성인 학습자의 특성으로 초·중등 학교교육에서보다 유연하고 창의적인 실천 전략이 시도될 수 있다. S대학교 교양강의 중 하나인 '산과 인생'이라는 강좌는 등산을 통해 심신을 단련하고 호연지기를 길러 학생들의 삶을 풍요롭게 하는 목적으로 개설되었고 전체 주차의 절반 이상이 서울 인근의 삼성산, 관악산, 북한산, 도봉산 등의 등산 활동을 중심으로 진행되었다. 그러나 COVID-19로 인해 원격수업으로 전환됨에 따라 안전교육 등 이론과 관련된 부분은 교수자가 주제별 자체 제작한 영상 혹은 관련 수업 자료를 공유하는 방식으로 대체되었고, 등산 활동은 비대면 개별 산행으로 전환되었다(홍영일, 2020). 비대면 개별 산행은 다음과 같이 진행되었다. 우선, 학생들이 사전에 이론에서 다룬 안전수칙 등을 고려하여 개별적으로 등산 활동을 상세히 계획서로 작성하여 공유하였다. 그리고 모든 학습자가 해당 차시의 수업 시간(예컨대, 금요일 오후 1시)에 맞춰 자신의 등산 계획에 따라 동일한 시간, 각기 다른 장소에서 등산하는 방식으로 진행되었다.

이 강좌에서 특별히 주목할 점은 기술 매체를 활용하여 원격수업이라는 맥락하에 실제 수업 활동이 진행될 수 있도록 수업을 재설계한 것이다. 구체적으로 살펴보면, 학생들은 정해진 수업 시간에 Zoom에 접속하여 출석 및 기본적인 안전점검과 산행에 대해 안내를 받는다. 그리고 플랫폼의 소회의실 기능을 활용하여 9~10명씩 팀으로 나누어 산행 과정 동안 서로를 모니터링 할 수 있다. 또한 수업이 마무리 되는 시점에 다시금 최종적으로 교수자가 학습자의 안전과 현재 위치 등을 점검한 후 해당 수업을 마무리하였다. 수업이 끝난 후에는 비대면 개별 산행 활동에 대한 성찰 보고서를 개별적으로 제출한다.

대학교육에서 이러한 실험·실습 실천 전략은 비대면 음악 공연 영상 제작 프로젝트 중심수업, 프로세스폴리오(process folio) 활용 미술 수업, 일대일 실시간 세미토론 중심의 희곡쓰기 수업 등 음악, 미술, 연극뿐만 아니라 의학, 공학, 교육학 등의 모든 실험·실습 강좌 특성을 바탕으로 다양하게 나타날 수 있다. 기술 환경을 고려하면서 '각 전공 특성을 바탕으로 실험·실습을 위한 원격 이론 강의를 어떻게 할 것인지', '원격 실험·실습을 어떻게 진행할 것인지', '원격 실험·실습의 결과물에 대한 피드백을 어떻게 제시할 것인지' 등에 대한 유연하고 창의적인 접근이 가능하기 때문이다.

위에서 소개된 사례들은 원격 실험·실습수업의 운영에 적용될 수 있는 몇 가지 시사점을 제공한다. 첫째, COVID-19와 같은 비상상황 원격교육의 경우를 제외하고는 실험·실습실에서의 직접경험과 기술기반 원격수업의 장·단점을 충분히 고려한 선택의 결과로써 원격 실험·실습수업이 수행될 필요가 있다. 둘째, 적절한 플랫폼과 소통 매체를 사용함으로써 실험·실습 수업에 요구되는 교수자와 다른 학습자 간의 상호작용 및 피드백을 활성화할 수 있다. 셋째, 상호작용과 피드백의 활성화는 원격학습에서 빈번히 제기되어 온 학습자 고립 등의 정서적 문제를 완화시키고, 실제감을 향상시켜 수업 참여를 촉진할 수 있다. 넷째, 창의적인 수업설계는 실험·실습수업에서 우선적으로 고려되어야 하는 학습자 안전성 확보 등의 문제를 해결할 뿐만 아니라 수업에 대한 새로운 시도와 흥미를 유발할 수 있다. 즉, '따로, 또 함께'가 가능한 것이다.

3 실험·실습 원격수업 전략

앞서 제시된 실천사례를 통해 원격교육에서도 다양한 형태의 실험·실습 수업이 가능하고 또 창의적인 방식으로 운영될 수 있음을 살펴보았다. 다음에서는 원격 실험·실습 수업운영을 위한 구체적인 고려사항과 전략들을 살펴본다.

설계전략

원격 실험·실습수업을 설계하기 위해서는 다음 사항들을 반드시 고려해야 한다.

접근성과 안전성

접근성은 원격수업의 설계에 있어 가장 우선적으로 강조되는 것이다. 실험·실습 원격수업 역시 수업에서 활용되는 테크놀로지가 학습자에게 얼마나 접근 가능한 것이고 유연한 것인지에 대한 고려가 선행되어야 한다. 아울러 실험·실습수업에서는 안전성이 고려되어야 한다. 즉, 위험요소에 대한 점검이 수업이 마무리 될 때까지 지속적으로 관리되어야 한다.

수업설계에 대한 보편적 접근

여기서 말하는 보편적 접근이란 일반적인 수업의 맥락에서 좋은 수업을 위한 설계 원리와 전략들에 대한 고려를 의미한다. 실험·실습수업의 주된 목적은 이론이나 지식을 증명하거나 기능을 숙달하는 데 있다. 따라서 원격으로 실험·실습을 하는 경우에도 수업 목표를 분명히 설정하는 것이 이후에 수업설계를 보다 명확히 하는 데 도움이 된다. 또한 원격으로 실험·실습수업을 진행할 경우와 실험·실습실에서 직접 진행할 경우의 장·단점을 고려하여 원격수업 형식이 수업 목적에 부합되도록 설계되었는지를 확인해 볼 필요가 있다. 특히, 교수자와 학습자 간의 상호작용과 피드백 교환은 반드시 고려되어야 할 항목이다. 또한 설계 단계에서부터 평가 루브릭, 피드백 방식, 실험·실습 내용, 재료, 절차, 주의사항 등을 자세히 기록한 원격실험·실습 안내서 혹은 워크시트를 제시하는 것이 좋다.

<표 10－3>에서 보다시피 실험·실습 원격수업은 운영 방식에 따라 두 가지 모드로 나눌 수 있다. 첫째, 비실시간 모드로 이 경우는 시, 공간의 선택에 대한 학습자의 자율성이 확대되고 개별 학습자의 수준별 활동이 가능하다. 따라서 개별 맞춤형 피드백을 제공하는 등 비동시적 원격교육의 장점을 극대화시킬 수 있는 설계전략이 고려되어야 한다. 그러나 교수자의 피드백 시간이 지연될 수 있으므로 학습자가 스스로 오류를 인지하지 못한 채 일정 기간이 지난 후에 재수정 혹은 교정 과정을 거쳐야 한다는 단점이 있다. 또한 자기주도적 학습 태도가 형성되지 않았거나 동기가 낮은 학습자인 경우, 스스로 학습을 지속하는 것이 실시간보다 더 어려울 수 있다. 따라서 비실시간의 단점을 보완하기 위하여 챗봇을 활용하여 24시간 실시간 채팅방을 운영하거나 문제해결지원 게시판을 생성하는 등의 전략이 설계 단계에서 반영되어야 할 것이다.

표 10-3 실험·실습 원격수업 운영의 두 가지 모드

비실시간 원격수업 모드	실시간 원격수업 모드
① 사전에 필요에 따라 우편 등을 활용하여 학습자에게 실험·실습용 키트가 학습꾸러미 형식으로 배포 ② 교수자가 실험·실습 과정에 대한 모델링을 제시한 강의 동영상 등을 수업 플랫폼에 공유 & 개별 학습자 수준에 따른 몇 가지 선택적 과제 제시 ③ 학습자는 자신의 학습상황에 맞춰 충분한 시간을 두고, 실험 키트나 원격도구, 시뮬레이션 등의 다양한 원격 실험·실습 지원 도구를 활용하여 모방하는 연습을 시행 ④ 학습의 결과물로써 자신의 실험·실습 과정 혹은 결과에 대한 과제물 및 성찰보고서를 안내된 일정에 맞추어 제출 ⑤ 교수자 및 동료학습자가 개별 과제에 대한 피드백 제공	① 사전에 필요에 따라 우편 등을 활용하여 학습자에게 실험·실습용 키트가 학습꾸러미 형식으로 배포 ② 실시간 쌍방향 수업의 일정, 수업에서 필요한 수업자료, 방식 등에 대한 상세한 안내 ③ 실시간 쌍방향 수업이 가능한 플랫폼을 활용하여 정해진 시간에 교수자와 함께 혹은 소그룹별로 다양한 원격 실험·실습 지원 도구를 활용한 수업의 진행 ④ 수업이 마무리되는 시점에 결과물을 교수자 및 전체 학습자에게 다양한 방식으로 공유하고, 상호피드백 ⑤ 학습의 결과물로써 자신의 실험·실습 과정 혹은 결과에 대한 과제물 및 성찰보고서를 안내된 일정에 맞추어 제출 ⑥ 교수자 및 동료학습자가 개별적으로 과제에 대한 피드백 제공

둘째, 실시간 원격수업 모드의 경우에는 적시(just-in-time) 교수가 가능하다. 그리고 수준별 팀 활동이나 동료 피드백 등의 의견교환이 수월하다. 하지만 여전히 기술적 제약으로 인해 개별적으로 발생하는 동시적 문제 상황에 대한 대처가 어렵다는 점, 교실 공간에서 진행될 때 느낄 수 있는 눈 맞춤, 협업의 태도 함양, 몰입감 등은 떨어질 수 있다. 따라서 교수설계 단계에서 이러한 장·단점을 충분히 고려하여 장점을 극대화하고, 단점을 보완할 수 있는 전략들이 반영되어야 한다. 예컨대, 원격과학실험실에서 제공되는 시뮬레이션 기능처럼 소그룹별로 진행되는 원격 실험·실습 과정을 실시간으로 모니터링하면서 적시교수를 지원해 주는 플랫폼을 활용하는 것이 좋다. 또한 소그룹별 혹은 개인별 수준 차이로 인해 실험·실습이 마무리되는 시간에 차이가 있을 경우 먼저 끝낸 그룹이나 학습자가 다른 학습자의 실험·실습에 방해가 되지 않도록 그 시간 동안 수행할 수 있는 활동 등도 사전 설계에서 고려되어야 한다.

수업설계에 대한 창의적 접근

보편적 접근이 모든 수업에 적용되지 않을 수도 있다. 수업설계에 대한 창의적 접근은 기술 환경 특성에 따른 원격학습 맥락, 전공 교과 특성, 실험·실습 수업설계라는 세 영역을 고려하여 최적화된 접점을 찾아 이를 다양한 실천으로 구성하는 활동이다. 예컨대, 실험·실습 원격수업의 사례들에서 볼 수 있듯이, 교수자의 팀티칭 교수방식을 적용할 수도 있고, 실시간 상호작용 플랫폼을 활용하여 학습자의 팀 활동을 개별 활동으로 연계하여 수업을 진행할 수도 있다. 즉, 창의적 접근은 다른 수업과는 다른 해당 수업의 구체적인 특수성을 반영하는 것이 핵심이다. 이 때 고려해야 하는 것이 학습자, 교과, 기술 환경이다. 교수자가 이 세 가지 요소에 대해 얼마나 구체적으로 이해하고 있느냐에 따라 창의적 수업설계가 가능할 것이다.

실행전략

실험·실습 원격수업을 실행함에 있어 무엇보다 중요한 것은 실제 수업 전에 몇 명의 학생들과 예행연습을 해보는 것이다. 이러한 과정을 통해 실제 수업 시 발생할 수 있는 문제 상황들을 사전에 미리 점검할 수 있다. 그리고 사전에 확인된 문제 상황과 그에 따른 해결방안 등을 설계단계에서 개발한 원격 실험·실습 안내서 혹은 워크시트 등에 포함시킴으로써 원격으로 진행되는 실험·실습 과정을 보다 원활하게 진행할 수 있게 된다. 또한 실행전략에서 중요한 것은 과정과 결과에 대해 학생들과 지속적으로 소통하고 피드백을 제공하는 것이다. 실험·실습 과정에 대한 모니터링과 그 결과에 대한 피드백이 교수자와 동료학습자 간에 원활히 이루어지기 위해서는 적절한 플랫폼을 선택하는 것이 무엇보다 중요하다.

평가전략

실험·실습 원격수업을 평가하는 것은 시기나 목적에 따라 여러 방식이 가능하다. 일반적으로 형성평가는 교수자가 실험·실습 원격수업을 진행하는 과정에서 학습자 수준이나 수업의 방식 등에 대해 평가하는 것이다. 총괄평가는 형성평가를 포함하여 모든 실행을 마치고 전체 과정에 대해 평가하는 것이다. 반면, 자기평가는 학습자가 자신의 학습과정과 결과에 대해 평가하는 것이고, 동료평가는 동료 학습자의 학습과정과 결과에 대해 평가하는 것이다. 마지막으로 수업평가는 학습자가 교수자의 교수 과정과 결과에 대해 평가하는 것이다.

실험·실습 원격수업에서 특히 중요한 것은 피드백을 활성화하는 방향으로 평가를 시행하는 것이다(민혜리 외, 2020). 이를 위해서는 학생들의 과정 산출물을 기록할 수 있는 도구와 상호피드백을 위한 도구를 선택하고, 이 도구들을 활용하여 학습자가 동료 학습자의 산출물에 대해 피드백 할 수 있는 기회를 제공해야 한다. 이 때 다양한 루브릭을 활용하는 것이 효과적이다. 루브릭이란 학습자의 학습결과물이나 성취행동의 수준을 평가하는데 사용되는 평가기준 혹은 가이드라인이라고 할 수 있다. 특히 온라인 상황에서 루브릭의 활용은 사회적, 교수적, 인지적 실재감을 지원하고, 학생들과의 의사소통을 강화하는 데 도움을 줄 수 있다(최경애, 2019: Stevens & Levi, 2013).

☆참고문헌

- 권점례, 김명화, 이상하, 유금복, 최정숙, 강현기, 신승기(2020). **COVID-19 대응 온라인 개학에 따른 초중고등학교 원격수업 실태 및 개선방향 탐색**. 한국교육과정평가원(RRC 2020-2).
- 나승일(2017). **대학에서의 효과적인 교수법 가이드**. 서울: 서울대학교 출판문화원.
- 민혜리, 서윤경, 윤희정, 이상훈, 김경이(2020). **온라인 수업·강의 A2Z**. 서울: 학이시습.
- 서울특별시교육청 교육연구정보원(2020). 2020 **새로운 수업을 만나다**. 연구대회 우수사례 온라인 컨퍼런스 자료집.
- 최경애(2019). **평가 루브릭의 개발과 활용**. 파주: 교육과학사.
- 최은아, 조순이(2020). 초등학생을 위한 리코더 원격수업 방안. **음악교육공학**, 45, 21-39.
- 홍영일(2020). Zoom 랜선 등산수업: 산과 인생. Retrieved from https://www.youtube.com/watch?v=G1qxKaClc7A
- Kennepohl, D, K., & Moore, M. G. (2016). *Teaching science online: practical guidance for effective instruction and lab work(online learning and distance education series)*. VA: Stylus publishing, LLC.
- Mary, V. M. (2016). Bring the laboratory home. In Kennepohl, D, K., & Moore, M. G.(eds.) *Teaching science online: practical guidance for effective instruction and lab work(online learning and distance education series)*. VA: Stylus publishing, LLC.
- Mark, C. H., & Hilary, A.. M. (2016). Practical biology at a distance: how far can we go with online distance learning. In Kennepohl, D, K., & Moore, M. G.(eds.) *Teaching science online: practical guidance for effective instruction and lab work(online learning and distance education series)*. VA: Stylus publishing, LLC.
- Stevens, D. D., & Levi, A. J. (2013). *Introduction to rubrics: an assessment tool to save grading time, convey effective feedback, and promote student learning(2nd)*. VA: Stylus publishing, LLC.
- Wendy, W., Jennifer, M., & Barbara, C. P. (2016). The basics of getting biology course online. In Kennepohl, D, K., & Moore, M. G.(eds.) *Teaching science online: practical guidance for effective instruction and lab work (online learning and distance education series)*. VA: Stylus publishing, LLC.

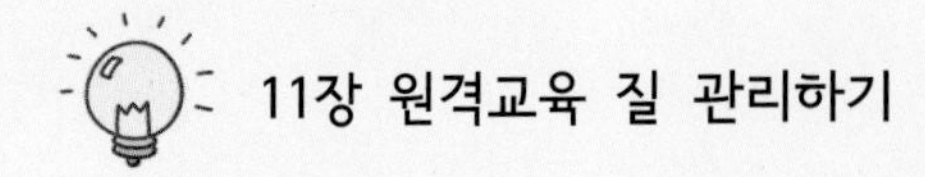

11장 원격교육 질 관리하기

1 원격교육 질 관리의 이해

- 원격교육 질 관리의 의미
- 원격교육 질 관리의 필요성

2 원격교육 질 관리 평가 기준

- 원격교육 콘텐츠에 대한 질 관리
  - 콘텐츠 개발 단계에서의 질 관리
  - 콘텐츠 개발 이후의 질 관리
  - 메타데이터를 통한 질 관리
- 원격교육기관에 대한 질 관리

11 원격교육 질 관리하기

원격교육을 제공하는 조직이나 개인은 학습자에게 양질의 교육을 제공할 수 있도록 기획, 콘텐츠 제작, 과정 운영의 전체 과정에 대해 지속적이고 체계적인 관리를 수행해야 한다. 이 장에서는 원격교육에서 질 관리의 의미와 영역별로 활용할 수 있는 질 관리 준거와 평가지표를 살펴본다.

1 원격교육 질 관리의 이해

원격교육 질 관리의 의미

원격교육에서 질 관리(quality management, quality assuarance)란 교육의 질을 보장하기 위해 충분한 사전 준비를 수행하고, 과정을 진행하면서 지속적이고 반복적으로 총체적인 질 개선 노력을 수행하는 것이라고 할 수 있다(최효선 외, 2007). 쉽게 말해, 원격교육에서의 질 관리는 교육의 목적 달성과 이를 위한 교육의 원리가 잘 작동되고 있는지를 평가하는 것이다. 이러한 평가를 위해서는 평가의 주체와 목적, 범위와 대상 그리고 방법과 준거를 명확하게 하는 것이 필요하다(김재웅 외, 2000).

원격교육 질 관리의 필요성

원격교육에서 질 관리가 필요한 이유는 다음과 같다. 첫째, 원격교육에 대한 신뢰를 확보하기 위해서이다(Reeve, 2002). 다른 모든 교육과 마찬가지로 원격교육이 효과적이고 효율적으로 수행되기 위해서는 양질의 교수-학습 경험이 제공되어야 한다. 질 관리는 양질의 교수-학습 경험이 제공되었음을 절차적으로 증명함으로써 원격교육에 대한 신뢰를 확보할 수 있게 해준다.

둘째, 원격교육은 다소 복잡한 생산과정과 관리체계를 요구하기 때문이다(Rosenberg, 2001). 예를 들어, 원격교육은 학습자의 자율성을 최대한 존중하면서 동시에 교육의 목표를 달성하기 위한 관리가 필요하다. 원격교육이 적절한 수준과 내용으로 구성되었는지, 충분한 학습 자료가 제공되었는지, 학습자 지원 체제가 마련되었는지 등과 관련한 질 관리가 이루어져야 한다.

셋째, 개방적이고 경쟁적으로 변화하고 있는 원격교육 환경 때문이다(정인성, 2005). 과거 원격교육은 특화된 원격교육기관에서 성인학습자를 대상으로 운영되는 경우가 대부분이었다. 그러나 정보통신기술의 발달로 원격교육기관 외의 오프라인 기관에서도 원격교육을 대면교육의 보완이나 대체의 목적으로 운영하는 경우가 많아졌다. 또한 플립드 러닝이나, MOOC와 같은 교육방법의 변화와 혁신도 원격교육이 급속하게 확대되는 데 기여하였다. 하지만 이러한 양적 확대에 비해 질적 향상을 위한 노력은 미비하다는 지적이 지속적으로 제기되었다(임준철, 2003). 따라서 질 관리는 이러한 원격교육의 경쟁 속에서 학습자의 선택을 받기 위한 차별화 전략으로 필수적인 과정이 되었다고 할 수 있다.

2 원격교육 질 관리 평가 기준

원격교육에서 질 관리 평가는 거시적인 차원과 미시적인 차원에서 논의된다(이동주 외, 2019). 거시적 차원에서의 질 관리는 원격교육 프로그램의 운영과 관리 등 원격교육기관의 조직과 물리적 환경, 사용자 서비스 등 원격교육을 운영하는 기관의 체제에 대해 평가하고 점검하는 것을 의미한다. 미시적 차원에서의 질

표 11-1 원격교육 질 관리를 위한 거시적·미시적 평가 요소

거시적 평가 요소	미시적 평가 요소
• 조직관리체제: 정책 수립 및 계획 등 원격교육기관에 대한 평가 • 물리적 환경: 원격교육 운영을 위한 하드웨어 인프라 • 교육과정: 교육과정의 개발, 설계, 강좌 평가 등 • 기술 인프라: 플랫폼, 기반기술 인프라, 기술 상담 등 • 인적 자원: 교수자, 학습자, 조교, 행정가 등 • 지원체제: 학사 및 행정 지원, 교수자 지원, 학습자 지원, 재정 지원, 상담 지원 등	• 내용 영역: 내용 전문가를 중심으로 교육과정에 맞게 내용을 구성하는 것 • 설계 영역: 교수설계자와 내용 전문가가 콘텐츠를 설계, 개발하는 과정 • 개발 영역: 설계된 내용을 콘텐츠로 개발하는 과정 • 운영 영역: 수업을 운영하는 과정 • 평가 영역: 학업성취도 평가 및 프로그램 평가

출처: 안미리, 김미량(2001: 4-5).

관리는 원격수업의 내용, 설계, 콘텐츠, 운영, 평가 등 원격수업에서 실제로 실행되는 세부적인 내용을 살펴보는 것을 말한다.

<표 11-1>과 같이 원격교육의 질 관리는 특정 영역에 치우치지 않고 다양한 요소와 영역에 걸쳐 균형 있게 시행되어야 한다. 보통 원격교육을 실행하는 기관에서는 [그림 11-1]과 같이 중층적 질 관리 모형을 통해 다양한 질 관리 영역들을 체계적으로 관리한다(김재웅 외, 2000).

그림 11-1 원격교육 질 관리 모형

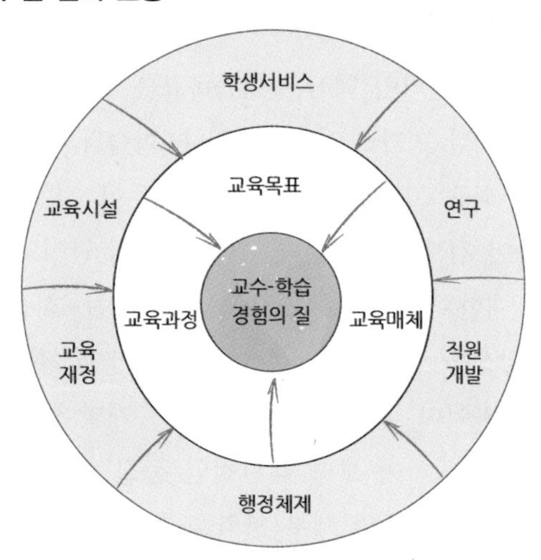

출처: 김재웅 외(2000: 102).

원격교육 질 관리의 궁극적인 목적은 교수-학습 경험의 질을 향상시키는 것이다. 이를 위해 1차적으로는 교육목표, 교육과정, 교육매체의 질이 관리되어야 하는데 이는 미시적 차원, 즉 원격교육 콘텐츠 질 관리라고 할 수 있다. 2차적으로는 학생서비스, 교육시설, 교육재정, 행정체계, 직원 개발, 연구 등 거시적 차원 즉, 원격교육 기관에 대한 질 관리가 필요하다. 거시적 차원 역시 미시적 차원 못지않게 교수-학습 경험의 질에 영향을 미친다.

원격교육 콘텐츠에 대한 질 관리

원격교육 콘텐츠의 품질은 원격학습자의 만족도에 가장 영향을 크게 미치는 요소이다(주라헬, 2020). 원격교육 콘텐츠에 대한 질 관리는 콘텐츠 개발 단계와 개발 이후 단계에서 모두 이루어진다. 콘텐츠 개발 단계에서의 질 관리는 교육목표 달성이 가능하도록 콘텐츠가 구성되었는지 그리고 효율적인 교수-학습 활동이 가능하도록 교수설계가 되었는지를 주로 평가한다. 콘텐츠 개발 이후 단계에서는 콘텐츠를 운영하기 위한 교육과정 인증 및 검수 등을 실시한다. 원격교육 콘텐츠는 개발 이후에도 콘텐츠와 학습자료가 축적되고 다시 활용되는 경우가 많기 때문에 콘텐츠 정보를 관리하는 과정도 필요하다.

콘텐츠 개발 단계에서의 질 관리

콘텐츠 개발 단계 질 관리의 핵심은 학습목표를 달성하기 위해 무엇을, 어떻게 가르치고 있는지에 대한 평가라고 할 수 있다. 학습자의 특성을 고려하여 학습내용을 구성하였는지, 학습목표와 내용의 선정 기준이 적합한지, 내용의 구성과 조직이 체계적인지 등이 검토되어야 한다. 또한 학습의 난이도, 학습 분량, 보충심화자료, 저작권 등에 대한 적합성 여부, 요구분석, 교수-학습전략, 상호작용, 지원 등 교수설계의 타당성을 평가한다(박종선, 2013). 이 때 질 관리의 주체는 주로 내용전문가와 교수설계자이며, 필요에 따라 콘텐츠 개발에 참여한 인력 외에 외부의 전문가 협의체를 구성하여 보다 객관적인 품질 평가를 진행할 수도 있다. 콘텐츠 개발 질 관리 평가 기준의 세부 영역을 학습 내용과 교수설계별로 살펴보면 <표 11-2>와 같다.

표 11-2 콘텐츠 개발 단계에서의 질 관리 평가 기준

구분	영역	평가 기준
학습 내용	학습목표	• 학습목표가 명확하고 적절하게 제시되었는가?
	학습내용 선정	• 학습목표를 달성하기 적절한 학습 내용이 선정되었는가? • 학습자의 특성을 고려하여 학습 내용이 선정되었는가? • 학습내용은 최신 내용으로 선정되었는가?
	학습내용 구성 및 조직	• 학습목표를 달성하기 위해 학습 내용을 체계적이고 조직적으로 구성했는가? • 학습을 촉진할 수 있도록 계열화하여 제시하고 있는가? • 명확하고 이해하기 쉬운 학습 안내가 제시되고 있는가? • 학습자의 선수지식과 학습 요구 및 수준, 사전 경험에 부합되도록 학습내용을 구조화했는가? • 학습자의 흥미를 유발할 수 있도록 학습내용을 구조화했는가? • 문법, 맞춤법 등 문장의 의미 전달이 명확한가?
	학습 난이도	• 학습자의 수준이나 발달단계에 맞게 구성되어 있는가?
	학습 분량	• 학습자가 학습내용을 학습하기에 적절한 분량으로 제시되어 있는가?
	보충심화 학습자료	• 보충심화 자료는 학습자 수준을 고려하여 내용과 분량을 적절하게 구성하고 있는가?
	저작권	• 학습내용이나 보조자료에서 저작권 표기가 명확하게 이루어지고 있는가? • 저작물 이용 시 저작권자의 권리를 침해하고 있지 않은가?
교수 설계	요구분석	• 학습자, 사회적 필요성, 학습 내용에 대한 요구분석이 적절히 수행되었는가?
	교수-학습 전략	• 학습목표를 달성할 수 있도록 학습내용이 체계적으로 설계되었는가? • 학습자의 수준에 적합한 학습내용과 전략을 선정했는가? • 학습자의 학습동기를 유발할 수 있도록 설계되었는가? • 문제해결 및 과제수행을 촉진할 수 있는 다양한 교수-학습 방법이 제공되고 있는가? • 학습 화면의 구성과 배치가 일관성 있고 적절한가? • 학습자 인터페이스는 이용하기에 쉽고 적절한가?
	상호작용성	• 학습자와 교수자, 학습자와 학습자 간 상호작용을 위한 전략이 적용되었는가? • 학습자와 학습내용 간 상호작용을 위한 장치가 마련되어 있는가?
	학습 지원체계	• 교수자와 학습자를 위한 지원체계가 마련되어 있는가?
	지원내용	• 교수-학습 활동을 지원하기 위한 인적·물적 자원이 적절하게 제공되고 있는가?

구분	영역	평가 기준
교수 설계	학습평가	• 교육목표의 달성을 위해 적절한 평가 내용으로 구성되어 있는가? • 교육목표의 달성을 위해 적절한 평가방법과 도구를 사용하고 있는가? • 평가방법의 난이도와 양은 적절한가? • 평가방법이 학습목표 및 학습내용과 일치하도록 설계되어 있는가? • 평가방법과 기준, 절차가 일관성 있고 공정하게 설계되어 있는가? • 평가결과에 대한 적절한 피드백을 제공하고 있는가?
	윤리성	• 교육 내용에서 사회적으로 준수해야 하는 도리와 규범, 법에 위배되는 사항은 없는가? • 교육 내용에서 사회 공통 윤리로서 받아들일 수 없는 부분은 없는가?

출처: 박종선(2013: 28-31), 이동주 외(2019: 211-213) 재구성.

콘텐츠 개발 단계에서의 질 관리 평가는 일회성이 아니라 개발 과정에서 지속적으로 수행된다. 평가 결과를 바탕으로 콘텐츠를 수정함으로써 보다 나은 콘텐츠 개발이 가능하다.

콘텐츠 개발 이후의 질 관리

콘텐츠 개발이 완료된 이후에는 실제 교육과정 운영 전 최종적으로 콘텐츠를 검토함으로써 다시 한 번 원격교육 콘텐츠 질 관리를 수행한다. 이를 '검증'이나 '인증'이라고 부르기도 하는데 국내에서는 원격교육 관련 기관에서 원격교육 콘텐츠를 평가할 수 있는 기준을 제시하고 있다(구양미, 김용, 2019). 한국교육개발원에서는 ADDIE 모형에 근거하여 '디지털 학습 콘텐츠 개발 가이드'를 제시하고 있으며, 국가기술표준원에서는 초·중등교육 분야와 산업교육 분야에서 활용할 수 있는 '이러닝 품질 인증 가이드라인'을 각각 제공한다. 그리고 한국U러닝연합회는 콘텐츠 품질 인증을 위한 심사기준을, 국가평생교육진흥원에서는 K-MOOC 강의 개발과 운영을 위한 가이드라인을 제시하고 있다. 또한 한국교육학술정보원의 원격교육연수지원센터에서는 원격교육연수원 콘텐츠 내용심사의 평가기준을 공개하고 있다. <표 11-3>은 기관별로 제시한 원격교육콘텐츠 평가기준을 요약한 것이다.

원격교육 콘텐츠 품질 인증·평가 기준을 살펴보면, 전반적으로 큰 분류는 비슷하지만 상세 내용에서는 조금씩 차이가 나타난다. 평가 영역 중에서 교육목표와 내용의 선정, 평가내용 선정은 모든 기관에서 공통적으로 관리하는 평가지

표 11-3 기관별 원격교육 콘텐츠 평가기준

영역	평가기준	한국 교육개발원	국가기술 표준원 (초·중등)	국가기술 표준원 (산업)	국가 평생교육 진흥원	한국 교육학술 정보원
교수 설계	학습목표 제시	○	○	○	○	○
	교수학습 설계	○	○	○	○	
	인터페이스 설계		○	○		○
	멀티미디어 설계	○	○	○		
	상호작용 설계	○	○	○	○	
	사용자 편의성	○	○			○
	주의집중	○			○	
학습 내용	학습내용 선정	○	○	○	○	○
	학습내용 조직	○	○	○	○	○
	학습난이도	○		○	○	
	학습분량	○	○	○	○	○
	최신성		○			○
	정확성	○	○		○	○
	가독성					○
	학습 자료	○		○	○	
교수 - 학습 전략	교수 - 학습전략 선정	○	○	○	○	
	자기주도적 학습전략	○	○			
	동기부여 전략	○	○	○	○	
	피드백 전략	○	○		○	
평가	평가내용 선정	○	○	○	○	○
	평가방법 선정	○	○		○	
	평가도구 적용	○	○		○	
	평가결과 제공	○	○		○	
윤리성	사회적 가치관	○	○		○	○
	선정성/폭력성	○			○	○
	개인정보보호	○			○	○
저작권	저작물 확보	○	○	○	○	○
	초상권	○				○
	이용권	○			○	
	저작권 표시	○			○	
접근성	웹 접근성	○	○		○	○
	기기 접근성	○	○			
	동영상 자막	○			○	
무결성	기능 및 동작	○	○	○	○	○
	구성요소	○			○	
	콘텐츠 오류	○	○		○	○

출처: 구양미, 김용(2019: 7-8).

표인 것을 확인할 수 있다. 콘텐츠 개발 이후 운영 전 질 관리 항목은 콘텐츠 개발 단계에서의 질 관리 요소와 마찬가지로 교수설계와 학습내용이 포함되며, 추가로 학습자가 콘텐츠를 이용하기에 편리한지, 콘텐츠 작동에서의 기술적인 결함이 없는지 등 실제 콘텐츠가 원활하게 운영되기 위한 요소도 평가된다.

메타데이터를 통한 질 관리

개발된 원격교육 콘텐츠는 원격교육기관에서 정한 콘텐츠 활용주기에 따라 축적되고 재사용되거나 일부를 편집하여 다시 활용되는 경우도 있다. 또한 KOCW나 K-MOOC에서 서비스되는 것처럼 콘텐츠 공유 플랫폼을 통해 대중에게 제공되기도 한다. 그렇기 때문에 원격교육 콘텐츠는 개발 완료 이후에도 체계적인 관리가 필요하다. 콘텐츠 관리는 콘텐츠에 대한 정보와 주요 내용 등을 데이터화하여 이루어지는데, 이러한 데이터를 콘텐츠 메타데이터(meta-data)라고 한다.

메타데이터는 데이터를 설명하기 위한 데이터로 원래 데이터의 내용, 구조, 특징에 대해 다른 데이터와 구분되는 식별 정보로 구성된다. 메타데이터 항목에는 데이터의 속성과 특징, 다른 자료와의 관계, 저작권 정보, 생성 일자, 담당자 정보 등이 있다. 이러한 메타데이터는 검색을 위한 정보로 활용되거나 콘텐츠의 체계적인 분류와 관리를 위해 활용된다(장선영 외, 2012). 충실한 메타데이터 작성은 원격교육 콘텐츠를 관리하고 활용하는 데 있어 중요한 요소라고 할 수 있다.

<표 11-4>와 같이 원격교육 콘텐츠 메타데이터는 제공기관에 대한 정보, 콘텐츠의 일반적인 정보, 콘텐츠의 강좌 단위, 주차, 차시 단위별 정보 등 개발된 원격교육 콘텐츠의 전반적인 구성과 내용을 파악할 수 있는 내용으로 구성된다. 메타데이터가 상세하게 작성되어 관리될수록 원격교육 콘텐츠에 대한 활용도가 높아질 수 있다.

표 11-4 원격교육 콘텐츠 메타데이터 구성 예시

구분	요소	구분	요소
제공기관 정보	메타데이터 관리자	주차 정보	주차
	메타데이터 등록자		주차명
	제작자(저자)		주차별 강의 소개
	제공기관		주차별 강의 키워드
일반 정보	개발년도	차시 정보	차시명
	운영학기		차시별 콘텐츠 유형
	강의계획서		차시별 학습시간
주제 분류	1차 분류		차시별 주요 교수 - 학습 활동
	2차 분류		차시별 교수자 정보
	3차 분류		차시별 교재 정보
강좌 정보	강좌명	저작권 정보	저작자
	강좌 설명		저작권 표기 정보
	키워드		
	사용 언어		
	학습목표		
	교수자 정보		
	주교재 및 부교재		
	학습 난이도		
	이수구분(전공/교양/특강)		

출처: 김광수 외(2015: 102-103).

원격교육기관에 대한 질 관리

원격교육기관 평가에는 질 관리 운영 체계를 점검하고 관리하는 것과 관련된 다양한 평가 준거가 활용된다. 일반적으로 원격교육기관의 질 관리를 위한 평가 기준은 '교육목표', '교육자료', '교육 서비스', '학생 서비스', '학생 성공과 만족', '기관장 및 교직원', '시설 및 장비', '연구 및 자기개발'의 여덟 가지 영역으로 이루어진다(이동주 외, 2019).

표 11-5 **원격교육기관에 대한 질 관리**

영역	평가 지표
교육목표	• 기관에서 제공하는 교육의 목표를 명확하고 이해하기 쉽게 제시하는가? • 교육목표에 학습 종료 후 학습자가 얻을 수 있는 지식, 자격, 학점, 학위 등을 구체적으로 포함하고 있는가? • 교육목표는 원격 수업을 통해 성취할 수 있는 것을 제시하는가?
교육자료	• 교육자료는 교육목표를 성취할 수 있을 만큼 충분한 양과 내용으로 구성되어 제공되는가? • 교육자료의 오류나 내용의 보완 등 수정을 위한 주기와 절차가 적절한가? • 교육자료의 저자나 내용은 신뢰성이 있는가? • 교육자료를 개발하기 위한 효율적이고 효과적인 절차가 있는가?
교육 서비스	• 학습자의 교육적·행정적 요구에 적절하고 신속하고 대처할 수 있는 체계가 있는가? • 원격학습에 어려움을 겪는 학습자를 위한 지원체계가 마련되어 있는가? • 학습자료와 교육서비스에 대한 만족도 조사 등 자료수집에서 학습자 의견 수렴 절차가 있는가? • 수집된 학습자 의견을 반영하는 절차가 있는가? • 원격교육 운영을 위한 규정과 지침을 마련하고 있는가?
학생 서비스	• 학적관리 시스템을 갖추고 운영하고 있는가? • 학습 활동에 대한 체계적인 기록과 관리가 이루어지고 있는가? • 과제와 평가가 적절한 절차에 의해 이루어지고 있는가? • 과제와 평가에 대한 채점과 성적 산출이 정확하고 공정하게 이루어질 수 있도록 체계가 마련되어 있는가? • 과제와 평가를 수행할 때 교수자와 학습자의 상호작용이 적절하게 이루어지고 있는가?
학생 성공과 만족	• 학습자의 학습참여 활동과 성과를 기관 차원에서 지속적으로 측정하고 있는가? • 학습자의 불만 사항을 접수하고 처리하는 절차가 있는가? • 학습자의 학습 성취와 중도 탈락 등에 대한 분석과 연구가 지속적으로 이루어지고 있는가? • 그 분석과 연구 결과가 교육 서비스와 학생 서비스를 향상시키는 데 활용되고 있는가?
기관장 및 교직원	• 기관장은 원격교육기관이 윤리적이고 성공적으로 운영될 수 있도록 관리하고 감독하는 데 능력과 자격을 갖추고 있는가? • 교직원은 원격교육 관련 행정 경험이 있는가? • 교직원의 업무 성과가 적절한 방식으로 평가되고 있는가?

영역	평가 지표
시설 및 장비	• 원격교육기관은 교육적·행정적 운영을 위해 필요한 시설과 장비를 갖추고 있는가? • 학적 및 교육 데이터의 축적과 관리를 위한 조직체계가 갖추어져 있는가? • 학적 및 교육 데이터의 보호를 위한 시설과 장비를 갖추고 있는가? • 학적 및 교육 데이터는 각종 재난 및 도난, 손상으로부터 보호받을 수 있는가?
연구 및 자기개발	• 원격교육기관은 지속적으로 연구와 평가, 질 관리를 수행하고 근거자료를 관리하고 있는가? • 연구와 평가, 질 관리의 결과는 서비스 개선에 반영되는가? • 교직원들의 자기개발을 지속적으로 독려하고 지원하는가?

출처: 이동주 외(2019: 207-211).

이상의 여덟 가지 영역에 대한 평가 결과를 통해 해당 원격교육기관에서 추구하는 교육 목표와 이를 이루기 위해 제공되는 교육 자료의 질, 교육 서비스의 내용과 질, 학습자를 관리하고 지원하기 위한 사항, 학습자의 학업 성공을 위한 지원 체계 등을 알 수 있다. 또한 원격교육기관 구성원의 전문성과 업무 성과, 원격교육 운영의 기반이 되는 물리적인 인프라 등 더 나은 원격교육기관이 되기 위해 필요한 요소를 파악할 수 있다.

원격교육기관 평가 결과는 학습자가 원격교육기관을 선택하기 위한 지표로도 활용될 수 있다. 또한 원격교육기관의 입장에서는 평가 결과의 분석을 통해 향후 기관 운영의 개선을 위한 근거 자료로 활용할 수 있다. 예를 들어, 학생 서비스 영역에서 점수가 낮게 나오면, 이 영역을 위한 예산을 조정하거나 관련 전문가를 영입하거나, 서비스 운영 체제를 정비하는 등의 개선과 노력을 할 수 있다. 이렇듯 원격교육 기관에 대한 정기적인 질 관리는 각 기관이 갖는 장·단점을 파악할 수 있게 해주므로 질 좋은 원격교육 프로그램을 생산하는 데 필요한 작업이라고 할 수 있다.

☆참고문헌

- 구양미, 김용(2019). 교육용 콘텐츠 통합 서비스를 위한 품질관리지침 개발. **이러닝학회 논문지**, 4(1), 1-10.
- 김광수, 송희헌(2015). **고등교육 교수학습자료 공유·유통 및 품질관리 방안**. 한국교육학술정보원 사업보고서, PR 2015-3.
- 김재웅, 강태중, 한승희, 엄태동(2000). 원격교육기관의 질 확보 체제, **평생교육학연구**, 6(1), 89-108.
- 박종선(2013). **스마트 이러닝**. 파주: 교문사.
- 안미리, 김미량(2001). 가상원격교육체제의 질 관리를 위한 평가모형의 개발, **한국컴퓨터교육학회논문지,** 3(3), 1-10.
- 임준철(2003). **e-learning 활성화를 위한 민간부문의 역할**. 한국직업능력개발원.
- 이동주, 임철일, 임정훈(2019). **원격교육론**. 서울: 한국방송통시대학교출판문화원.
- 장선영, 김진일, 차민정, 정용주, 박인우(2012). 고등교육 OCW 동영상 강의 콘텐츠 메타데이터 표준(안) 개발. **교육방법연구**, 24(4), 797-816.
- 정인성(2005). 원격교육의 질에 관한 논의. **평생학습사회**, 1(1), 1-24.
- 주라헬(2020). COVID-19 상황에서 대학의 전면적 원격수업에 따른 콘텐츠 품질 비교 및 콘텐츠 품질, 서비스 품질이 학생 만족도에 미치는 영향. **교육공학연구**, 36, 931-956.
- 최효선, 김보원, 정영랑, 김명곤(2007). **방송대 튜터제도의 질관리 및 개선방안 연구**. 한국방송통신대학교 원격교육연구소 연구보고서.

- Reeve, T. C. (2002). Keys to successful e-learning: Outcomes, assessment and evaluation. *Educational Technology*, 42(6), 23-29.
- Rosenberg, M. J.(2001). *e-Learning: Strategies for developing knowledge in the digital age.* NY: McGraw-Hill.

12장 초·중등 원격교육 살펴보기

1 초·중등 원격교육의 동향

- 국외
- 국내
  - 온라인 수업
  - 온라인 공동 교육과정
  - 건강장애 학생을 위한 원격수업
  - 수업결손 보충
  - 학력인정

2 초·중등 원격교육의 특징

- 초·중등 원격학습자
- 초·중등 원격수업

3 초·중등 원격교육의 실천

- 초등학교 사례
  - 접근성 확보
  - 목적별 다양한 플랫폼 활용
  - 학년별 학습자 특성을 고려한 수업 전략
- 중학교 사례
  - 접근성 확보
  - 특수교육 대상 학습자 특성을 고려한 수업 전략
  - 지속적인 학습자 참여를 촉진하는 수업 전략
- 초·중등학교 원격수업 실천전략
  - 수업영역
  - 기술 및 자원영역

CHAPTER

12 초·중등 원격교육 살펴보기

전통적으로 성인을 대상으로 하던 원격교육이 초·중등 교육의 장으로 확대되면서 초·중등 원격교육에 대한 이해가 필요해졌다. 이 장에서는 초·중등 원격교육의 특수성에 초점을 두고 국내외 동향, 특징, 그리고 실천 사례를 바탕으로 구체적인 실행 전략을 살펴볼 것이다.

1 초·중등 원격교육의 동향

국외

국외에서의 초·중등 원격교육은 고등교육만큼이나 긴 역사를 가지고 있다. 예를 들어 미국의 경우, 1910년쯤 교육용 영화를 K-12 원격교육에 활용한 것으로 기록되어 있다. 이후 1923년에 네브라스카(Nebraska) 프로그램에서 우편통신교육, 1929년 오하이오 방송학교 프로그램에서 활용된 교육용 라디오, 이후 1930년대 교육용 텔레비전 프로그램, 1960년대 교육용 인공위성, 1980년대 초 오디오그래픽과 텔레매틱스 네트워크가 K-12 맥락의 원격교육에서 활용된 것으로 보고된다(Moore & Anderson, 2003).

미국의 K-12 원격교육에서 온라인이 활용된 것은 비교적 최근의 일로 1991년

로렐 스프링스 학교(Laurel Springs Schools)에서 처음으로 온라인을 활용한 원격교육이 시행되었다고 한다. 그리고 1994년 캘리포니아주 최초의 전일제 온라인 차터 스쿨(cyber charter school)의 설립, 1997년 가상학교인 가상고등학교 글로벌 컨소시움(Virtual High School Global Consortium: VHS)과 플로리다 가상학교(Florida Virtual School: FLVS)가 등장하게 되었다(Clark, 2001). 2000년대 초반만 하더라도 K-12 맥락에서 원격교육에 참여하는 학습자는 대략 4만에서 5만, 즉 전체 학습자의 0.001% 미만으로 확인되었다. 그러나 이후 학교환경의 급속한 변화와 맞물려 2011년도 무렵에는 대략 400만 명(약 6%), 2017년에는 800만 명이 온라인 기반 원격교육에 참여하고 있는 것으로 보고되었다(Barbour, 2018a).

호주도 대학교육뿐만 아니라 초, 중등에서 원격교육을 시도한 긴 역사를 가지고 있다. 뉴사우스웨일스 주와 빅토리아 주를 중심으로 그 역사를 살펴보면, 1880년대 교사가 부족한 상황에서도 학생들이 학습을 지속적으로 할 수 있도록 수업을 제공하기 위한 목적으로 반일제 학교 운영방법인 통신학교 방식이 최초로 채택되었다. 이후의 역사를 간략히 정리하면 다음과 같다(이쌍철 외, 2017).

- 1909년: 통신교육에 필요한 교사 양성 학교 설립
- 1953년: 학생과 교사가 서로의 목소리를 들으며 수업을 할 수 있는 방송 시스템의 활용
- 1961년: 학생들이 원격수업을 활용하여 학교에서 제공하지 않는 선택과목을 수강할 수 있도록 하는 윈드햄 체제(Wyndham Scheme) 도입
- 1970대: 라디오와 우편을 결합한 방식의 수업시행
- 1990년대: 통신학교의 명칭을 원격교육센터로 전환
- 1997년 이후: 정보통신기술의 발달로 컴퓨터와 인터넷 네트워크를 활용한 교육
- 2000년 이후: 기술 발달에 따라 원격수업 환경의 변화에 따른 다양한 교수-학습 방법의 활용
- 2018년: 원격교육센터의 명칭을 가상학교(virtual school)로 변경, K-12 맥락에서 가상학습과 면대면 학습의 최적화를 추구하는 데 목적을 둠

표 12-1 호주 원격교육 실행방식: 시드니 원격고등학교

학년 구분		원격교육 실행
호주	한국	
7~8학년	중1~2	(학기 전체) 개학에 맞추어 종이 학습 자료를 우편으로 받고 학습이 완료되면 부모나 보호자가 서명한 후 다시 우편으로 제출하는 방식
9~10학년	중3~고1	(시작 - 3주) 7~8학년과 동일 (4주 이후) 전 과목 온라인 학습
11~12학년	고2~3	(학기 시작 전) 전체 학습 분량의 자료를 우편으로 받아보고 개요를 확인하게 함으로써, 학습자가 스스로 자신이 참여할 온라인 수업을 선택할 수 있음

출처: 이쌍철 외(2017).

현재 대다수의 국가에서 온라인을 중심으로 원격교육이 실행되고 있는 것에 반해, 호주와 캐나다의 경우 여전히 우편통신과 교육용 텔레비전, 비디오 컨퍼런싱이 결합된 방식이 상당히 높은 비중으로 활용되고 있다는 특징이 있다(Barbour, 2018b). 호주의 시드니 원격고등학교의 예를 살펴 보자.

2020년 COVID-19 팬데믹으로 인해 K-12에서 원격교육이 전면 시행되면서, 대부분의 국가들은 이미 구축된 원격교육 체제를 활용하거나 새로운 플랫폼을 구축하고 학습자 대상, 교과목 수준 등을 고려하여 다양한 원격교육 콘텐츠를 확보하려고 노력하고 있다. 또한 교사의 원격수업 역량 강화, 교육 취약 계층을 위한 지원 체제 강화 등 장기적인 전략도 구상 중에 있다. <표 12-2>는 국가별 COVID-19 대응을 위한 K-12 교육에서의 원격교육 실천 사례를 영역별로 보여준다.

표 12-2 COVID-19 대응 K-12 원격교육 실천 사례

실천 영역	사례
국가 차원의 공적 플랫폼 구축 및 운영	• 기 구축된 체제 활용: 프랑스 국립원격교육센터(Centre national d'enseignement à distance: CNED)의 '우리집 교실(Ma classe à la maison)'서비스, 싱가포르 온라인 학습관리시스템(Singapore student learning space: SLS), 독일 디지털 기반 교육 시스템 구축 일환으로 마련된 공교육 플랫폼 'Lernraum Berlin' 등 • 새로운 플랫폼 구축: 중국 국가 초·중등학교 인터넷 클라우드 플랫폼(国家中小学网络平台) 등 • 구글 workspace, Office 365 Education AI, Weschool, Zoom, Webex 등 상용화된 플랫폼 병행 활용: 영국, 미국, 호주, 싱가포르, 이탈리아 등
원격교육 콘텐츠 확충	• 교사 수업용 콘텐츠 공유: 영국 Oak National Academy, 호주 Scootle 등 • 학습자 맞춤형 수준별 콘텐츠 제공: 싱가포르 SLS, 이탈리아 RAI 등 • 다양한 학습자원과 가이드 등의 자료 종합 제공: 캐나다 Keep learning, 미국 Learning at Home, 프랑스 Lumni 등 • 민간협력을 통한 콘텐츠 확충: 일본 문부과학상, 경제산업성, NHK, 대학 박물관 제공 콘텐츠 통합 안내, 영국 BBC 협력한 전 연령 교과 수업을 위한 무료 영상 제공 등
교사의 원격수업 역량 강화	• 원격학습방법 및 기술에 대한 온라인 교사 연수 시행: 이탈리아, 미국, 영국, 중국 등
교육취약계층을 위한 지원체제 강화	• 독일 Learning Bridge 프로그램: 컴퓨터가 없거나 인터넷 접근성이 낮은 학생들을 위하여 전화, 방문, 우편을 통해 학습보조 도구 전달 • 우편통신방법의 활용: 플랫폼 접속이나 원격교육이 어려운 학생들을 위하여 우편물로 과제를 배포하고 제출하는 방식으로 교육청과 우체국 간의 협약을 활용한 것으로 프랑스, 호주 등 • 학부모 지원이 어려운 학생과 코로나 대응 필수 인력 등을 위한 학습지원 강화: 싱가포르 무료 온라인 플랫폼 Bramble, 영국의 교실 돌봄서비스 등

출처: 강성국 외(2020).

국내

국내 초·중등 원격교육은 주로 국가 주도의 정책과 사업을 중심으로 발전되어 왔다. 예를 들어, 1974년에 지리적, 사회적, 경제적 이유로 일반 중등학교에 출석할 수 없는 학습자를 위해 인쇄교재와 방송을 통해 원격교육을 실시하는 한국방송통신고등학교가 설립되었다. 이후, 초·중등 대상의 라디오 및 TV 프로그램 등 대중매체를 활용한 원격교육 기반이 구축되었다. 1997년 한국교육방송원(EBS)이 한국교육개발원과 분리되어 창립된 이후, 위성교육방송, 인터넷 교육방송, 디지털 TV 방송 등의 대중매체를 활용한 원격교육이 활성화되었다. 이런 교육은 주로 초·중등 학교교육의 보조적인 교육프로그램을 제공하거나, 방송통신고등학교 등과 같은 독자적인 교육과정을 운영하는 형태로 시행되었다(임철일, 2003).

현재 초·중등 원격교육의 기반은 1996년부터 추진된 교육정보화 기본계획으로 거슬러 올라갈 수 있다. 이 계획에 따라 교단 선진화 사업이 본격적으로 추진되었고 1997년 초·중등 교육에서 방송·통신방법을 통한 원격교육이 법적으로 허용되었다. 이후 여섯 차례에 걸친 교육정보화기본계획에 따라 교육정보화를 촉진하기 위한 제도개선, 정보인프라 구축, 교육용 콘텐츠 및 플랫폼 개발, 초·중등 교원 역량 계발을 위한 원격연수, 소외계층 자녀를 위한 무상 PC 및 통신료 지원 등 국가 주도의 다양한 정책과 사업이 추진되었다(정영식, 2020).

이러한 정책과 사업의 대표적인 결과물이 현재의 에듀넷·티-클리어(http://www.edunet.net), e학습터(cls.edunet.net), EBS 서비스(https://oc.ebssw.kr/), 디지털 교과서 등 초·중등 대상 교육용 콘텐츠 및 플랫폼이라고 할 수 있다. COVID-19 팬데믹 시 초·중등 원격수업을 지원한 핵심 플랫폼 중 하나인 e학습터의 경우, 2004년에 공교육 내실화, 사교육비 절감, 지역·계층 간의 교육격차 해소를 목적으로 각 시·도교육청에서 개별적으로 운영되던 사이버가정학습이 2018년 하나로 통합된 플랫폼으로 수정·보완되어 현재의 모습을 갖추게 된 것이다(교육정보화백서, 2019).

그림 12-1 **e학습터 화면 및 콘텐츠 특징**

e학습터 화면

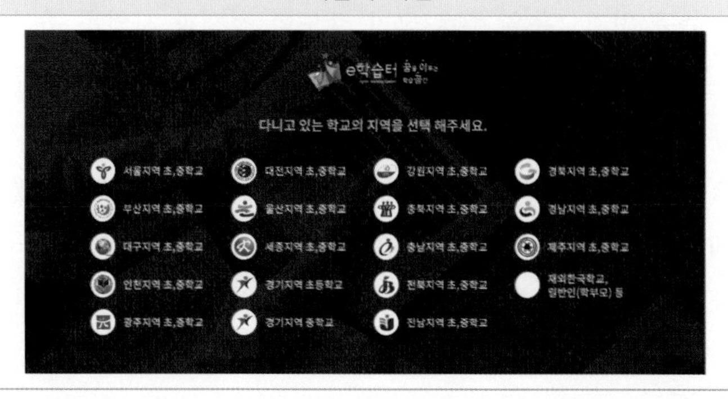

출처: e학습터 홈페이지(2020.12).

e학습터 콘텐츠 특징

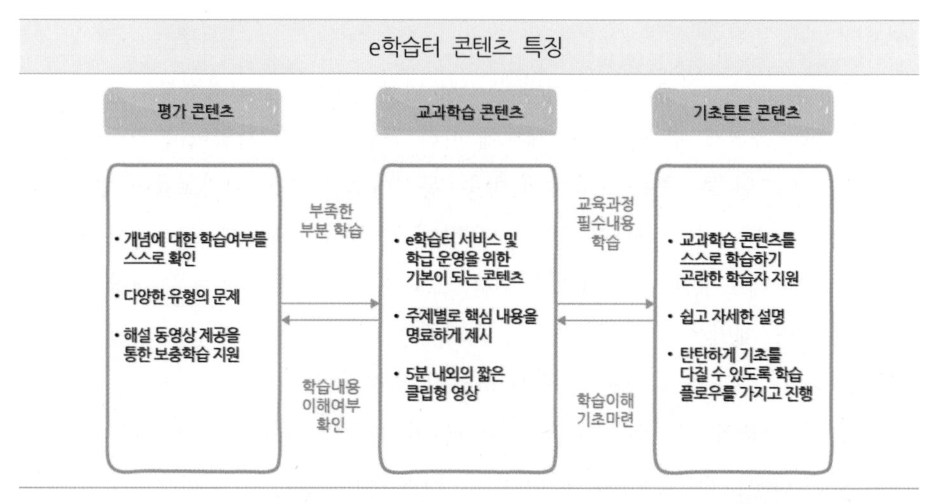

출처: 교육정보화백서(2019: 100).

COVID-19 팬데믹 이전의 국내 초·중등 원격교육은 운영에 따라 크게 독립된 원격기관 형태인 방송통신중·고등학교와 특수한 학습자를 대상으로 하는 초·중등학교의 원격수업으로 나누어 살펴볼 수 있다. 여기서 주목할 점은 후자와 같이 COVID-19 이전에도 특수한 상황에 있는 초·중등 학생을 대상으로 원격수업이 운영되고 있었다는 점이다.

표 12-3 국내 초·중등 원격교육 운영에 따른 실천 사례

구분		사례
독립된 원격기관		방송통신중·고등학교
원격 수업	수업인정	• 온라인수업: 집중이수제로 인한 미이수 과목에 대한 이수, 단위학교에서 개설하기 어려운 희소선택과목의 보장 • 온라인공동교육과정: 농산어촌지역 등 소규모 학교에서 교원 부족 등으로 미개설된 선택교과 등을 보장(교실온닷: http://edu.classon.kr) • 건강장애 학생을 위한 원격수업(스쿨포유, school for you): 초등학교(https://es.s4u.kr), 중학교(https://ms.s4u.kr), 고등학교(https://hs.s4u.kr)
	수업결손 보충	학생선수를 위한 원격수업(e스쿨: http://e - school.or.kr)
기타	학력인정	미취학·학업중단학생의 학습지원(학력지원시스템: www.educerti.or.kr)

출처: 정순원(2020), 정영식(2020) 토대로 재구성.

첫째, 학력이 인정되는 독립된 원격기관 형태인 방송통신중·고등학교이다. 방송통신중·고등학교는 중등학력 미만의 성인, 학업중단 청소년 등에게 학업 지속과 학력 취득의 기회를 제공하는 것을 목적으로 설치된 정규 중·고등학교이다. 이 학교는 방송·정보통신을 통한 수업을 연간 20일 이상의 출석수업과 혼합하여 운영한다(교육정보화백서, 2019). 방송통신중·고등학교의 교육과정의 편성이나 이수단위 편제 등의 운영은 한국교육개발원에 위임되어 있다. 2020년 기준으로 23개 방송중학교와 42개 공립 고등학교의 부설학교 형태의 방송통신고등학교가 운영 중에 있다(정순원, 2020). 최근에는 야간과 주말시간에 수업을 듣는 학생들이 많아 챗봇(chatbot)을 도입하여 365일 24시간 응대 가능한 대화형 상담체제를 구축하고 있다(교육정보화백서, 2019).

둘째, 초·중등학교의 원격수업은 천재지변으로 인한 피해자, 감염병이나 기타 질병으로 인한 장기 결석자, 해외체류자, 학교 부적응자, 건강장애 학생 등, 등교 수업이 어려운 학생을 지원하기 위한 보완적 차원에서 선택적으로 진행되어 왔다. 온라인 수업, 온라인 공동교육과정, 건강장애 학생을 위한 스쿨포유, 학생선수를 위한 e-스쿨, 미취학 및 학업중단 학생을 위한 학습지원 서비스 등이 이에 해당한다(정영식, 2020).

온라인 수업

초, 중, 고 온라인 수업은 2011년 교육과학기술부의 '스마트 교육 추진 전략 실행계획'의 일환으로 처음 논의가 시작되었다. 주로 중등교육과정 학생의 학습권 및 교과 선택권 보장을 위해 방송통신중·고등학교에서 이미 개발되어 있는 교과목 콘텐츠를 활용하여 전·편입 학생의 미이수 교과에 대한 학생의 학습권을 보장하고, 단위학교에서 개설하기 어려운 희소한 선택과목 등의 미개설 교과에 대한 학생의 선택권을 높이며, 학습자 중심의 교육을 실현하는 대안으로 추진되어 오고 있다(교육정보화백서, 2019).

온라인 공동 교육과정

온라인 수업과 마찬가지로 학생의 진로와 적성에 맞는 교육과정을 제공하고 과목 선택권을 보장하고, 농어촌 소규모 학교에서의 과목 선택권 확대 등과 관련한 실제적인 문제를 해결하기 위하여 도입되었다. 2018년에 개통된 실시간 화상 교육시스템인 교실온닷을 활용하여 학습자 요청에 따른 수업을 개설하고, 실시간 쌍방향 원격수업을 운영하며, 학생 관리 및 평가 등을 진행할 수 있다.

건강장애 학생을 위한 원격수업

국내에서는 2006년부터 소아암과 백혈병 등 만성질환으로 인해 학교 출석이 어려운 건강장애학생을 위한 원격교육이 제공되고 있다. 2017년 스쿨포유(school for you)라는 실시간 화상수업을 지원하는 원격교육 지원시스템이 구축되어 2017년 9월부터 중·고등과정이 운영되었고, 2020년 3월부터 초등과정이 개설되어 운영되고 있다. 스쿨포유에서 제공되는 콘텐츠는 사전학습-강의 영상-학습 내용 확인-강의영상-학습내용 확인-평가하기(형성평가 5문제)의 형태로 구성되어 있다(이쌍철 외, 2020). 각 단계별 학습 결과를 교사가 확인할 수 있고, 청각 장애인을 위한 자막, 필기, 질의응답 기능이 구현되어 있는 등 학습자 특성을 고려하여 사전에 잘 설계된 콘텐츠 및 플랫폼의 전형을 보이고 있다.

그림 12-2 건강장애학생 원격수업 콘텐츠 및 플랫폼 화면

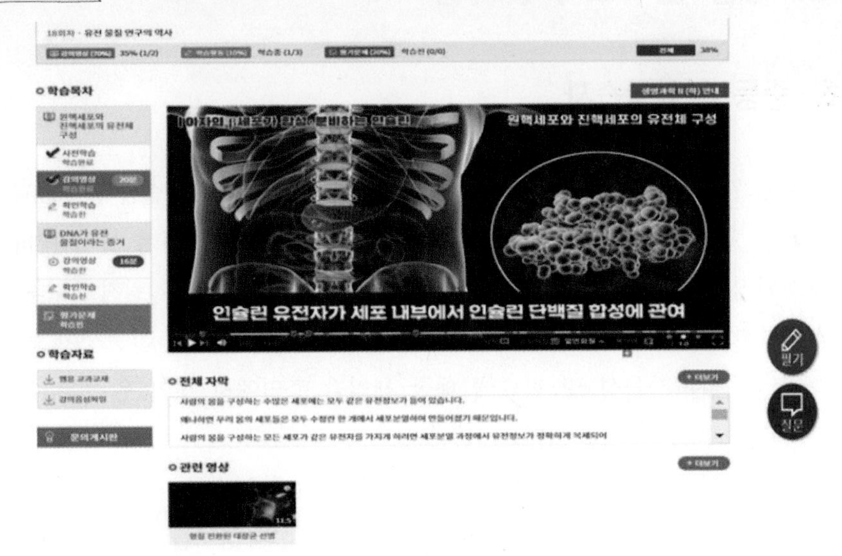

출처: 이쌍철 외(2020: 51).

수업결손 보충

학생선수를 대상으로 하는 원격수업은 잦은 훈련과 대회 출전으로 정상적인 출석이 어려운 학생선수들의 학습권을 보장하고 학습 결손을 방지하는 목적에서 출발하였다. 플랫폼으로는 2015년 한국교육개발원에서 구축한 e-스쿨을 활용하고 있다. e-스쿨은 크게 보충학습과 상시학습을 지원하는 정규학기 과정과 기초학력을 지원하기 위해 여름방학과 겨울방학 기간 중 운영되는 런업(Run-up) 과정으로 운영되며, 교과콘텐츠와 특화콘텐츠가 제공되고 있다(정영식, 2020).

학력인정

2019년부터 교육부와 시·도교육청은 한국교육개발원과 함께 의무교육 단계의 미취학·학업중단 학생들이 학교 밖 학습경험과 온라인 학습프로그램 등을 수강함으로써 초등학교와 중학교 학력을 인정받을 수 있도록 학력지원시스템을 운영하고 있다. 학력인정 대상 프로그램에 등록한 후 온라인 방송통신중학교 프로그램 혹은 학습지원 프로그램을 일정 기준 이상 이수한 후, 심의를 통과하여 초등학교·중학교 졸업자와 동등한 학력을 인정받을 수 있다.

2 초·중등 원격교육의 특징

초·중등 원격학습자

초·중등 원격학습자는 세 가지 측면에서 성인 원격학습자와 구별된다(Simonson et al., 2015). 첫째, 초·중등 원격학습에 참여하는 학습자는 선택이 아니라 의무사항으로 원격교육에 참여한다는 점이다. 초·중등 원격학습자는 원격교육을 스스로 선택하기보다 교육적 필요나 상황에 의해 참여하게 되었을 가능성이 높다. 이는 동기, 학습자 자율성 및 학습에 대한 책임감 측면에서 성인 원격학습자와 차이를 낳는 요인이 되기도 한다.

둘째, 현재의 초·중등 원격학습자는 스마트 기기에 익숙한 디지털 원주민이라는 점이다. 이들은 구글과 유튜브 등을 통해 대부분의 정보를 얻고, 스마트기기, 인터넷 등의 테크놀로지를 활용한 학습이나 활동 중심의 수업에 익숙하다. 따라서 학습을 지속하기 위한 동기나 참여 의지를 지속적으로 촉진하지 않는 수업에서는 주의 집중력이 상당히 낮아질 수 있다.

셋째, 초·중등 원격학습자는 무한한 가능성을 가진 잠재적 발달 단계에 속해 있다는 점이다(Rice, 2006). 성인 원격학습자의 경우 이미 자율성이나 책임감, 디지털 리터러시 등의 역량이 개별적인 특성으로 자리매김 되어 있다. 반면, 초·중등 원격학습자는 보다 체계적인 교수를 통해 원격학습에 필요한 역량들을 키워나갈 잠재력이 크다고 할 수 있다.

초·중등 원격수업

초·중등 원격수업은 대학이나 성인대상 원격교육에 비해 다음과 같은 특징을 가지고 있다. 첫째, 초·중등교육은 국가 수준의 교육과정에 따른 명확한 내용체계를 갖추고 있으므로 원격학습에 필요한 자료 공유가 용이하다. 즉, 잘 개발된 자료가 공개되어 있고 공유할 수 있는 기술 환경이 마련되어 있다면 어느 시간, 장소에 있건 교사나 학생이 활용할 수 있게 되는 것이다.

둘째, 초·중등 원격학습자들은 연령과 발달단계에 따라 학습에 대한 인지적, 정의적, 태도적 측면에서 수준차가 크다는 것을 필수적으로 고려해야 한다. 특히 저학년일수록 보다 섬세한 교수를 통해 원격학습에 필요한 자율성, 책임감, 디지털리터러시 등의 역량을 개발하는 사전 준비가 필요하다. 예를 들어, 디지털 기기와 온라인 서비스에 대한 경험이 비교적 적은 초등학교 저학년의 경우, 온라인 플랫폼에 접속하여 출석을 확인하고 수업에 참여하여 과제제출 등을 수행하는 데 어려움을 느낄 수 있다.

셋째, 초·중등 온라인 원격수업의 경우 가정에서의 조력자가 필요할 수 있다. COVID-19 팬데믹으로 국내에서 시행된 비대면 수업의 경우 초등학생의 경우 약 80% 정도, 중·고등학생의 경우에도 약 42%가 부모로부터 원격학습에 대한 도움을 받은 것으로 응답하였다(계보경 외, 2020). 즉, 온라인으로 가정에서 이루어지는 원격학습의 경우, 연령에 따라 디지털 기기 숙련도, 학습난이도, 온라인 수업 사전 경험의 유무, 정서적 독립, 집중력의 정도에서 많은 차이가 나므로 사전에 가정에서의 조력자 유무를 고려하여 원격 수업이 진행되어야 한다.

3 초·중등 원격교육의 실천

국내의 경우, 초·중등 원격교육이 전면적으로 시행된 것은 비교적 최근의 일이고 예기치 못한 문제들도 발생하였다. 예를 들어, 접속자 폭주로 인한 시스템 정지, 수업시수와 일수 등의 제도적 장치 미흡, 교사의 디지털 리터러시 부족, 정규수업용 콘텐츠 부족, 통합적 컨트롤 타워 및 민간 협력 대응 체제 미흡, 학습환경 문제, 그리고 소외계층의 디지털 기기 지원 문제 등의 다양한 문제들이 발생한 것이다(강성국 외, 2020). 그렇다면 과연 초·중등학교 현장에서 안정적으로 원격수업을 실시하기 위해서는 어떤 점들을 고려해야 할까? 초·중등학교 현장의 모범적인 사례를 바탕으로 구체적인 실천 전략을 확인해보자.

초등학교 사례

초등학교의 모범적인 사례로는 권점례 외(2020) 연구에서 소개된 W초등학교를 꼽을 수 있다. 이 학교는 2020년 COVID-19로 인한 온라인 개학 이전에도 스마트교육 모델 학교와 디지털교과서 정책연구학교의 경험이 있었다. 따라서 이미 구축된 인적, 물적 인프라를 활용하여 적극적으로 수업을 개선하려는 학교 문화가 형성되어 있었다.

접근성 확보

학생들의 온라인 접근성을 강화하고 원격 시스템을 활용할 수 있는 역량을 기르기 위하여 다음과 같은 노력을 하였다.

- 안내 동영상 자료 활용: 수업에 활용하는 플랫폼, 수업형태에 따른 과제유형별(질문형, 개별 문서형, 협동형, 퀴즈형) 학생 참여 방법 등을 포함한 안내 동영상 자료 제작·보급·시연
- 원격수업에 대한 접근환경 점검: 활용 방법에 대한 숙지가 이루어지지 않은 경우 담임교사와 협의 하에 학생들이 학교로 개별 방문을 하여 지도

목적별 다양한 플랫폼 활용

학사운영, 수업안내 그리고 교수–학습 활동 등 목적에 따라 다양한 플랫폼을 활용하였다.

- Workspace for education: 교무학사운영
- EBS 온라인 클래스: 교과 콘텐츠와 가정학습 계획, 독서활동 지원, 학급별 '스스로 활동' 학습자료 안내
- 구글Meet, e학습터, 원격 화상 회의 플랫폼(Zoom) 등: 교사 필요에 따라 개별 선택, 활용

학년별 학습자 특성을 고려한 수업 전략

학습자의 발달 단계에 맞추어 다양한 수업 전략을 활용하였다. 1, 3, 4학년의 예를 살펴 보자.

표 12-4 학년별 원격수업 전략: W초등학교 사례

학년	수업 전략
1학년	• EBS 방송시청과 과제수행+EBS 온라인 클래스 활용한 콘텐츠 수업 및 과제수행(학습꾸러미 배부)+주 1회 쌍방향 수업(창의적 체험활동) • 초등학생이라는 소속감 형성에 중점: 서로의 이름 부르며 익숙해지기, 호명 학생 얼굴 줌인 기능 활용 등 • 안전교육: 코로나19 예방수칙, 교통·생활안전 지도 등
3학년	• EBS 온라인 클래스+주 1~2회 쌍방향수업(원어민 협력 영어수업, 창의적 체험활동) • 자기주도학습능력 향상에 중점: 학부모 도움을 최소화할 수 있도록 상세한 학습 안내, 수업종료 10분 전 EBS 온라인 클래스 '배움터-학습자료실' 게시판에 예시 답안 제공 • 학습지원: EBS 온라인 클래스 LMS 시스템을 이용해 학생들의 학습 현황을 확인하여 학습 독려, 도움이 필요한 학생들에게 전화나 문자로 적절한 도움 제공
4학년	• e학습터+1교시 쌍방향 수업 • 학습관리 및 지원: 쌍방향 수업을 통한 학습 안내, 진도율 및 과제 확인, 우수 과제 사례에 대한 공유, e학습터의 평가 기능을 활용한 쪽지 시험이나 깜짝 퀴즈 시행, e학습터로 개별적인 원격 수업 수행 시, 담임교사가 실시간으로 학생들의 학습 진도나 과제 제출을 점검하며 필요에 따른 상담으로 학습 참여 촉진

출처: 권점례 외(2020) 토대로 재구성.

중학교 사례

중학교의 사례로는 C여자중학교와 J중학교의 실천을 소개한다. C여중은 2020년 3월 교육부 지정 원격교육 시범학교로 선정되어, 전 교사, 전 교과, 전 학생 참여를 원칙으로 안정적인 원격 교육 체제가 구축되어 있는 것으로 평가되었다(권점례 외, 2020). 그리고 J중학교의 경우, '수업'이 먼저, '원격'은 그 다음의 문제라는 교수의 기본 원칙에 충실하여 학습자가 자신의 학습을 주도할 수 있는 학습자 주도형 원격수업을 진행하였다(서울특별시교육청 교육연구정보원, 2020).

접근성 확보

C여중은 전면적인 원격수업이 시행되기 전부터 비교적 장기간 동안 다양한 연구학교로 지정되면서 학내에 안정적인 네트워크 인프라와 기기를 갖추었다. 그리고 테크놀로지 활용에 대한 기관-교수자-학습자 차원의 경험과 노하우, 특히 원격학습에 대한 긍정적인 태도와 문화가 사전에 일정 부분 조성되어 있었다. 또한 학습자들이 어떤 맥락에서 원격수업이 구성되고 운영되는지, 왜 그러한 기술이 수업에서 활용되는지 등에 공감하고 참여할 수 있도록 지속적인 안내와 다양한 사전 경험의 기회가 제공되어 왔다. 그 구체적인 예를 정리하면 다음과 같다.

- **테크센터 설치 및 테크매니저 활용**: 미래 학교의 다양한 기기를 보관·관리·연구하기 위한 공간으로 테크매니저가 상주. 테크매니저는 테크센터 기기 유지·보수, 학교 교육과 수업을 이해하고 이에 적합한 테크놀로지를 연구 등의 역할을 담당

표 12-5 테크놀로지 활용 역량 개발 교육과정 운영: C여자중학교 사례

차시	주제	과제
1	[테크놀로지 활용 역량] 우리가 지켜야 할 것: 저작권, 초상권, 정보통신 윤리교육	Padlet 토론과제, Teams 과제
2	[자기주도학습역량] 자기주도학습이란	Padlet 토론과제, Teams 과제
3	[자기관리 역량] 핵심 가치와 비전, 학생상과 나의 목표	Padlet 토론과제, Teams 과제
4	[테크놀로지 활용 역량] 팀즈로 과제하기	Teams 과제
5	[테크놀로지 활용 역량] 메일로 소통하기	선생님과 친구들에게 개인, 그룹 메일
6	[자기주도학습역량, 긍정마인드] 어떻게 할 수 있을까	Padlet 토론과제, Teams 과제
7	[테크놀로지 활용 역량] 공유 문서 작업하기	공유문서 작업과제, Teams 과제
8	[의사소통 및 협업 역량] 대화는 왜 필요할까	Padlet 토론과제
9	[민주적 참여 역량] 학교생활을 위한 규칙, 우리학교의 참여제도	Padlet 토론과제, Teams 과제
10	[테크놀로지 활용 역량] Teams로 소통하기	Teams 과제에 파일 첨부하여 제출
11	[테크놀로지 활용 역량] Padlet으로 소통하기	Padlet 글 작성

출처: 권점례 외(2020: 136).

- **원격수업에 대한 접근환경 점검**: 가정에서 활용 등 가능한 디바이스를 확인하고 필요한 경우 교내 디바이스(윈도우 태블릿PC 등)를 대여
- **사전 활용 경험이 많은 플랫폼 선정**: 학교 전체 업무와 수업을 위해 활용되던 MS의 Office365를 주요 플랫폼으로 선정. 학교의 정보부에서 학생들의 MS 계정을 일괄 생성 및 관리, 각 학년별, 과목별 Teams 채널을 개설함으로써 접근성을 높이고, 학생들의 학습 과정과 학습 결과를 한 곳에서 수합할 수 있도록 함
- **테크놀로지 활용 역량 개발 교육과정**: 1학년 자유학기제 프로그램 중 기초와 적응 프로그램에 테크놀로지 분야 교육을 실시함

특수교육 대상 학습자 특성을 고려한 수업 전략

C여중은 2학급 11명의 특수교육 대상 학생을 위하여 학생들의 개별적 교육 요구를 반영한 학습 내용을 선정하였다. 그리고 학생들이 학습 활동에 집중할 수 있도록 교사와 상호작용 할 수 있는 다양한 교육 방법을 구상하고 이에 적합한 원격교육 플랫폼을 이용하여 학습 자료를 제작, 배포하였다.

- **다양한 앱(App) 활용**: 구화 표현에 어려움이 있는 학생에게는 'AAC' 앱을 이용하여 동시에 표현된 단어를 표현하도록 지도, 'Explain EDU' 앱을 사용하여 2차시 수업을 동영상으로 제작, 차시별 동영상 시간은 학생들의 집중도를 고려해서 5~7분 이내로 제작, 수준별 과제를 제시하여 영상 통화, 채팅, 게시물에 답글 달기, 카카오톡에 사진 올리기, 구글 forms에 답하기 등 다양한 방법을 활용하여 학생들과 상호작용 시도
- **학생 수준별 지도**: 디지털 기기가 익숙지 않은 학생을 위하여 학생 수준에 맞는 별도 학습지를 학습꾸러미로 만들어 학생들의 가정에 전달, 디지털 기기 이용법을 단계별로 안내하는 영상(파워포인트 화면 녹화)을 제작하여, 학습 꾸러미에 QR 코드로 포함

지속적인 학습자 참여를 촉진하는 수업 전략

J중학교는 '안정적으로 원격수업을 실시하는 것은 안정적인 교실 수업(혹은 혼합형 수업)을 실시할 때 고려해야 하는 기본적인 메커니즘과 동일하다'는 전제하에 원격수업에 대한 체계적 접근을 시도하였다. 학습자가 자신의 학습을 주도

할 수 있는 학습자 주도형 원격수업을 실행하고자 분석 단계에서부터 체계적이고 정교화된 수업전략을 실행하였다.

표 12-6 학습자 주도형 원격수업 전략: J중학교 사례

단계	전략
분석	• 학습자 요구분석: 학습자 맞춤형 강의 콘텐츠 개발을 위한 선호도 설문 및 요구조사
설계 및 개발	• 학습자 맞춤형 강의 콘텐츠 개발: 강의형, 유튜브나 방송패러디형, 뉴스형, 웹툰형, 동화형, 라디오 방송형 등 학습 주제와 상황에 맞는 다양한 스토리텔링 형식의 콘텐츠를 개발 • 학생과 함께 만드는 강의 콘텐츠: 개발과정에서 대표 학생 몇 명을 참여시켜 학생들의 의견을 적극적으로 수렴, 일부 영상 제작 참여
실행	• 학습자 참여형 수업 방법: 실시간 의사소통 플랫폼이나 공유문서 플랫폼 등을 활용하여 수업시간 대부분을 주제에 따른 토의와 협업을 통한 결과물을 도출하는 방식으로 진행 • 단계별 심화 적용: 공유문서 플랫폼을 활용하는 협업이 새로운 테크놀로지를 습득하는 기회로도 활용될 수 있도록, 공유문서의 채팅 기능을 활용하여 토의하거나 사진을 찾아 삽입해보는 비교적 간단한 활동에서부터 영상을 직접 제작하는 복잡한 활동으로 단계를 심화해 나가는 방식으로 진행
평가	• 자기주도 서술평가: 강의 콘텐츠 학습 후 작성한 답변을 수업 마무리 단계에서 스스로 채점해보며 개념을 다지고, 루브릭에 따라 글을 쓰는 연습을 평가하는 방법 • 성찰일기: 학습의 마무리 단계에서 배움을 곱씹어보며 마무리하는 자기평가 방법 • 교사 피드백: 수업과정에서는 실시간 적시 피드백, 수업 종료 후 점수화

출처: 서울시교육청 교육연구정보원(2020) 토대로 재구성.

초·중등학교 원격수업 실천전략

이상의 사례는 초·중등 원격교육이 원활하게 운영되기 위해서는 크게 수업영역과 기술 영역에서 다음과 같은 실천전략이 필요함을 보여준다.

수업영역

• 원칙성: '수업'이 먼저 '기술'은 그 다음의 문제라는 교수의 기본 원칙에 충실하여 수업을 설계하고 실행한다(Kennepohl & Moore, 2016). 국가수준의

교육과정에서 제시한 성취 수준을 고려하면서 학습자가 주도적으로 학습에 참여할 수 있도록 성취기준을 재구조화하고, 다양한 상호작용과 활동을 고려한다.

- **다양성**: 원격수업의 교수-학습전략은 학년별, 과목별, 교사별, 학교별로 달라질 수 있다. 또한, 학생의 발달단계, 디지털리터러시, 학습환경 등을 고려하여 동일한 교수-학습전략일지라도 다양한 기술과 자원을 활용하는 것이 좋다.
- **개방성**: 도전하고, 공유하고, 성찰하는 열린 태도가 필요하다. 좋은 원격수업 사례와 문제상황을 공유하고, 자신의 원격수업을 성찰함으로써 다음 수업이 보다 안정적인 수업이 될 수 있도록 반복하는 경험과 열린 자세가 중요하다.

기술 및 자원영역

- **안정성**: 안정적인 네트워크 인프라와 환경구축은 필수적이다. 또한 교원의 디지털 교육 역량에 대한 안정성을 확보하는 것도 중요하다.
- **접근성**: 학교 및 가정에서 디지털 기기의 접근성을 높일 수 있도록 필요한 경우 학생들에게 대여해 줄 수 있는 여분의 단말기를 학교에서 보유할 필요가 있다. 또한 안정적인 네트워크 환경의 구축을 넘어, 이를 관리하고 연구할 수 있는 전담인력의 상주 혹은 이를 지원할 수 있는 지원센터가 필요하다.
- **통합 및 연계성**: 온·오프라인 수업의 연계성을 지원하고, 개별 학생들의 학습활동 데이터를 수집·분석하여 학생의 역량, 발달수준, 관심분야 등을 고려한 개인 맞춤형 학습을 지원할 수 있는 통합 플랫폼 구축이 필요하다. 이때, 학습데이터 표준방식을 고려하여 다양한 공개교육자료를 연계하고, 큐레이션(curation)할 수 있도록 하는 것이 좋다(이선희, 2019). 또한 구축된 플랫폼 혹은 기술 환경은 교과 지도 뿐 아니라 생활 지도, 상담, 창의적 체험 활동, 특수교육 등과 같은 다양한 교육 활동에 보편적으로 활용될 수 있도록 한다.

☆참고문헌

- 강성국, 김상철, 김수진, 김은애, 임은영, 도재우, 이윤희, 이은주, 장혜승, 정재원, 조문주, 황준성(2020). **코로나19대응 국가 수준 원격교육체제 진단 및 과제**. 한국교육개발원 이슈페이퍼(IP2020-02).
- 계보경, 김혜숙, 이용상, 김상운, 손정은, 백송이 (2020). **COVID-19에 따른 초중등학교 원격교육 경험 및 인식분석**. 한국교육학술정보원 이슈리포트(GM 2020-11).
- 교육정보화백서(2019). **2019 교육정보화 백서**, 대구: 한국교육학술정보원.
- 권점례, 김명화, 이상하, 유금복, 최정숙, 강현기, 신승기(2020). **COVID-19 대응 온라인 개학에 따른 초중고등학교 원격수업 실태 및 개선방향 탐색**. 한국교육과정평가원(RRC 2020-2).
- 이선희(2019). 개인화 학습지원을 위한 공개교육자원활용 교수설계원리 개발연구. 서울대학교대학원 박사학위논문.
- 서울특별시교육청 교육연구정보원(2020). **2020 새로운 수업을 만나다**. 연구대회 우수사례 온라인 컨퍼런스 자료집.
- 이쌍철, 강성국, 손찬희, 장혜승, 김정아(2020). **교육분야 감영병 대응과제: 정규수업인정 원격교육을 중심으로**. 한국교육개발원 이슈페이퍼(IP2020-01).
- 이쌍철, 정광희, 박상완, 박종선, 변호승(2017). **교과선택권 확대를 위한 온라인 수업 운영 현황 분석 및 개선방향**. 한국교육개발원(OR 2017-06).
- 임철일(2003). **원격교육과 사이버교육 활용의 이해**. 서울: 교육과학사.
- 정영식(2020). **비대면 시대의 원격수업 방향**. 2020 KERIS 이슈리포트(RM 2020-1).
- 정순원(2020). 초중등학교의 원격수업에 관한 법령 현황 및 개선방안. **한국교육**, 47(2), 53-82.

- Barbour, M. K. (2018a). Exploring K−12 distance, online, and blended learning worldwide. In R. Ferdig & K. Kennedy (Eds.), *Handbook of research on K−12 online and blended learning(2nd).* PA: Entertainment Technology Center Press, Carnegie Mellon University.
- Barbour, M. K. (2018b). The landscape of K−12 online learning: examining what it known. In Moore, M. G., & Diehl, W. C. (2018). *Handbook of distance education(4th).* NY: Routledge.

- Clark, T. (2001). *Virtual schools Trends and issues: a study of virtual schools in the United States.* San Francisco, CA: Western Regional Educational Laboratories. Retrieved from http://www.wested.org/online_pubs/virtualschools.pdf
- Kennepohl, D, K., & Moore, M. G. (2016). *Teaching science online: practical guidance for effective instruction and lab work(online learning and distance education series).* VA: Stylus publishing, LLC.
- Moore, M. G., & Anderson, W. G. (2003). *Handbook of distance education.* NJ: Lawrence Erlbaum Associates.
- Rice, K. L. (2006). A comprehensive look at distance education in the K－12 context. *Journal of Research on Technology in Education, 38*(4), 427-449.
- Simonson, M., Smaldino, S., & Zvacek, S. (2015). *Teaching and learning at a distance: foundations of distance education(6th).* KY:LAP.

찾아보기

ㅈ

ㅊ

ㅋ

ㅌ

ㅍ

ㅎ

기타

저자 소개

신나민

동국대학교 교육학과 교수

서울대학교 교육학과 학부와 석사를 졸업하고, 미국 펜실베니아 주립대학교에서 원격교육 전공으로 박사학위를 받았다. 미국원격교육연구소와 홍콩 오픈 유니버시티의 성인원격학습센터에서 일한 경험이 있다. 원격교육은 사람 – 기술 – 학습 간의 역동을 함께 공부할 수 있는 무척 흥미로운 연구 분야라고 생각한다. 최근에는 교육 장면에서 로봇, 의인화 에이전트의 사용과 인공지능 윤리에 관심이 있다.

저서: 원격교육입문(서현사)
공저: 이판사판 교육방법 및 교육공학(박영스토리), 열린교육혁신을 위한 공개교육자료 OER(박영스토리), 사이버불링의 이해와 대책(교육과학사)

이메일: naminshin@dgu.edu

이선희

서울대학교 교육연구소 객원연구원

동국대학교 교육학과 학부를 졸업하고, 서울대학교에서 교육학(교육공학) 전공으로 석사와 박사학위를 받았다. 대학에서 강의하며, 교육과학기술부, 대통령직속 4차 산업위원회 등 국가기관과 구글, 삼성 등 기업이 주관한 다수의 연구 프로젝트에 참여하였다. 진보된 기술이 내재된 환경에서 효과적인 학습을 촉진하기 위한 방법과 도구에 관심이 있다.

공저: 교육의 미래를 디자인하다(학지사)

이메일: luibin@snu.ac.kr

김수연

한국교육학술정보원 선임연구원

동국대학교 교육학과 학부를 졸업하고 동대학 대학원에서 교육공학·원격교육 전공으로 석사 학위를 받았다. 한국교육학술정보원에서 아세안 사이버대학 설립프로젝트에서 OER 플랫폼 구축과 이러닝콘텐츠 개발을 담당했으며 현재는 성인학습자 원격교육 활성화를 위한 국내 원격대학 혁신지원을 수행하고 있다. 이러닝, 동영상강의, OER 플랫폼 분야에 관심이 있다.

공저: 열린교육혁신을 위한 공개교육자료 OER(박영스토리)

이메일: kimsyeon4949@keris.or.kr

교사와 예비교사를 위한
원격교육론

초판발행 2021년 2월 26일

지은이 **신나민** · 이선희 · 김수연
펴낸이 노 현

편 집 배근하
기획/마케팅 이영조
표지디자인 조아라
제 작 고철민 · 조영환

펴낸곳 ㈜ 피와이메이트
서울특별시 금천구 가산디지털2로 53 한라시그마밸리 210호(가산동)
등록 2014. 2. 12. 제2018-000080호
전 화 02)733-6771
f a x 02)736-4818
e-mail pys@pybook.co.kr
homepage www.pybook.co.kr
ISBN 979-11-6519-130-6 93370

정 가 17,000원